上海市 I 类高原学科公共管理学科资助

The Delivery Mechanism of
Urban Community Services for the Elderly

A Case Study of Hangzhou City

朱 浩 —— 著

城市社区养老服务递送机制研究

以杭州市为例

中央编译出版社
Central Compilation & Translation Press

目 录

绪 论 / 1

    一、研究背景 / 1

    二、理论基础 / 5

    三、研究数据和研究方法 / 12

    四、研究逻辑框架、内容、创新点 / 13

第一章　已有文献述评 / 18

  第一节　社区研究中的养老服务及其递送机制 / 18

    一、"社区"概念及其功能的变迁 / 19

    二、社区养老服务的现时代特征 / 22

    三、社区养老服务递送机制的演变 / 26

  第二节　福利服务研究中的养老服务及其递送机制 / 31

    一、社区养老服务的模式比较争论 / 31

    二、社区养老服务的投递及组织递送研究 / 41

  第三节　公共管理研究中的养老服务及其递送机制 / 49

    一、作为公共产品的养老服务 / 50

    二、作为私人产品的养老服务 / 54

第四节 相关研究的评述 / 57

第二章 社区养老服务递送的基本分析框架 / 59
第一节 社区养老服务递送的基本环节 / 59
 一、服务生产环节 / 60
 二、服务定价环节 / 63
 三、渠道构建环节 / 66
 四、服务接收环节 / 67
第二节 社区养老服务递送流程的基本要素 / 68
 一、"输入"和"输出" / 69
 二、"活动"和"关系" / 72
 三、"客户"和"价值" / 82
第三节 社区养老服务递送流程的评估 / 83
 一、流程的规范程度 / 85
 二、流程的效率 / 85
 三、服务对象满意度 / 86
第四节 一个流程分析框架 / 86
小　结 / 88

第三章 社区养老服务的递送流程分析 / 89
第一节 社区养老服务的具体递送 / 89
 一、政府主导型：西湖区 A 社区 / 90
 二、社会力量主导型：江干区 B 社区 / 97
 三、政府与社会力量平衡型：拱墅区 C 社区 / 103
第二节 社区养老服务递送流程的比较分析和评估 / 107
 一、六个流程要素的比较分析 / 107

二、三个评估指标的比较分析 / 113

第三节 社区养老服务递送流程的优化策略 / 133

小　结 / 137

第四章　服务生产策略：政府主导下的多元养老服务生产和供给机制构建 / 138

第一节 基于不同支持方式的服务内容和项目创新 / 138

一、正式服务支持系统 / 138

二、非正式服务支持系统 / 155

第二节 不同性质养老服务投递的主体能力 / 173

一、公共产品的投递主体能力 / 173

二、作为私人产品的投递主体能力 / 196

第三节 政府主导下的多元养老服务生产和供给机制构建 / 203

小　结 / 208

第五章　服务定价策略：基于不同市场的社区养老服务定价机制构建 / 210

第一节 养老服务市场划分 / 210

一、社会市场 / 212

二、经济市场 / 215

第二节 养老服务市场的定价机制 / 217

一、公共产品的养老服务定价 / 218

二、私人产品的养老服务定价 / 222

第三节 基于不同市场的社区养老服务定价机制的构建 / 223

小　结 / 227

第六章 服务渠道策略：基于信息网络技术的社区养老服务一体化平台构建 / 228

第一节 社区养老服务综合一体化渠道和平台建设 / 228

  一、政务信息化服务平台建设 / 229

  二、社区内网和信息交互平台建设 / 233

第二节 养老服务信息技术平台的功能分析及当前不足 / 235

  一、养老服务信息技术平台功能分析——基于"健康到疾病的老龄化连续谱" / 236

  二、当前养老服务信息化平台建设的不足 / 239

第三节 基于信息网络技术的社区养老服务一体化平台构建 / 246

小　结 / 249

第七章 总结和讨论 / 250

  一、社区养老服务投递的基本经验 / 250

  二、基于流程分析的社区养老服务递送策略 / 257

  三、社区养老服务的未来发展趋势 / 265

  四、相关讨论和不足 / 269

参考文献 / 271

附录一　访谈提纲 / 288

附录二　访谈对象 / 291

后　记 / 293

绪　论

一、研究背景

随着我国老龄化和高龄化程度不断加剧,老年人不断增长的需求和有限的照顾资源供给之间的长期不平衡使得"老有所养"这样的话题变得沉重。目前,大多数老年人都倾向于居家养老,养老服务的资源也集中于为居家养老提供社会化支持,然而居家养老服务的实践中存在诸多不足。据全国老龄工作委员会办公室2008年报告显示,我国城市中48.5%的老年人有各种各样现实的养老服务需求,而居家养老服务需求总的满足率只有15.9%,其中护理服务满足率仅为8.3%。[①]《2010年我国城乡老年人口状况追踪调查情况》则发现,城乡日常生活完全不能自理的老年人达到1208万,占总体的6.8%,有部分自理困难的有2824万,占到15.9%,认为自己日常生活需要照料的比例城乡合计13.7%。相比2006年城镇老年人在上门护理服务方面的需求增长3.9%,上门做家政服务增长近1倍,老

---

① 全国老龄工作委员会办公室:《中国城市居家养老服务研究报告(2008)》,2008年2月21日。

年饭桌或送餐服务增长 7.9 倍。与此同时是传统家庭的弱化以及独居、空巢、失能等老年人的急剧增加,这些因素使得构建一个怎样的养老服务体系成为当前学界和社会争论的焦点。

基于以上事实,政府在养老服务方面的投入持续加大,到目前已经初步建立起政府主导的"以居家为基础、社区为依托、机构为补充、医养结合的多层次养老服务体系"①。其中居家养老是当前养老服务政策发展的重点,准确表达应该是以社区为依托的居家养老,因为其作为一种社会化养老,必须获得以社区为载体的社会化养老资源的支持。同时由于我国失能老人、半失能老人的数量和规模不断加大,对于专业化服务的需求越来越强烈,而目前机构养老的发展状况还难以满足他们的需求,还由于老年人的心理特征倾向于不离开熟悉的社区环境,因而社区不仅可以为居家养老提供支持,也是提供日常照料和专业化服务的重要载体。正因如此,我国养老服务资源正不断向"社区"集中,不仅包括正式资源也包括非正式资源,其目标是尽量做到使需要照顾的老人能够继续留在社区或他们原来的生活环境下维持独立的生活,而同时又能获得必要的照顾。②可以说,社区养老成为我国当前应对老龄化问题的最佳方式,而地方实践中的"9073"或"9064"框架③正使这种养老模式成为现实。

---

① 十三五规划中养老政策方向重新定位,"机构为支撑"的表述再次改为"机构为补充",而习近平总书记在 2016 年 5 月 27 日中共中央政治局集体学习中进一步将"医养结合"列入养老服务体系,将其表述为"居家为基础、社区为依托、机构为补充、医养结合的多层次养老服务体系"。

② 吕新萍:《院舍照顾还是社区照顾:中国养老模式的可能取向探讨》,载《人口与经济》,2005 年第 3 期。

③ 例如北京提出"9064"目标,即到 2020 年 90%的老年人在社会化服务协助下通过家庭照顾养老,6%的老年人通过政府购买社区照顾服务养老,4%的老年人入住养老服务机构集中养老。上海则提出"9073"目标,即 90%老年人通过家庭自我照顾、7%的老年人享受社区居家养老服务、3%的老年人入住机构养老。

对应于西方社区照顾概念中的"由社区照顾"和"在社区照顾",我国养老方式分为居家养老和社区养老两种形式,前者主要是依托社区资源的社会化支持,后者则对应以社区为载体的日常老年文体娱乐活动以及专业化的照料服务,如日间照料中心等提供的服务。随着居家养老服务体系的快速推进,目前我国已经搭建起以"星光老年之家"、居家养老服务照料中心/站为载体的比较完备的社区养老服务平台。① 政府在不断加大居家养老照料服务中心/站基础设施投入的基础上,将空巢、独居、孤寡、失能、低保等特殊老人尽可能纳入政府购买服务中来,但总体上说居家养老服务中心/站提供的服务种类繁杂,存在"过度供给"或"需求不足"等现象,同时享受购买服务的老年人范围有限,而购买的内容则以家政服务为主,大多数老年人的日常照顾仍旧依靠家庭成员,从而使得目前的社区养老服务呈现出"补缺型"的特征。社区小型机构照顾在专业化服务以及人员方面的不足,往往导致当前社区居家服务照料中心在照护方面的功能缺失或质量不高,而民政部门管理的养老服务和卫生部门管理的医疗服务之间的资源分割进一步影响到社区养老服务的质量和效率。另外,我国养老服务的制度安排主要是以老年个体为对象,缺乏相应的家庭政策,从而使得制度安排与传统家庭伦理不匹配,正式照顾体系与非正式照顾系统之间缺乏良好的互动,也缺乏对于家庭照顾及其照顾者的政策支持,难以回应到当前大多数老年人依靠家庭照顾的事实。

对于以上的问题,目前的政策研究已经大大落后于实践的需要。当前研究多从养老服务供给和需求角度来思考,主要从居家养老、

---

① 星光老年之家主要提供老年人活动中心,其功能与居家养老服务照料中心存在重复,有些地方合并,也有些地方两个机构是分立并存的。

社区养老、机构养老三种照顾方式①的分析来进行,强调社会化资源的投入,往往缺少对养老服务资源组织过程的探讨。与此同时地方实践中的探索要更进一步,在实践中不仅使养老服务资源投入方式呈现丰富化和多元化,而且开始尝试打通不同照顾方式之间的"区隔",谋求正式照顾和非正式照顾资源在社区层面的合作和沟通,强调"机构社区化"和"社区机构化"以及对家庭等非正式网络的支持,这些探索开始关注养老服务的组织化过程,强调了如何通过机制的创新来提升社区养老服务的质量和递送效率。

据此,本研究以我国社区养老服务体系为研究对象(不仅包括居家照料,也包括医疗照护的内容),改变原有的"供给—需求"的分析路径,针对社区养老服务的组织递送过程进行描述和深度分析,以探索社区养老服务的有效投递路径,搭建起满足老年人多层次、多元化需求的社区养老服务网络体系。本研究立足现实,借鉴国外经验,运用多学科理论,集中于社区养老服务中的组织递送机制,从流程管理的角度对服务生产、服务定价以及服务渠道构建、服务接收四个环节进行分析,以期提升服务投递的效率和质量,这对于我国养老服务社会化体系的发展也具有重要的理论和实践意义。

本研究关注的基本问题在于:社区养老服务的递送机制是怎样的?递送环节之间的关系如何?这种环节机制有什么问题?产生这些问题的逻辑机理是怎样的?如何解决这些不足?据此,研究的主要内容包括:首先,以杭州市为例,对社区养老服务的流程环节、流程要素以及流程评估指标进行阐述,形成服务递送流程的一个基本框架。其次,通过案例比较分析和评估展现社区养老服务的递送机制,同时对递送环节中存在的问题进行剖析。第三,基于流程环

---

① 也有许多学者将社区养老、居家养老放在一起,统称"社区居家养老"服务方式或模式。

节的分解,从服务生产、服务定价以及渠道构建三个方面来深入分析、探索其产生问题的逻辑机理,并基于流程环节分解形成不同策略,实现递送效率的提升和不同特质老年人多元需要的满足。

二、理论基础

在以往的研究中社区养老服务大多从老年人的需要出发,讨论如何改善供给以满足其多元化多层次的需求。因此在这里我们要回顾需要理论,讨论基本需要和非基本需要以及与其相关的政策目标定位问题。同时由于养老服务具有(准)公共产品的特性,不同的供给结构和递送方式将影响其递送的效率,而服务从生产者到老年消费者的最终递送仍旧遵循传统的产品营销环节,如何实现流程优化将在其递送效率中发挥着决定性影响,所以在这里要引入公共产品理论和市场营销理论。

(一) 需要理论

需要概念在哲学、经济学、社会学中经常被谈及,也基于不同的学科角度形成了不同的界定。在社会福利分配中,需要满足往往涉及分配的基础,要对合理性需要和非合理性需要、基本需要和非基本需要进行区分,这种需要界定以及社会资源的分配将意味着一定的权利和责任关系,[①] 其中政府的角色将很大程度上决定福利模式的边界。因此,需要分析也就成为社会政策与福利工作的核心[②]。

在以往对于需要理论的研究讨论中,往往涉及需要类型、需要内容和需要评估等方面的内容,这些成果十分丰富,如马斯洛(Masolow)将人的需要按照从低到高的顺序分为五个层次,其中最

---

① Culpitt,I., *Welfare and Citizenship: Beyond the Crisis of the Welfare State?* London: Sage Publications,1992,pp.161-177.

② 刘继同:《人类需要理论与社会福利制度运行机制研究》,载《中共福建省委党校学报》,2004年第8期。

低层次的需要为生理需要,包括空气、水、食物、睡眠和性的需要。① 布拉德肖(Bradshaw)则将需要分为感觉性需要、表达性需要、规范性需要和比较性需要。② 泰勒·古比(Taylor-Gooby)将需要分为终极需要、中介需要和个人需要,③ 有着广泛影响的则是多伊和高夫(Doyal & Gough)提出的人类基本需要和中介需要的划分方法,④ 前者主要是指生存和健康的需要,后者表现为适当的营养和水、有保护功能的住宅等,这从社会层面上进行需要的划分也影响了后续的政策实践。2000年联合国在解决贫穷问题把人类需要分为基本需要和非基本需要,并把基本需要的满足作为解决贫困问题的社会政策目标。⑤ 在社会政策领域,最初的"基本需要"是跟反贫困联系在一起的,其内容主要限于物质需求。世界银行将基本需要分为两部分:一部分是为满足充足的营养而获得一定量的食物的需要;另一部分则为衣着和住房等非食物基本需要。⑥ 这种划分主要是从经济保障方面确立了保障目标群体生存权的政策机制,但也影响了福利服务领域的相关实践。

需要概念背后的主观性、相对性使需求本身成为一个非常复杂的概念。弗德(Forder)认为,因规范、标准不同,需要可基本分为两大类。从由"谁"来界定的角度看有三种界定途径:可以由社会整体依据大众达成的共识所同意的价值来界定,可由有实际福利需要的消费者来界定,可以由专家团队来界定。如果以"福利服务

---

① Masolow, A.H., *Motivation and Personality*, NewYork: Harper&Row, Publisher, Inc., 1970, p.46.
② Bradshaw, J., *The Taxonomy of Social Need*, New Society, 1972, p.496.
③ Taylor-Gooby, P., Dale, J., *Social Theory and Social Welfare*, London: Edward Arnold., 1981, p.4.
④ Doyal, L., Gough, I., *A Theory of Human Need*, Basingstoke: Macmillan, 1991, p.170.
⑤ UNDP, *Human Development Report 2000*, Oxford University Press, 2000, p.17.
⑥ World Bank, Handbook on Poverty and Inequality, Washington D.C., 2009, pp.67-80.

目标"来区分,则可以分为依理想规范界定,依最低标准所界定;依社会中的平均标准所界定;依个人对自己需要的感觉所界定;依靠特定技术、程序或知识所界定。① 同样埃费(Ife)也根据主体特性将需求分成三种:社会成员界定的需求,是社会成员基于调查而进行的需求表述;照顾者界定的需求,是由社会工作者等专业人士完成的信息调查而报告的需求;实务人员推断的需求,指基于政府的行政管理者、社会政策制定者、社会研究者等人士分析人口普查、社会福利设施使用、被治疗者的个人及家庭环境等资料而发现的需求。② 不同主体对于需求的定义将会不同。

尽管需求概念及划分类型纷繁复杂,但对于老年人的需求的内容基本形成共识,对其分类也基本类似。例如穆光宗认为主要包括经济或物质供养、生活照料和精神慰藉三种需要。③ 熊跃根在其1998年的博士论文中则认为老年人的需要主要表现在经济方面的需要、日常生活照顾方面的需要、健康医疗方面的需要和精神方面的需要几方面。④ 李晅伟则将老年人的需求分为经济、健康、精神和照料四种需求。⑤ 几种分类近乎一致。当然老年人还具有其自身群体的特点,比如对于家庭成员的依赖性较大,对健康服务的特殊要求等,这些特点决定了其政策实践必须以需求为导向,这也是社区照顾的

---

① Forder, A., *Concept in Social Administration: A Framework for Analysis*, London: Macmillan. 1974, p.39.

② Ife, J., "The Determination of Social Need: A Model of Need Statements in Social Administration", *Australian Journal of Social Issues*, Vol.15, No. 2, May 1980, pp.92-107.

③ 穆光宗:《家庭养老面临的挑战及社会对策问题》,载《中州学刊》,1999年第1期。

④ 熊跃根:《需要、互惠和责任分担——中国城市老人照顾的政策与实践》,格致出版社2008年版。

⑤ 李晅伟:《中国城市老人社区照顾综合服务模式的探索》,社会科学文献出版社2011年版。

要素之一。① 尽管如此，目前的政策定位并不能满足所有老年人的需要，其主要针对的是那种在市场或家庭无法满足的情况下的老年人，区别于广泛意义上的需要概念（包括家庭和市场机制），因而在政策实践中重点满足于群体和个人的基本需要，而将情感交流、精神慰藉以及与生活质量相关的内容留给家庭和市场等。这也使得在养老服务政策实践中有着明确的定位，强调通过适当的工具和手段对老年人的需求进行评估，以对需方进行管理，同时寻求社会化多元主体的参与，在强调福利大众化的基础上通过发展老年服务市场来满足更普遍的老年人群体需要。

（二）公共产品供给理论

公共服务供给理论与政府的角色定位密切联系在一起。古典自由主义强调个人先于国家存在，主张自由放任从而坚持"小政府"的理念，但是随后资本主义世界的经济危机爆发，政府开始对经济进行积极干预，并突出政府赤字支出对于总需求的扩张作用，这也使得政府开始肩负起公共产品供给的责任。由于市场经济存在广泛的失灵，公共产品的提供被认为是解决这种市场失灵的武器，政府则是公共产品的天然唯一的生产者和提供者。

战后随着第三次科技革命和西方福利国家的发展，政府在公共支出方面不断扩大，然而这种现象在20世纪70年代的经济危机之后发生逆转，各国政府被迫削减政府赤字，减少政府开支，新公共管理运动的掀起使得人们开始关注政府作为公共产品的提供者所面临的竞争力不足、效率低下等问题，主张以授权、市场化等管理模式来替代。奥斯本和盖布勒在其《改革政府》中对新公共管理进行总结，认为政府应该是掌舵而不是划桨，尝试将竞争机制引入公共

---

① 黄源协:《台湾社区照顾政策与实务》，见《中、英、港社区照顾研讨会会议手册暨论文集（台湾）》，1999年。

部门，与此同时还强调授权、分权等。① 对于这种新公共管理运动，威尔逊认为其研究重点不外乎四点：竞争、分权、以顾客为中心、绩效评估。竞争机制的引入的确能够增进政府供给效率，但是也会带来那些贫困和消费能力不足群体的不公平现象的发生，尤其是市场选择容易将弱势群体排斥在外。②

基于此，新公共服务主义以及此后的治理理论开始关注公民权问题，即公共部门应该是服务"公民"而不是"顾客"，强调公共服务中的公共利益，而治理理论则进一步打破政府作为唯一的权力中心，强调主体之间的相互协作，聚焦于如何将正式政治领域和公共部门的治理结构转向不断增加私人部门和公民社会参与并融入他们的利益。③ 新公共管理主义到新公共服务，表明了一种从政府到市场的连续谱系之间的摇摆，而治理理论和多中心理论则开始摒弃单一主体论进而开始探索多元主体供给的新的制度安排。④ 基于这些思想，公共产品的供给也从最初的志愿者服务模式向政府单一主体供给，再到多元主体合作供给的转变，寻找公共产品供给在效率和公平之间的动态平衡机制。

就社区养老服务来说，这些理论要求其递送也应该探索多元合作机制，同时也要对其组织过程的效率进行考量。传统通过行政推动的方式来实现公共产品的递送和供给已经不再适应当前的情势，同时我国"小政府，大社会"以及社会福利社会化的发展趋向使得

---

① 〔美〕戴维·奥斯本、特德·盖布勒：《改革政府》，周敦仁等译，上海译文出版社1996年版。

② 见〔美〕约翰·威尔逊主编：《公共服务财政管理》，清华大学出版社2008年版，第37—66页。

③ M.Whitehead, "'In the Shadow of Hierarchy': Meta-governance, Policy Reform and Urban Regeneration in the West Midlands", *Area*, Vol.24, No.3, 2003, pp.6-14.

④ 瞿志远：《公共服务供给中的主体间关系——基于中国的多案例研究与比较》，浙江大学博士论文，2012年。

多部门的合作不断被强调,发展"混合福利"已经成为必然选择。无论是公共部门、非营利或营利组织的社会福利管理者,均必须在合作的过程中发挥其运作效能。社区作为区域性的社会生活共同体,其公共服务的供给和递送也必然依靠政府、企业、社会组织以及邻里、家庭等非正式组织这些多元主体的互动和合作。要实现这一点,必须要求政府更有效地履行职能转型,还要求公民社会积极成长并与政府实现合作共治。[①] 同时也要考虑政府、社会组织和企业等多元主体在服务供给和投递中成本的大小,这将要求我们对于供给过程进行评估,并采取适当的策略来改进服务递送效率。

(三) 市场营销理论

市场营销理论是指企业必须着眼于目标顾客的需求、欲望,综合运用各种营销手段,通过顾客的满意获得利润。[②] 现代意义的市场营销起源于 20 世纪 50 年代,主要集中于营销环境和市场研究的主题,市场细分概念被提出。此后伊·杰·麦卡锡提出著名的 4Ps 理论,即 Product(产品)、Price(价格)、Place(销售渠道)、Promotion(销售促进),这种营销思想主要以企业为中心。到了 20 世纪 70 年代科学技术开始将世界带入信息社会,产品出现了全面供过于求,原有供不应求的"卖方市场"发生变化,"买方市场"的形成以及成熟的消费者使市场营销观念从"满足需要"发展为"创造需要",这也催生了强调消费者需求的 4Cs 的出现。1990 年劳特朋提出以消费者为中心的 4Cs 理论,即集中于消费者的需求与欲求(consumer needs),强调成本(Cost)、便利性(Convenience)以及

[①] 李慧凤:《社区治理与社会管理体制创新——基于宁波市社区案例研究》,载《公共管理学报》,2010 年第 1 期。

[②] 何磊:《市场营销理论的发展演变》,载《中国物流与采购》,2002 年第 15 期。

与消费者的沟通（communication）①。尽管这种理论开始以企业为中心走向关注消费者的需求，但是这种被动适应消费者需求的理论难以保证企业在市场竞争中的利益。基于此，舒尔茨（Don E. Schuhz）提出了 4Rs 理论，分别指代 Relevance（关联）、Reaction（反应）、Relationship（关系）和 Reward（回报），强调通过企业与顾客的互动和关联达成企业和消费者的双赢。② 4Ps、4Cs、4Rs 三种理论的提出体现了市场营销思想的发展演进过程，尽管此后市场营销学集大成者菲利浦·科特勒（Philp Kotler）提出了 6Ps 和 10Ps 的大市场营销概念，但仍旧是在此前三个理论基础上的一种发展和推进。

就养老服务领域来说，作为一种政府管制领域，其市场定价以及社会化主体进入的方式等都受到一定的限制，但是就养老服务的投递来说，这种市场营销思想仍旧可以为我们所借鉴，即养老服务和产品的投递仍旧是服务生产商与消费者之间的关系。本研究主要关注于服务的投递，即更加关注于投递主体的行为，对应于当前市场营销中的 4Ps、4Cs、4Rs 三种理论。尽管后两个理论的一些思想可以为我们所用，比如要关注老年人的需求和欲求，以及如何通过与老年人的互动来实现服务的有效投递等，但是适用于竞争不足的 4Ps 更契合这种养老服务的投递过程，产品、价格、销售渠道、销售促进分别构成服务投递的几个重要环节。当然可能要做一定的修正，即对于社区养老服务而言，销售促进的环节在当前服务体系中尽管有一定的涉及，但是在当前供不应求的养老服务市场中并不是主要的。

---

① Lauterborn, B., "New Marketing Litany: Four Ps Passé; C-Words Take Over", *Advertising Age*, Vol.61, No.41, 1990, p.26.
② 〔美〕唐·舒尔茨等：《新整合营销》，吴磊等译，中国水利水电出版社 2004 年版。

三、研究数据和研究方法

(一) 研究数据

第一，本人及所在研究团队在杭州市进行的前期问卷和访谈所收集的问卷数据、访谈资料等，不仅包括市级、区级和街道养老工作人员关于养老服务的访谈材料，还包括老年人的需求评估数据以及居家养老服务照料中心、社区卫生服务中心或服务站人员的一些访谈资料，也包括民政局、街道和社区以及一些社会组织、企业工作人员的工作报告和相关材料。

第二，政府公布的统计数据、公报和工作报告。这些数据包括浙江省、杭州市关于社区养老服务的统计报表、公报，还有《中国统计年鉴》、《中国民政统计年鉴》、《浙江省民政统计年鉴》、《2010年全国第六次人口普查数据》、《人力资源和社会发展统计公报》等。

第三，一些公开获得的关于老年人的数据库。主要有2011年中国健康与养老追踪调查（CHARLS）等老年人的生活自理能力、慢性病情况等方面的数据。

(二) 研究方法

1. 案例研究法。这种方法在定性研究中经常被采用，或者被作为一种初始的探索性研究方法，但是定性研究并不完全等同于案例研究，在案例研究中也可以采用适当的定量材料。在本研究中由于社区养老服务的组织和投递不能通过已有的老年人数据和社区服务资料来进行统计分析，或者说已有的数据库在描述该过程中存在诸多的不足，故此本研究主要考察主城区的9个街道和社区，选择其中3个典型案例，通过分析养老服务在社区中递送流程环节中的不足，形成基于投递流程的社区养老服务发展整体思路。

2. 文献分析法。在撰写过程中充分利用国内外的相关材料，通过查阅和分析确立了本书的主题和框架。本研究基于中国社会化养老服务体系的实践，同时结合西方社区照顾的发展脉络，将焦点集中于组织服务的递送机制，这些都得益于以往成果的回顾和反思。

3. 访谈法。笔者长期关注于养老服务领域的研究，在过去几年里也参与了上海、杭州和苏州等地的研究项目，这些项目提供了大量实证调查的机会。本研究试图以杭州市民政局关于养老服务的定量资料作为基础数据，选取主城区（包括江干、拱墅、上城、下城、西湖5个区）各两个街道或社区，一共10个街道或社区。但是在实际操作中根据获得的资源和资金支持对其调研对象进行了调整，最终选择了江干、拱墅、上城、西湖4个区，在西湖区选择3个街道或社区，其他3个区各两个街道或社区，一共9个调研单位。与此同时还根据需要访谈了"在水一方"、"夕阳红""大爱人家"3个从事养老的社会组织以及"甜梦家园长者服务中心"公益创投组织，还有"慈爱嘉"、"和睦医院"两个提供养老服务的企业。另外还采取焦点小组、深入访谈等多种形式，对杭州市民政局、拱墅区民政局、西湖区民政局的相关工作人员以及部分老年人进行了座谈或访问。

4. 流程分析法。主要根据对社区老年服务递送和投递的过程进行追踪，确立了服务生产、定价、渠道构建以及服务接收等程序，在此基础上就投递的几个主要环节存在的问题进行深入分析，提出了社区养老服务投递的一个基本框架，并确立了政策的未来重点。

四、研究逻辑框架、内容、创新点

（一）逻辑思路

本研究从多学科的视角出发，基于公共产品理论、市场营销理论和需要理论，对社区养老服务递送流程进行分析，探索服务递送的效率机制。在这里基于养老服务的产品属性,将其分为服务生产、服务定价、渠道构建和服务接收四个环节。服务生产环节主要包括生产主体、主体互动的方式、服务生产的内容以及主体生产的能力等;服务定价则包括市场划分、政策目标对象以及定价方式等;渠道构建则包括线上和线下两种基本渠道;服务接收则与服务产品的数量和质量是否满足老年人的需要以及老年人的主观满意度等有关。在对环节进行分解阐述的同时探索其内在要素之间的关系以及对流程效率进行评估,结合杭州市的实践分析探讨影响流程效率的因素,并基于流程环节分别从服务生产、服务定价、渠道构建三个重点方面提出策略(服务接收环节也十分重要,但在这里主要依据投递主体形成策略),就该逻辑思路在这里只做简单阐述,在正文部分的第二章将做详细解释。

(二) 研究内容

本研究基于需要理论和公共产品供给理论、市场营销理论,结合杭州市的实践对社区养老服务的递送过程进行阐述,对当前养老服务的递送机制存在的问题进行剖析,并通过流程分解来展示这些问题内在的原因。据此,从服务生产、定价以及渠道三个重要环节提出了建设性的思路。本研究分为以下几个部分:

1. 绪论

本部分旨在阐明选题缘由、研究问题以及研究意义,并就本研究采用的数据和方法以及结构和创新点等进行说明,是本研究后续主要内容的基础性章节。

2. 已有文献述评

本章节主要梳理国内外关于社区养老服务的研究文献,并在评述的基础上将其焦点转向社区养老服务的递送。文献评述分别对社区研究、福利服务研究以及公共管理研究中的养老服务及其递送机制进行了阐述，并就不同研究中的养老服务递送思路进行总结和评价。

3. 社区养老服务递送的基本分析框架

本章将结合杭州市的实践，对社区养老服务递送的基本环节、流程要素、流程评估指标进行了阐述，并且构建了一个社区养老服务流程分析的基本框架，为下一章节具体的流程分析打下基础。

4. 社区养老服务的递送流程分析

本章主要依据以上章节的流程分析框架，结合杭州市的实践，通过案例比较的方式深入分析社区养老服务的递送流程，并对其过程进行评估，在此基础上讨论当前其递送过程中的不足，进而提出了服务递送效率的改进策略。

5. 服务生产策略：政府主导下的多元养老服务生产和供给机制构建

本章主要就社区养老服务的供给和生产环节进行讨论，尝试从服务对象的需求满足角度，就老年人正式照顾及其非正式照顾网络的相关政策实践来思考其服务生产内容，同时从养老服务的不同属性思考不同主体在养老服务递送中的能力建设问题，以实现递送流程中生产环节的改善和提升。

6. 服务定价策略：基于不同市场的社区养老服务定价机制

本部分主要借助于市场营销理论，搭建基于市场细分的社区养老服务定价机制。由于老年人异质性较强，既有失能、空巢、独居等特殊老年人，也有健康水平较好、经济收入较高、有一定消费能力的老年人，要实现服务投递的有效性就必须进行市场划分，以划分标准来确立相应的价格策略。在这里，强调价格机制中要实现"社会市场"与"经济市场"的衔接，尤其要强调发挥市场机制在服务资源配置中的基础性作用。

7. 服务渠道策略：基于信息网络技术的社区养老服务一体化平台构建

本章将重点放在社区养老服务的渠道建设上。尽管自上而下的行政渠道仍旧发挥着重要的作用，但是这种渠道搭建方式已经难以满足个性化的老年人需求。基于当前信息网络技术的广泛应用，强调在服务渠道投递中应该广泛借用现代信息技术，通过信息化网络平台的构建，搭建服务提供商与消费者之间的服务投递渠道。具体内容包括政府的信息化平台建设、社区的内网和交互平台建设以及具体的技术渠道和路径方案。

8. 总结和讨论

总结了社区养老服务的基本经验，探索了流程分析视角下的社区养老服务递送的基本思路，并就未来的发展提出了一些基本的判断。

（三）创新点

第一是以组织管理的思想对社区养老服务的递送过程进行分析，关注社区养老服务递送的中间过程，进而通过流程的优化将焦点集中于递送过程的效率方面。在以往的研究中，大多从居家养老服务的供给和需求进行讨论，较少从组织过程的视角来对社区养老服务的递送和投递进行分析。本研究尝试从社会学、管理学、人口学、社会政策学等综合视角，并直接借用管理学中组织管理的思想，试图解决当前社区养老服务递送过程中的效率不足问题。

第二是基于社区养老服务递送环节的划分、基本要素和流程评估指标的确定，构建了一种递送流程分析的框架。本研究从服务如何递送到老年人手中这个基本程序出发，借鉴市场营销的思想将其划分为服务生产、服务定价、渠道构建以及服务接收四个环节，同时还基于流程管理的理论确定了养老服务递送流程的基本要素，并基于公共管理中的绩效评估的思想构建了流程评估的指标，依据这些内容构建起社区养老服务递送流程分析的框架。

第三是基于杭州市深入的访谈材料和案例分析，从服务生产、服务定价和服务渠道三个环节来阐述当前政策实践中的经验和不足，并构建了基于不同政社关系的多元养老服务生产机制、不同市场相衔接的社区养老服务定价机制以及基于信息网络技术的社区养老服务一体化渠道机制。

第一章 已有文献述评

随着我国快速进入老龄化社会，如何为这么庞大数量的老年人提供良好的照护服务就成为了当前迫切需要解决的社会问题。2000年以来我国逐渐形成了居家养老、社区养老和机构养老三种模式，但由于家庭功能不断弱化以及老年人自身留在家庭和社区内部的心理倾向，发展社区养老服务体系、实现"在地养老"就成为了关键。养老服务作为焦点话题，在多种学科中都有论述，本研究集中于社区养老服务的递送，涉及"社区"、"福利服务"、"社会化"等内容，其相关论述多在社区研究、福利服务研究和公共管理研究中涉及。故此，如下将分别对不同研究中的养老服务及其递送机制做综述。

第一节 社区研究中的养老服务及其递送机制

自20世纪80年代社区研究就成为学界的热点主题，社区成为新时期社会生活以及基层组织的一种重要形态，而社区建设更是基层民主建设和公共服务递送的重要内容。随着民众从原初"单位制"中解脱出来，福利服务也从"单位化"走向社会化，社区在公共服务中开始发挥其重要的主体作用。这种作用不仅表现在社区作为福利服务的直接投递者，同时也表现在社区从依附走向"自治"过程中作为服务提供者的主体作用。由于老年人大多沉淀在社区内部，因此社区养老服务成为社区工作的重要内容，如何整合不同服务主体和内容，实现基本养老服务的投递也就成为社区的一项重要职能。

一、"社区"概念及其功能的变迁

社区最早来自于德国社会学家F.滕尼斯，他将Gemeischaft（共同体、公社、社区等）这一与社会相对应的概念表达为，一种由共同价值观的同质人口组成的密切守望相助、存在一种人情味且具有共同信仰和共同风俗习惯的社会团体。这种共同体关系主要对应于传统的乡村社会，然而随着城市人口的流动性和异质性使得滕尼斯的"社区"概念失去了存在的基础，同时也形成了功能不同、地域性的聚集区，这些社区仍旧具有"地域性社会共同体"性质，这也是当前对于社区的普遍界定。在我国首次将"community"翻译成"社区"的是社会学家费孝通，社区研究也成为社会学的主题领域之一。20世纪80—90年代我国学术界和政府部门在结合西方国家理论和实践的基础上提出了具有本土化的社区概念。一般上认为社区是"聚居在一定地域范围内的人们所组成的社会生活共同体"，而在政府文件中的社区则是指，"经过社区体制改革后做了规模调整的社区居民委员会辖区"，前者主要强调其共同体特性而后者则从行政区划的角度来界定的。[①]

在社区研究中，关于社区的定义有很多，据贝尔（C.Bell）和纽柏（H.Newby）在1971年的统计就发现社区的定义已有98个，

---

① 民政部：《民政部关于在全国推进城市社区建设的意见》，2000年。

而据社会学者杨庆堃1981年统计的社区定义更是多达140多种。①在我国，社区在行政意义上最初对应于居民委员会，但到了20世纪80年代"社区"一词开始被广泛使用，比如"城市社区"和"农村社区"以致社区概念被滥用，也使其边界变得模糊和不确定。对此，许多学者进行了批评并对社区的概念进行了重新界定，例如徐永祥将其界定为一定数量的居民组成的、具有内在互动关系与文化维系力的地域性生活共同体。②丁元竹则从区域与社区的角度去界定社区，指出社区的精华一方面是其"地方"意义，另一方面是其一定的"居住的集体人口的活动"。③这些界定都既承认了社区的地域性特征，又在不同程度上强调其生活共同体的特性，也成为当前关于社区概念的最为合适的理解。当然这与滕尼斯关于社区的理想类型有着不小的差距。事实上，在我国社区概念随着社会的变迁和转型其内涵和外延都在不断变化，尤其在城市社区基于共同体的关系类型划分逐渐被地域型行政区划所代替。实际上在我国很多学者，例如社区概念的奠基人费孝通（1985）把社区看作是"有边界的具体的实体"④，认为只有在一个边界明晰、自成一体的社会单位里，才能研究整体文化中各个因素的功能。这种基于区域划分避免社区概念的宽泛化，也有利于我们将焦点对准所需要的研究对象，从而符合社会研究的需要。由于本研究的对象为城市社区，故此依据这种区域划分的界定，基本与居委会所在的行政区划边界重合。

尽管关于社区的界定与传统意义上的定义基本相同，但是其内涵以及关于社区的功能却发生了较大的变化。随着我国社会进入转型阶段，社区也开始从"政府依附型"走向"自治"，单位制社区

---

① 黎熙元、何肇发：《现代社区概论》，中山大学出版社1998年版。
② 徐永祥：《社区发展论》，华东理工大学出版社2001年版，第173页。
③ 丁元竹：《社区的基本理论与方法》，北京师范大学出版社2009年版。
④ 费孝通：《乡土中国》，生活·读书·新知三联书店1985年版。

逐渐转化为具有自身特色的现代化社区。在很长的时期内我国的社区作为居民自治组织的特征并不能真正体现,更多的时候扮演着政府"耳目"和"管理控制"的角色,其单位制的特性使其具有在社会控制、福利保障、就业安置以及人口管理等多方面的功能。然而随着我国"板结化"社会结构的打破和体制转型,社区开始回归其"群众性自治组织"的属性,从强调"管理控制"向"服务和管理"两大类功能转变,即提供社区居民日常生活需求的服务和社会保障方面的服务以及流动人口管理、社区基层管理等方面的功能。[①]

对于社区来说,"麻雀虽小,五脏俱全",政府的各条线都有工作落实到社区,在很多时候发挥着"政府的腿"的作用,以致社区成为政府的附属,社区行政管理占据了社区工作绝大部分人力和物力,其自身也发挥着诸如政治控制、经济生产、社会保障、社会参与等多重功能。这种结果是基层政府与社区之间往往存在"事责分离、权责分离、事财分离",社区疲于应付各种检查和评比,不仅管理效率低下而且难以发挥社区"自我管理自我服务"的作用;另一方面是社区作为自治组织对于社区居民的内聚力和吸引力来源于以优质的社区服务来满足社区居民日益增长的多元化需求,但社区对于政府的长期依赖关系使其发展和成长往往有赖于上级政府的转移支付能力,很大程度上影响了社区自身的积极性和主动性。对此,这些问题要求在社区管理中积极倡导"小政府、大社会"理念,剥离那些原初"单位制"职能,致力于引进灵活化和多样化的服务主体进入社区,并努力提升自身资源和服务的整合能力,推动传统社区向现代社区转型。换言之,就是要从传统的社区"管理"走向"管理和服务并重",并最终将社区管理落实到"服务"。

---

① 韩超:《我国城市社区功能研究》,载《法制与社会》,2013年第2期。

二、社区养老服务的现时代特征

养老服务一直作为社区服务的重要内容，其发展的路径与社区的转型和功能的变化密不可分。自 20 世纪 80 年代的社区服务兴起，社区养老就与社区服务一样具有较强的经验型和模糊性特征，对其到底是福利性还是营利性存在争议，同时对应于西方国家的社区照顾服务，在我国社区养老和居家养老的发展中也对社区是"依托"还是"供给主体"（即"在社区照顾"还是"由社区照顾"）存在疑虑，对于这些问题的回答将有利于我们厘清社区养老服务的对象和内容等问题。

（一）福利性和营利性

关于社区服务的属性一般存在福利性和营利性两种认识。前者例如徐永祥认为"社区服务"实际上是"社区社会服务"或"社区中的社会服务"的简称，其内核是福利性、公益性的社会服务，对象主要是居民，外延或适应范围是社区。[1] 也有学者认为社区服务具有营利性和福利性的双重属性，例如彭穗宁认为，"社区服务既含有政府导向的民政优抚、社会福利、社会救助和社会保险部门的延伸服务，如老有所养、幼有所托、残有所助、贫有所济、困有所帮等活动，又包含大多数市场导向的便民、利民、乐民服务活动以及针对社区内用工单位的后勤保障服务活动"。[2] 这种对于福利性和营利性的争论，源于我国社会福利发展的思路并不是很清晰，也由于社区服务自身的复杂性。1993 年民政部等十四部委下发了《关于加快发展社区服务业的意见》，明确将社区服务业定位为"在政府倡导

---

[1] 徐永祥：《社区发展论》，华东理工大学出版社 2001 年版。
[2] 彭穗宁：《发展社区服务：城市社区建设的特殊路径》，载《西华大学学报（哲学社会科学版）》，2004 年第 4 期。

下,为满足社会成员的多种需求,以街道、镇和居委会的社区组织为依托,具有社会福利性的居民服务业"。并且明确提出要把社区服务业纳入第三产业发展规划及其他相关规划的要求,这在推进社区服务业发展的同时也使得社区服务的发展走向市场化。此后这一倾向得到纠正,2000年民政部重新将社区服务定位为,"主要是开展面向老人、儿童、残疾人、社会贫困户、优抚对象的社会救助和福利服务,面向社区居民的便民利民服务,面向社区单位的社会化服务,面向下岗职工的再就业服务和社会保障社会化服务"。2006年《国务院关于加强和改进社区服务工作的意见》中强调整合各方面的力量,推进社区服务的协调发展,不仅包括无偿、低偿提供的社区福利性、公益性服务,又包括低偿和有偿提供的社区便民利民的物质、文化、生活服务。正因如此,作为社区服务的重要内容,社区养老服务不仅包括针对残疾、高龄、独居、空巢等传统民政对象的照顾,还包括对那些未被纳入基本公共养老项目中的老年相关服务。

由于我国社区服务发展的历程主要是从家政服务和便民利民服务市场这些方面开始的,这些居民生活服务包含在社区服务中,因而其并非完全是福利性的,所以有的学者从广义上来定义社区服务,并不认同社区服务的福利性;另一种则认为社区服务仅指那些福利性、公益性的服务,故认为社区养老服务主要是为满足各种特殊困难的家庭的养老需求,不应盲目扩大服务对象与范围,可称之为"狭义的福利性"。这种关于社区养老服务的狭义和广义界定,主要区别存在于覆盖对象的大小,也由于其认识的不同,使得社区养老的产业化方向是福利性还是经营性并不明确。① 有学者认为对社区养老应该分类对待,即对于那些营利性的生活项目要逐步从民政部门或社区服务中心中剥离出来,使其成为社区服务业中的支柱性分支

---

① 李学斌:《我国社区养老服务研究综述》,载《宁夏社会科学》,2008年第1期。

产业，而对于公益性、福利性的服务项目，则通过社区服务发展基金，向社区服务中心或独立核算、市场化经营的老人公寓发放补贴或购买养老服务。① 这种有针对性的措施有利于社区养老服务事业的正确发展，而不是像20世纪80年代"社会福利社会办"后期社区服务走向市场化的道路。

基于以上的讨论，我们可以认为社区养老服务具有福利性和营利性相结合的特征。在我国目前广泛讨论的居家养老服务中，经常会忽略社区养老服务（排除政府购买的部分）也具有一定的营利性，不正视这一点就难以辨明社区服务产业化的方向，也难以引进社会组织以及企业等多元主体真正做到"自我管理、自我服务"。

（二）"在社区照顾"和"由社区照顾"

在西方关于社区照顾的讨论中，一般将其分为"在社区内照顾"（care in the community）和"由社区照顾"（care by the community）。② 前者指的是在社区的小型服务机构或住所中获得专业人员的照顾，后者则强调充分动员社区内的资源，如专业人士、医疗手段和信息等，在被照顾者的亲人、朋友、邻居等的协助下，提供更全面的照顾。③ 随着西方社区照顾的理念不断被我国学者借鉴，这种划分也不断被采用。④ 在我国当前以社区为依托的居家养老服务体系中，这两种形式都有所体现，但相对来说更加倾向于"由社区照顾"。因为我国大部分老年人都依靠家庭养老，但由于家庭功

---

① 林娜：《社区化居家养老论略》，载《中共福建省委党校学报》，2004年第12期。
② 艾伦沃克（A.Walker）将社区照顾的实施策略分为三种：在社区内照顾、由社区来照顾和与社区一起照顾。这里的"与社区一起照顾"主要强调对社区照顾提供支援性辅助服务，以保证社区能够将需要照顾的人留在社区里生活。其可以视为前两者策略的结合，因此笔者在类型划分里不作独立阐述。
③ Bayley, M., *Mental Handicap and Community Care: A Study of Mentally Handicapped People in Sheffield*. Routledge & Kegan Paul, 1973, pp.26-27.
④ 李玉玲：《社区居家养老：文献综述》，载《江海纵横》，2008年第1期。

能下降必须依靠社会化资源的支持,因此老年人必须依靠由政府、社区和亲属等正式和非正式资源构成的综合性照顾网络的支持。

"由社区照顾"形式更加贴近我国社区养老服务的实际。当前我国以社区为依托的居家养老服务体系基本成型,在社区广泛设立有居家养老照料中心或服务站、星光老年之家以及相应的社区卫生服务中心,但是这些设施主要为居家养老提供支持。居家养老服务站点仅能提供有限的日间照料,难以提供全天候的服务,同时这些服务的使用前提是老年人具有一定的自理能力,提供的服务主要包括餐饮、文体娱乐活动以及量血压、日间休息等简单服务,其设施在很大程度上作为老年活动中心或星光老年之家的升级版,尚不能达到为老年人提供"照顾"的功能。与此同时,在我国尽管家庭功能在下降,但是家庭仍旧是老年人照顾的主要来源,因此需要在提升日间照料中心的功能基础上,正视家庭等非正式照顾网络的作用,强化社区、邻里、亲戚等非正式关系对老年人的支持。

"在社区照顾"作为西方"反院舍化"的结果而倡导那些需要照顾的弱势群体从机构回归社区,以摆脱那种冷漠、没有人情味和与世隔绝的程式化的专业照顾带来的负面效应,即由政府及非政府的服务机构在社区里建立小型的、专业的服务机构,发展以社区为基础的治疗与服务设施、技术和计划,使所提供的服务更贴近人们的正常生活。[①] 这种依托社区为基础的治疗方案被证实更贴近人们的需要同时能够节约成本。在我国社区老年照顾中并没有这种从机构到社区的回归,而且社区不仅缺乏医疗、康复设施和人员,也缺少

---

① 钱宁:《社区照顾与中国社会福利制度的改革》,载《中国青年政治学院学报》,2002年第4期。

相应的社会工作者，难以提供合理的技术解决方案，以致老年人从家庭照顾到机构照顾之间缺少缓冲地带，很多慢性病患者和处于康复期的患者，往往依赖于机构照顾或家庭照顾，机构和社区之间缺乏衔接，同时社区也没有承接医疗康复和护理的专业人员和技术，从而难以降低"机构照顾"的需求以及改变医院病床位的拥挤状态，在很大程度上尚没有那种"在社区照顾"的理念和相应的基础设施和人员，从而使得老年人的医疗照护需求仍旧难以满足。因此，要借鉴西方社区照顾的理念，就必须提升日间照料中心的作用，强化其在老年医疗照护方面的技能，以帮助老年人在社区获得相应的服务和技术支持。

基于此，我国当前的社区养老服务的递送不应该仅仅关注日常照料服务，还应该关注于医疗健康服务的上门投递。基于大多数老年人居家养老的事实，还应该通过社会化的支持来提升家庭照顾的质量和水平，同时需要提升"在社区照顾"的理念，即强化社区对于那些失能、半失能老年人的康复和治疗服务的功能，发挥社会工作者和医疗人员的专业化作用以提供良好的照料方案，这需要打破目前机构和社区、居家养老不同养老方式之间的屏障，强化社区对机构等专业化资源的引入，以提升社区对那些失能、半失能老年人的专业化照料水平。

三、社区养老服务递送机制的演变

基于社区功能的变迁及现时代所具有的特征，社区的老年照顾服务的组织递送机制也发生了前所未有的变化。社区作为整个社会的"缩影"，其"小政府、大社会"的管理理念正成为其服务投递的基本思想，使其从原初的"单位制"正走向"社会化"，同时社区管理也成为强调多主体协同合作的"社区治理"。

(一) 从"单位制"走向"社会化"

在我国传统体制中呈现出国家权力对经济社会的总体性控制，经济组织与行政性组织高度集合，政府依据权力对社会产品进行再分配，在城市和农村其组织系统制度分别对应于"单位制"和"人民公社制度"。在城市中"单位制"覆盖了所有党政机关和企事业单位，所有居民的生老病死都由单位管理，这种"单位制社会"的发展在"社区"层面上集中表现社区单位化和单位社区化的双向发展，即单位和社区不仅在城市地理空间上重叠，还表现在"单位办社会"现象的普遍存在（即用单位的多元化功能取代社区功能）。[①] 这种情况下不仅社区居民缺少对社区的认同感，社区也难以具有充分的发展活力。

经济体制改革打破了这种局面，打破了原初的总体性社会生态，由国家垄断社会资源的局面不断被打破，伴随"去单位化"而来的大规模结构性变迁，单位制曾经的社会管理功能也在很大程度上被消解了，以往的"单位人"从单位中分离出来，变为了"社会人"、"个体人"，其中许多成为了"社区人"沉淀在基层社会，社区逐步成为人们的基本生活单元。[②] 随之发生的是单位的很多职能也开始向社区转移，政府也不断进行权力下放，将公共服务网络不断向社区延伸，并进一步提升社区管理和服务的功能。据统计，企业改制中从单位溢出转移到街道的社会功能有 30 多项，其中最重要的两项是"住房商品化"和"重建社会保障体系"[③]。基于这样的背景，我国

[①] 丁超:《全能主义架构中的城市社区与单位》，载《中国方域——行政区划与地名》，2001 年第 4 期。

[②] 杨敏、杨玉宏:《"服务—治理—管理"新型关系与社区治理新探索》，载《思想战线》，2013 年第 3 期。

[③] 华伟:《单位制向社区制的回归——中国城市基层体制 50 年变迁》，载《战略与管理》，2000 年第 1 期。

在 20 世纪 80 年代社区服务快速发展，社区的管理和服务功能不断被开发，许多社区都根据居民需要，建立社区服务设施，开展便民利民服务，兴建社区服务中心、老年公寓、保健站、市民救助中心，组织专员、兼职和志愿者相结合的社区服务队伍，形成社区服务网络。① 另一方面政府单独来实现公益资源配置的格局开始瓦解，于是对内要求经营管理体制改革，对外要求动员社会力量兴办福利事业。政府开始意识到自身力量的不足需要社会力量的共同参与，为此民政部提出了社会福利社会化的概念和设想，试图依靠社会力量多形式、多渠道、多层次发展社会福利事业。②

社会化作为一种与"国家化"对应的产物，其主要意义表现在社会资源的配置从封闭走向开放，从"单位制"走向"社会事务社会办"。随着社会诸多职能向社会的下移，这种社会化也必然要求社区服务走向多元主体合作的"社会化"，其不仅强调其资金和服务来源的社会化，也表现在服务管理的社会化。故此，要探索社区服务社会化的有效机制就必须引进市场、社会组织等外来资源，培育和扶持社会公益组织和群众自我服务组织等，同时还必须倡导家庭、邻里和社区志愿者的互帮互助，以形成社区的"自我管理自我服务"。在社区养老服务中，这种社会化体现得更为明显，自 20 世纪 90 年代以来随着社会福利社会化的推进以及居家养老体系的发展，绝大部分老年人都将依赖社会化支持的居家养老方式，而这种社会化的支持需要社区管理和服务平台的建设。尤其对城市老年人来说，其老年福利服务以及津贴发放等都依托于社区，社区在社会化资源和人员的整合和管理方面的能力是影响老年人生活质量的重要因素。

---

① 曹永森：《中国福利社区化：背景、进程与改进措施》，载《晋阳学刊》，2004 年第 5 期。

② 杨团：《社会福利社会化：上海与香港社会福利体系比较》，华夏出版社 2001 年版，第 2 页。

(二) 从"社区管理"走向"社区治理"

在很长的时间里社区作为政府权力的延伸往往成为政府的附属物，社区肩负着基层管理和社会控制的职能，社区事务性的管理成为社区工作的重要内容，然而实际上越到基层越应该强调服务，或者说社区的管理职能应该不断减少，关键任务在于提升其公共服务的效能。为了改善这种局面，在学界一直强调社区"去行政化"，认为政府的全面介入使得社区居委会工作的"行政化"倾向日趋严重，社区难以正常发挥自治功能。尽管也有学者认为目前社区建设不能完全脱离行政化的内容，其发展并不是离政府越远越好，而是要基于社区事务的详细分类来进行，不能把政府在基层的公共服务问题和社区居民自治问题混淆在一起。① 更多的学者认为行政力量在当前社区建设中尚发挥着重要的作用，比如徐中振、徐珂基于上海的实践发现社区建设模式中既有政府"行政化主导"和"行政性推动"的作用，也有"社会化发育"和"社区化参与"的作用，自上而下的行政建设和自下而上的自治建设始终同时在推进。② 因此，目前社区管理并不能通过"去行政化"来解决"政府过度干预"和自上而下的服务递送机制。因为对于社区来说，其自治的能力还不是很成熟，同时其公共产品的获得很多还需要依靠政府的转移支付和购买行为，当然这并不是说要保留行政化的取向，而是应该明确政府的责任。对此，许多学者认为政府要积极转变职能，例如潘小娟认为政府需要改变统包统管的做法，其主要任务应该是为社区服务创造环境和提供条件，而不再是直接参与社区服务的提供。③ 薛育余认为对政府在社区管理中的重新定位，首先政府应该明确自己的责任和

---

① 金心异：《社区要不要"去行政化"?》，载《21世纪经济报道》，2014年2月13日。
② 徐中振、徐珂：《走向社区治理》，载《上海行政学院学报》，2004年第1期。
③ 潘小娟：《中国基层社会重构——社区治理研究》，中国法制出版社2004年版。

定位,主要做好监督和指导工作,做到不越位、不缺位和不错位。①在当前社区服务实践中,对于居委会来说,在获取政府资源时经常对政府产生依赖,在社区行政管理中,则又容易与社区组织形成上下级关系,沿袭科层制的惯性思维影响与社区组织以及居民之间的互动。这种现象极大地影响了管理和服务的效能和其他多元主体的平等合作,为此需要推动社区行政体制的改革,推动社区管理走向社区治理,这也是社区在不断强化"服务"功能的内在要求。

从治理的角度看,社区发展是政府搭台、各种社会组织"共舞"的过程。② 对此不仅需要政府角色与职能的转变,同时还需要考虑社区服务如何递送的问题,许多学者基于此提出自己的建议,比如田华和陈静波③、高鉴国④提出应该建立以需求为导向多元化的社区服务供给模式,而于燕燕则强调政府、社区、市场、企业共同参与的社区公共服务发展模式。⑤ 这些思路与当前社区服务"社会化"的发展方向是比较契合的。说到底,社区治理意味着需要多元主体共同参与到社区管理和服务中来,只有通过政府、市场与社会之间的良好互动,社区才有可能得到良好发展,也才能应对当前社区自治化、专业化和现代化的挑战以及解决当前社区公共服务能力不足等问题。由此,社区治理的关键是如何发挥多元主体的建设性作用。

---

① 薛育余:《行政化与去行政化:我国社区管理主体的变迁》,载《中国社会科学报》,2010年第140期。

② 陈伟东、李雪萍:《社区行政化:不经济的社会重组机制》,载《中州学刊》,2005年第2期。

③ 田华、陈静波:《论社区公共服务供给中的多元化主体》,载《云南行政学院学报》,2007年第6期。

④ 高鉴国:《社区公共服务的性质与供给——兼以JN市的社区服务中心为例》,载《东南学术》,2006年第6期。

⑤ 于燕燕:《社区公共服务模式的思考——百步亭社区公共服务的启示》,载《学习与实践》,2007年第7期。

然而当前社区对政府的依赖还十分明显，政府在社区服务供给中还扮演着"裁判员和运动员"的双重角色。虽然有很多地方实践中开始通过政府购买来间接为社区弱势群体提供相关服务，但社会组织在承接政府公共服务方面的能力还十分有限。基于此，不仅需要加快社区管理体制的创新，推进社区的行政化职能转变，加强不同部门之间的协作和资源整合，还必须加强社会组织的培育以及企业的引入等方面的机制建设，同时要不断加强服务内容方面的创新。这些内容要求社区管理走向社区治理，并且不断推进社会管理创新，探索新的管理办法和手段，从社区行政化依附走向社区复合化治理。

第二节　福利服务研究中的养老服务及其递送机制

一、社区养老服务的模式比较争论

国外社区养老服务对应的名词为"社区照顾"。社区照顾发端于20世纪50年代的英国，随着福利国家的危机的发生，社区照顾作为"去机构化"的结果在80年代和90年代得到了较快的发展。"社区照顾"最早出现在1957年精神疾病和精神缺陷皇家委员会发布的《关于精神疾病和精神缺陷的法律》中，该法律提出：生活在社区里的患者可以不安置在大型机构和精神病医院中，总体发展趋向是从当前的机构照顾转向社区照顾（community care）。这是首次在官方文件中出现社区照顾这个名词。[①] 1968年《健康服务和公共卫生法》、Seebohm委员会报告以及1970年的《地方政府社会服务法》

---

① Pilgrim D., Rogers A., *A Sociology of Mental Health and Illness*, Maidenhead: Open University Press, 2005, p.171.

进一步将非正式网络纳入社区照顾中来，同时将非医疗性的照顾服务和医疗性照顾服务分开，成立了专门的社会服务部。此后在1977年英国DHSS发布《前进的道路：健康与社会服务的优先性》明确指出community指所有的提供者，包括社区医院、日间医院、居住之家、旅店、地方政府社会服务部、国家健康部门、独立的非营利机构、社区自助以及家庭和朋友，照顾的内容则包括健康照顾、居住照顾、日间照顾、到宅服务等。1989年英国又发布白皮书《照顾人们：未来十年及以后的社区照顾》将"社区照顾"定义为提供干预和支持以帮助人们最大程度的自立和对自我生活的控制。为达成这个目标，这些服务包括到宅支持（domiciliary support）——居家照顾服务以及为那些有集中照顾需求的人们提供暂歇服务和日间照顾，提供照顾水平更高的庇护住所（sheltered housing）、群居公寓和小型养老机构等，并为那些其他照顾无法满足其需求的人们提供的长期住院照顾。

总体上来说，20世纪70—80年代主要关注机构照顾的成本和质量，意味着社区照顾政策主要集中于对那些需要医院长期护理的生活能力障碍者和精神疾病者的安置；90年代社区照顾则主要表现为政策设计从公共支出安排转向对老年人的居家照顾。[①] 社区照顾本身也经历了一个从在社区中照顾（care in the community）到由社区照顾（care by the community）再到"为社区提供照顾"（care for the Community）的发展过程，即艾伦·沃克将社区照顾分成里层、中间层和外层的三个不同层次，不同层次之间不是封闭的而是需要全社会资源共享并进行充分互动。[②]

在西方国家，相对于家庭照顾（family care）和机构照顾（in-

---

① Lewis, Glennerster, *Implementing the New Community Care*, Open University Press, 1996, p.77.

② 王思斌：《社区照顾对中国的借鉴意义》，载《社会工作研究》，1994年第3期。

stitutional care），社区照顾被认为是最贴近老年人生活需求的一种养老方式。由于西方国家的老龄化程度非常严重以及照顾的专业化要求使家庭照顾难堪大任，机构照顾一直成为老年照顾的主要内容。作为机构照顾的相对物，社区照顾一直在与机构照顾的优劣比较中成长和壮大。80年代随着西方福利国家进入调整阶段，同时新公共管理主义、福利多元主义等理论兴起，社区照顾因为更为经济可行，同时强调社区和公民自决、分权和地方化而得以支持，尤其在英国社区照顾得到了较快的发展。其社区照顾被认为是，"以被照顾者的社会关系和居住地为核心，通过与家庭成员之间的日常互动和对社区内资源的利用，老人可以在熟悉的社区环境中得到家人的照顾，在心理、情绪和日常生活中得到家人、亲友及邻里的支援，一方面可以充分利用社区内的正规资源，同时也可以避免长期在养老院生活导致的负面影响"①。相比机构照顾、家庭照顾，社区照顾的优势表现如下：

1. 相比机构照顾更具成本优势。Sharfstein 和 Nafziger 对社区医疗照顾和医院照顾的慢性病人的照顾支出和临床状况（clinical status）的研究中发现社区照顾的开支更低，而病人的状况更好。② Challis 和 Davies（1980）通过对比研究，发现社区照顾没有增加成本，而能够提供像机构一样的甚至更好的服务。③ Skellie，Mobley 和 Coan 对接受基于社区的长期照顾和接受护理院（nursing home）照顾的老人进行对比研究，考察了二者的成本效益和照顾结果，发现

---

① Bayley, M., *Mental Handicap and Community Care: A Study of Mentally Handicapped People in Sheffield*, Routledge&Kegan Paul, 1973, pp.26-27.

② Sharfstein, Nafziger, "Community Care: Costs and Benefits for a Chronic Patient", *Psychiatric Services*, Vol. 27, No.3, 1976, pp.170-173.

③ Challis, D., Davies, S.B., "A New Approach to Community Care for the Elderly", *British Journal of Social Work*, Vol.10, No.1, 1980, pp.1-18.

社区照顾的成本更低而照顾效果更好。① Hollander 和 Chappell（2007）通过比较政府 1988—1997 年十年间用于居家长期照顾和社区长期照顾的财政支出，发现一个定位明确而合理规划的社区照顾系统比机构照顾更为经济。② Nielsen 等的研究表明机构照护服务费用是居家照护的 3—9 倍。③

也有研究对于社区照顾有着不同的意见，如 weissert 认为关于社区照顾更省钱的假设几乎不能得到支持。基于家庭和社区的长期照顾与护理院的照顾对象是特征不同的人群，很少有人因为使用了社区照顾而避免或缩短了机构停留的时间。④ 相对于使用社区照顾的人来说，长期待在护理院的老人一般是年纪更大、身体更差、更加依赖、社会资源更少的。Gordon 指出对于需要密集照顾（intensive care）的老人，在机构中进行集中照顾比在社区中进行分散照顾的成本效益更高，应该致力于寻求社区照顾和机构照顾的平衡。⑤ 总体上来说，社区照顾比机构照顾更为经济，然而对于重度失能的老人在机构中得到照顾更具有成本效应。要尽可能通过适当的支持方式和手段让老年人在社区得到照顾，并尽可能地延迟在机构照顾的可能。

2. 相比机构照顾更为人性化。相比机构照顾，社区照顾可以继

---

① Skellie, F.A., Mobley, G.M. and Coan, R.E., "Cost-effectiveness of Community-based Long-term Care: Current Findings of Georgia's Alternative Health Services Project", *American Journal of Public Health*, Vol.72, No.4, 1982, pp.353-358.

② Hollander, M.J., Chappell, N.L., "A Comparative Analysis of Costs to Government for Home Care and Long-term Residential Care Services, Standardized for Client Care Needs", *Canadian Journal on Aging-Revue Canadienne Du Vieillissement*, 2007, 26: 149-161.

③ Nielsen et al., "Older Persons After Hospitalization: A Controlled Study of Home Aide Service", *American Journal of Public Health*, Vol.62, No.8, 1972, pp.1094-1101.

④ Weissert, W.G., "Seven Reasons Why It is so Difficult to Make Community-based Long-term Care Cost-effective", *Health Services Research*, Vol.20, No.4, 1985, pp.423-433.

⑤ Gordon, M., "Community care for the elderly: Is it really better?" *Canadian Medical Association Journal*, Vol.148, No.3, 1993:393-396.

续维系老年人熟悉的居住环境的"社会联系",同时能够在一定程度上获得正规系统的资源支持,从而有利于老年人的身心健康。① 社区照顾能够兼顾家庭成员的日常互动和熟悉的社区环境和资源的利用,从而可以避免老人在老人院生活而导致的抑郁和孤独,这也是西方"去机构化"的动因之一。②

3. 比家庭照顾更为专业化。在西方国家工业化要更早,老龄化程度也更加严重。在福利国家建设中养老逐渐社会化,因而老人缺少家庭照顾,然而随着福利国家改革的政策转向,强调个人独立和家庭责任,家庭等非正式照顾曾成为20世纪90年代研究的热点,③虽然家庭照顾在日常照料方面存在优势,但由于被照顾老年人可能需要医疗、护理、专业性的心理辅导等。需要专业化机构的介入,单纯依靠家庭照顾不大现实,而社区照顾能够通过专业化机构和正规系统资源和技术的引介,相比家庭照顾更加能够满足老年人护理照顾方面的需求。

4. 批评和不同意见。从其他角度来说,社区照顾的模式未必是最佳的选择。肯·布莱克默认为社区照顾比机构照顾更合适需要满足两个条件:一是地方政府有足够的资金;二是机构照顾向社区照顾的转移得到良好的管理。④ 然而西方国家社区照顾不仅存在着专业

---

① Abrams, P., "Community Care: Some Research Problems and Priorities", *Policy and Politics*, No.6, 1977, pp.125-151; Chappell, N.L., "Social Support and the Receipt of Home Care Services", *The Gerontologist*, No.25, 1985, pp.47-54.

② Titmuss M.R., Abel-Smith B., *Social Policy: An Introduction*, George Allen&Uniwin (Publishers)Ltd,1974, pp.16; Walker, A., "Community Care and the Elderly in Britain: Theory and Practice", *International Journal of Health Services*, Vol.11, No.4, 1981, pp.541-557.

③ Cantor, M.H.,"Strain Among Caregivers: A Study of Experience in the U.S", *The Gerontologist*, No.23, 1983, pp.597-624; Johnson, C.L., Catalano, D.J.,"A longitudinal Study of Family Supports to Impaired Elderly", *The Gerontologist*,Vol.23,No.6,1983, pp.612-618.

④ 〔英〕肯·布莱克默:《社会政策导论》,王宏亮等译,中国人民大学出版社2009年版。

化水平低、服务质量欠佳、经费不足及缺少志愿人员等问题,同时还面临如下困境:社区照顾向家庭照顾转化,重点转向支持家庭照顾者,服务过程中机会不平等,照顾者的角色一般由女性来承担以及协调等问题。在理论层面,社区照顾还面临来自女性主义和社会政策的批评,前者认为社区照顾有可能强化女性在家庭中照顾角色的意识形态,后者则认为社区照顾被认为是政府减轻自身责任削减财政开支的做法。①

在我国,社区养老发端于20世纪80年代的社区服务,但是一开始对"社区服务"的理解带有较强的经验性和模糊性特征。② 90年代社区服务被纳入第三产业发展规划中,在某种程度上使其发展走向市场化,使得部分弱势群体的生存状态进一步恶化。此后这一倾向被不断纠正,政府在养老服务的公共支出不断加大,与此同时,社区在养老服务中的地位不断提升,养老服务资源不断向"社区"集中。由于我国社区发展中的行政化特性,社区养老不仅包括"社区照顾"(包括居家养老和社区养老机构照顾),还包括社区工作中的社区活动(老年大学、文化体育娱乐等活动)以及社区参与(公益活动、老年人才市场)。③ 在地方实践中无论是"9064"还是"9073"的养老服务框架,除去机构养老的少部分老人以外,绝大多数都要依靠社区获取相关服务,因而社区在我国的社会化养老服务体系中发挥着重要的主体作用。

从养老模式上看,社区养老被认为比家庭养老、机构养老更为适应的养老选择。与家庭养老相比,社区养老的日常生活服务主要

---

① 孙凌寒:《居家养老与社区照顾研究述评》,载《浙江树人大学学报》,2010年第3期。
② 徐永祥:《社区发展论》,华东理工大学出版社2001年版。
③ 李昺伟:《中国城市老人社区照顾综合服务模式的探索》,社会科学文献出版社2011年版。

由社区内的机构提供，同时通过将机构养老中的各类服务引入社区，避免了机构养老的集中供养方式，相对更为经济合理。① 许爱花通过对家庭养老、机构养老和社区居家养老三种模式的分析，提出在目前的境况下社区养老的价值及其优势。②

就"在社区养老"的居家养老形式而言，一般认为居家养老是指老年人在家里居住，并且由社区提供院舍式服务的一种社会化养老模式。③ 由于我国当前老龄化的现实，大多数老人还需要在家庭得到照顾，但家庭功能的弱化又不足以养老，必须需要外部资源尤其社区平台的支持。进入新世纪以后，我国政府确立了以居家为基础、以社区为依托、以社会福利机构养老为补充的养老服务发展方向，强化了社区为居家养老服务提供社会化支持的功能。

与社区养老服务或居家养老概念平行发展的是社区照顾的思想。在我国关于社区照顾的介绍最早是来自于香港的实践，随着社会化养老服务体系的快速发展，社区服务以及相关研究进入21世纪后也进一步加快，社区照顾的介绍性内容也逐渐增加。在借鉴西方经验的基础上我国社区照顾开始了本土化的实践，国内学者也就对社区照顾和老年社区照顾概念进行了讨论。史柏年提出老人社区照顾是指由正规服务、社区志愿者及社会支持网络为有需要的老人提供帮助和支援，使他们能在其熟悉的社区环境下维持自己的生活，避免不必要的住院或隔离。它是介于老人家庭照顾和老人社会机构照顾

---

① 徐聪：《社区养老：城市养老模式的新选择》，载《长白学刊》，2011年第6期。
② 许爱花：《中国城市社区老年人养老模式之反思》，载《宁夏大学学报》，2005年第3期。
③ 郅玉玲：《"居家养老"的浙江实践》，载《中共浙江省委党校学报》，2010年第2期；吴玉霞：《政府购买居家养老服务的政策研究——以宁波市海曙区为例》，载《中共浙江省委党校学报》，2007年第2期；董红亚：《中国社会养老服务体系建设研究》，中国社会科学出版社2011年版。

之间的一种运用社区资源开展的老人照顾方式。① 穆光宗认为老年照料体系应当是以老年人自助互助为原则，以家庭支助为基础，以社区服务为依托，以国家和政府的法律、法规、政策为保障。② 周沛认为社区照顾是专业性的社区工作者动员和调动社区资源，运用正式的和非正式的支持网络，联络社区内政府和非政府的机构，通过合作与协调，以正式合法的社会服务机构和服务网络来为有需要的人所提供的援助性服务，是解决社区居民特殊困难的一种方法和途径。③ 同时他还指出社区照顾是一个社区服务网络化的过程，也是一个专业化和职业化的社区工作方式，其对象是特定的，主要指社区内有特殊困难而不能依靠自己的力量加以解决且需要较长时间照顾的个体及其家庭。仝利民认为社区照顾泛指在社区层面为社会上有需要的人群提供照顾及支援，即包括正式的社区结构域资源，也包括非正式的社会支持网络去为有需要的人士提供照顾。④ 钱宁则认为社区照顾是社区中的各方面成员——家人、亲戚、朋友、邻里、志愿者和社区领袖等组成的非正式网络，协同各种正式的社会服务机构，在社区内对需要照顾的人提供服务的过程。⑤ 徐祖荣认为城市老年人的社区照顾指的是，"在国家宏观指导和政策扶持下，以社区为依托，为满足自理有困难的城市老年人的日常生

---

① 史柏年：《老人社区照顾的发展与策略》，载《中国青年政治学院学报》，1997年第1期。

② 穆光宗：《中国传统养老方式的变革和展望》，载《中国人民大学学报》，2000年第5期。

③ 周沛：《社区照顾：社会转型过程中不可忽视的社区工作模式》，载《南京大学学报》（哲学·人文科学·社会科学版），2002年第5期。

④ 仝利民：《社区照顾：西方国家老年福利服务的选择》，载《华东理工大学学报》（社会科学版），2004年第4期。

⑤ 钱宁：《社区照顾与中国社会福利制度的改革》，载《中国青年政治学院学报》，2002年第4期。

活照顾需求而提供的养老服务，包括建立和发展老年福利设施、开展居家照顾、日间托老服务等一系列的照顾项目"①。这些界定与西方对社区照顾的界定相差不大，基本上沿袭了西方对社区照顾的内容、手段和方式的界定。

基于国外社区照顾的实践和理论梳理，内地学者也结合我国社区养老的发展对社区照顾的养老模式进行了讨论。这些模式讨论大多是在分析当前的老龄化压力以及家庭养老、机构养老的不足基础上提出的，同时也以失能、半失能老人以及空巢等家庭对照顾护理需求的增加来论证发展社区照顾的合理性和可行性。最早王树新和亓昕②、伊密③将社区作为家庭养老的支撑，此后罗元文④、赵立新⑤等进一步强调发展社区服务和社区养老的重要性。丁美方⑥、曾昱⑦在对家庭养老、机构养老和社区照顾三种养老模式进行比较的基础上，提出社区照顾将是符合当下的最佳选择。钱宁则认为从"机构照顾"到"社区照顾"，是社会福利递送模式的转变，也是社会福利发展的新方向，社区照顾不仅可以为那些需要帮助的老、弱、病、残、幼等弱势人群提供更多的社会支持，而且可以避免完全由国家提供福利支持和缺乏社会参与的种种弊端，同时还有助于实行社

---

① 徐祖荣：《人口老龄化与城市社区照顾模式探析》，载《长江论坛》，2007年第4期。

② 王树新、亓昕：《社区养老是辅助家庭养老的最佳载体》，载《南方人口》，1999年第2期。

③ 伊密：《社区——接过家庭照顾功能的第一棒》，载《人口与经济》，2000年第3期。

④ 罗元文：《社区服务与养老保障体系》，载《市场与人口分析》，2003年第2期。

⑤ 赵立新：《论社区建设与居家式社区养老》，载《人口学刊》，2004年第3期。

⑥ 丁美方：《社区照顾——城市老年人的赡养方式新选择》，载《安徽农业大学学报》（社会科学版），2003年第6期。

⑦ 曾昱：《社区养老服务——中国城市养老服务保障的新选择》，载《天府新论》，2006年第4期。

福利制度的改革和社会福利"以人为本"方向的发展。① 吕新萍在对院舍照顾和社区照顾两种养老模式各自特点比较分析的基础上提出社区照顾更具有经济性和人性化。② 雷雯③、韦克难④认为社区照顾养老是我国社会现实及人口老龄化发展的必然选择，我国国情和社区建设自身的特点决定社区照顾在供养方式上坚持以居家为基础，以社区为依托，以社会福利机构为补充的养老模式。卫小将⑤、齐海丽⑥在分析家庭养老和机构养老不足的基础上阐释了社区照顾的内涵以及现阶段我国发展社区照顾的现实意义。潘屹从北欧、英国的社区照顾理念、模式探讨了中国社区服务发展的现实需求和政策导向，并强调将把医院护理转化为社区照顾的重要性。⑦ 这些研究都强调社区照顾模式的价值和当下现实性意义，并在借鉴西方国家社区照顾发展经验的基础上提出了我国社区照顾的内涵和政策路径。

综上所述，由于社区照顾上述的种种特点使其在福利国家结构调整中发挥着越来越重要的作用，而且也更为贴近老年人的需求。在西方实践中，居家照顾及社区照顾通常合并在一起讨论，即居家

---

① 钱宁：《"社区照顾"的社会福利政策导向及其"以人为本"的价值取向》，载《思想战线》，2004 年第 6 期。

② 吕新萍：《院舍照顾还是社区照顾：中国养老模式的可能取向探讨》，载《人口与经济》，2005 年第 3 期。

③ 雷雯：《社区照顾框架下的老年人服务——从制度分析层面看社区照顾及其制度构建》，载《经济与社会发展》，2006 年第 9 期。

④ 韦克难：《论我国社区照顾养老的必然性及其中国化》，载《天府新论》，2007 年第 1 期。

⑤ 卫小将：《社区照顾：中国养老模式的新选择》，载《太原科技大学学报》，2007 年第 2 期。

⑥ 齐海丽：《中国城市养老保障新模式——社区养老》，载《社会保障研究》，2009 年第 4 期。

⑦ 潘屹：《从北欧、英国的社会照顾看中国社区照顾服务业的发展》，民政部网站，http://zyzx.mca.gov.cn/article/zyzx/shfl/200803/20080300012829.shtml，2008 年 3 月 26 日。

及社区照护服务（Home and Community Based Service，HCBS），同时社区照护和机构照护都可能需要专业性服务，从而使得彼此的界限比较模糊，模式的选择往往与老年人的需求相关，对于照护需求级别较高的则采用机构照顾，而照护级别较轻的采用社区照顾，这就使得照顾政策通常从成本和需求两个方面来考虑。相比较于中国语境下的养老服务，以社区为依托的居家养老服务被认为是符合老年人的最佳模式选择，但这种模式尚缺乏"由社区照顾"的实践，从而使得社区养老服务的发展受到专业化能力以及社区功能主体作用的限制。因此，当下需要借鉴西方国家的社区照顾思想，在社区构建基于以需求为导向的养老服务体系。

二、社区养老服务的投递及组织递送研究

在福利服务中，养老服务作为福利性产品，其获得需要满足一定的资格条件。因此，如何甄别目标对象，对是否纳入政策覆盖范围的对象及其家庭的需求评估成为第一步。

根据美国《社会工作词典》的定义："评估是一个决定问题的性质、原因、程度及牵涉于其中的个性和情形的过程"[①]。洛莱（Lowry）认为，需求评估表现为一种诊断，有两方面的内涵：旨在描述事实，其中我们了解我们所知且根据其涵义得出结论；是一个过程，是一系列彼此衔接的行动，每一步都从与他者相关处获取信息，并带来一个连续过程，形成对每个新事物涵义的深化领悟。[②] 因此，需要评估一直是社会工作的重要内容之一，其评估服务对象及其家庭的需求是制定社区照顾政策的基点。评定老年人照护的需求主要依照老年人的功能状况，即是否失能（生活不能自理）或失智

---

① Baker, R.L., *The Social Work Dictionary*, Washington D.C.: NASW Press, 1999, p.32.
② 顾东辉：《社会工作实务中的需求评估》，载《中国社会导刊》，2008年第33期。

（认知功能障碍），通常借助国际通用的日常生活活动（ADL）量表和辅助性日常生活活动（IADL）量表来测量照护需求。这些评测指标可以简单地概括为：心理状态（认知能力、神志清醒程度、交流能力等）、生理状态（视力功能、尿失禁、戴导尿管、摔伤、康复潜力等）、情绪状况（精神病治疗药物的使用等）、行为症状（日常活动功能、是否需要限制身体活动）、营养状况（进食方式、是否失水、是否有褥疮等）等，例如奥地利等国家。[1]

在英国，Slater 和 Mccormack 提出一套完整的护理需求评估工具，包括三部分：（1）针对自我同一性、社会心理状况、认知、交流、生理功能、疼痛控制、危险因素等 21 个方面内容评估顾客需要的护理服务类型；（2）风险性评估、稳定性和可预测性评估、复杂性评估；（3）根据前面评估的结果将护理需求水平分为低、中、高等 3 个水平，最后按照护理需求水平给予相应的服务项目。[2] 在美国，服务与资源评估问卷（older Americans Resources and Services，OARS）、家庭卫生保健分类系统（the Home Health Care Classification System，HHCC）、效果评估量表（Outcome Assessment Information Set，OASIS）、居民评估指南（Resident Assessment Instrument，RAI）、家庭护理评估量表（Assessments for Initial Home Care Evaluation），[3] 这些在家庭护理需求评估的工具也常常被应用到老年社区照顾的需求评估中。目前，对老年人依赖性的评估如巴斯尔指数（the Barthel Index）正作为一个统一标准推行，然而实践中

---

[1] Brodsky, J., Habib, J., Mirzahi, I., *Long - Term Care Laws in Five Developed Countries—A Review*, Geneva: WHO, 2000.

[2] Slater, Paul F. and Mc Cormack, Brendan, "Determining Older People's Needs for Care by Registered Nurses: the Nursing Needs Assessment Tool", *Journal of Advanced Nursing*, Vol.52, No.6, 2005, pp.601-608.

[3] 曾友燕等：《国内外家庭护理需求评估工具的研究现状与启示》，载《护理管理杂志》，2006 年第 5 期。

这种统一标准仍旧存在争议。正如 Leicester & Pollock 对南泰晤士地区的社区照顾评估研究时发现，并没有标准的需求评估路径，所有的社会服务已经有了不同程度的评估和不同的识别需求的标准。①

基于不同需要评估的工具，有许多研究对社区照顾服务的需求进行了考察，例如 Herrman Helen 和 Harvey Caro 研究了澳大利亚精神病患者对社区照顾的需求情况；② Lindeman 和 Pedler 分析了该国老年人对社区照顾服务的需求；③ Sono Tamaki 等研究了日本家庭对社区照顾的需要情况；④ 这些研究对于社区照顾政策机制的形成发挥着重要的作用。

其次，如何对照顾服务投递的过程进行管理成为重要的内容。老人照顾涉及日常生活照顾和医疗卫生照顾，需要社会服务部门和卫生服务部门的良好合作，同时涉及多元的供给主体，其提供服务的内容和标准各异，另外由于福利制度有着自身的目标定位，因而制度本身往往要求对享受服务的对象进行甄别和管理。有关香港社区照顾的研究表明，老年照顾的项目和制度出台以及相关服务组织的扩张，容易导致福利项目的重置和福利资源的浪费，并引发不同

---

① Leicester & Pollock, "Community Care in South Thames (West) Region: Is Needs Assessment Working", *Public Health*, Vol.110, No.2, 1996, pp.109-113.

② H.Herrman and C.Harvey, "Community Care for People with psychosis: Outcomes and Needs for Care", *International Review of Psychiatry*, Vol.17, No.2, 2005, pp.89-95.

③ Lindeman, Melissa A. and Pedler, Robyn P., "Assessment of Indigenous Older Peoples' Needs for Home and Community Care in Remote Central Australia", *Journal of Cross-Cultural Gerontology*, Vol. 23, No.1, 2008, pp.85-95.

④ Sono, T., Oshima, I., Ito, J., "Family Needs and Related Factors in Caring for a Family Member with Mental Illness: Adopting Assertive Community Treatment in Japan Where Family Caregivers Play a Large Role in Community Care", *Psychiatry and Clinical Neurosciences*, Vol.62, No.5, 2008, pp.584-590.

服务之间的断裂,① 这些都要求对照顾资源进行整合和管理。

"照顾管理"（care management）的概念最初来源于1988年英国的Griffiths报告,此后1990年法案则使用"个案管理"的说法,固然在词义上有些争议,但总体来说实践中是比较一致的,即通过"照顾管理人"（care manager）或"个案管理人"（case manager）评估个人的社区照顾需求,并通过与客户的沟通来设计社区养老服务包（community care package）,将各种提供者——社会服务部门、卫生服务部门、志愿部门和商业机构整合在一起。② 照顾管理通常是与社区照顾的成本和递送效率联系在一起,例如Capitman发现基于社区的基础健康照顾能提高慢性病老人的功能、降低入院率,认为将有组织的医疗照顾和目前的基于社区的干预结合起来是一个可行的方案。③ Browne等在加拿大安大略省的系列研究（包括5项历史同期群研究和7项随机控制实验）发现,在大部分情况下,良好的服务整合都与更好的照顾后果和更低的服务支出联系在一起。最主要的发现是,提供完整的、预防性的社区健康服务比提供聚焦式的、响应需求的和零碎的服务更加高效而且更省钱,完整的服务应包括社会心理和精神健康服务和各种身体照顾。在年龄、居住安排、精神苦闷和解决问题的能力等方面具有多重风险因素的人们是整合服

---

① 缪青:《北京社区服务和居家养老的新阶段:发展社区照顾》,见《创新驱动与首都"十二五"发展——2011首都论坛文集》,2011年。

② The Griffiths Report, *Community Care: Agenda for Action*, London: Department of Health and Social Security, 1988.

③ Capitman, J.A., Haskins, B., Bernstein J., "Case Management Approaches in Coordinated Community-Oriented Long-term Care Demonstrations", *The Geroniologist*, Vol.26, No.4, 1986, pp.398-404.

务的最大受益人群。① Davey 和 Levin 等关于健康服务和社会照顾整合情况的研究发现，在英国，社会工作者与全科医生之间或与社区护士之间的合作的确会让服务使用者享受更系统全面的服务，但是当前的二者之间的协作仍然有不足。② Boling 指出对紧急治疗（acute treatment）之后的过渡期（transitional period）的老人进行个案管理和复健干预，对于降低再入院率具有重要作用。③ Shannon 等通过考察远程"照顾管理（care management）"在降低支出上的作用，指出通过合适的手段将老人和社区老人照顾链接起来对于在节省支出的同时提高疗服务的利用率非常重要。④

Johnson、wistow 和 Schulz 从美国和英国学者的联合视野考察社区照顾机构间和专业人员间的服务整合，强调不光在最后的照顾方面结构整合，而且在目标设定、地方当局和多专业领域合作的服务递送方面的整体系统整合。⑤ Cott、Falter 和 Gignac 等通过焦点小组辨析出社区老人照顾的三种个案管理模式：客户中心（Client-Centred）、个案管理人中心（case manager-centred）和学科区分（discipline-specific），但是没有发现被认为是最理想的"多领域合作小组

---

① Browne, G., Roberts, J., Gafui, A., "Economic Evaluations of Community-based Care: Lessons from Twelve Studies in Ontario", *Journal of Evaluation in Clinical Practice*, Vol.5, No.4, 2001, pp.367-385.

② Davey, B., Levin E., et al., "Integrating Health and Social Care: Implications for Joint Working and Community Care Outcomes for Older People", *Journal of Interprofessional Care*, No.1, 2005, pp.22-34.

③ Boling, P.A., "The Value of Targeted Case Management during Transitional Care", *Jama-Journal of the American Medical Association*, Vol.281, No.7, 1999, pp.656-657.

④ Shannon, G.R., Wilber, K.H., Allen, D., "Reductions in Costly Health Care Service Utilization: Findings from the Care Advocate Program", *Journal of the American Geriatrics Society*, Vol.54, No.7, 2006, pp.1102-1107.

⑤ Johnson, C.L., Catalano, D.J., "A longitudinal Study of Family Supports to Impaired Elderly", *The Gerontologist*, Vol.23, No.6, 1983, pp.612-618.

(collaborative interdisciplinary teams)"个案管理模式。[1] 照顾管理和需求评估作为社会工作的重要内容在西方实践中得到了较快的发展,其强调资源整合和递送效率,相关的管理工具和方法为我国社区养老服务的发展提供了良好的借鉴。

在我国社区养老服务的投递和组织递送方面,学界的研究主要集中于制度管理、规划管理和组织管理方面。在制度管理领域,桂世勋建议民政部门应与卫生部门加强沟通,有机结合,在社区层面搞好民政福利服务资源与卫生保健服务资源的整合,积累老年人照料服务的新经验。要充分发挥民政部门主管的县(市、区)级养老机构与卫生部门主管的综合性医院对社区上门照料服务机构、老年人日间照料中心、社区养老机构的指导和辐射作用,促进社区服务中心、敬老院、日间护理中心与社区卫生服务中心、老年护理医院的密切合作,促进居家养老服务与家庭病床服务的密切合作,全方位地搞好居家老人的正规与非正规照料服务,使有限资源发挥最大的经济效益和社会效益。[2] 田青认为,随着服务的发展,将服务内容从维持例行日常生活向提升独立生活能力和增强社会生活能力、维持社会参与扩展,其中医疗照料和日常生活照料的整合和照料管理,境外国家和地区的经验可资借鉴,例如英国的照料管理人(care manager)制度。[3]

在规划管理领域,我国政府从政策层面强调社区或居家养老建设目标和政策框架。全国老龄办发〔2008〕《关于全面推进居家养老

---

[1] Cott, C. A., Falter, L. B., Gignac M., et al., "Helping Networks in Community Homecare for the Elderly: Type of Team", *Canadian Journal of Nursing Research*, Vol.40, No.1, 2008, pp.19-37.

[2] 桂世勋:《构建广义的老年人照料体系——以上海为例》,载《人口与发展》,2008年第3期。

[3] 田青:《老人社区照料服务——基于福利多元主义的比较研究》,华东师范大学博士论文,2010年。

服务工作的意见》提出要按照当地社区建设规划和老年人实际需要，协同各个部门，整合资源，在城市社区和大部分农村乡镇建设综合性居家养老服务中心、居家养老服务站点等基础性服务设施，大力推动专业化的老年医疗卫生、康复护理、文体娱乐、信息咨询、老年教育等服务项目的开展，构建社区为老服务网络。国务院在2011年颁布的《中国老龄事业发展"十二五"规划》中也要求，在十二五期间我国要重点发展居家养老服务，并明确提出建立健全县（市、区）、乡镇（街道）和社区（村）三级服务网络，在城市街道和社区基本实现居家养老服务网络全覆盖的任务。政府要在"十二五"期间实现全国有80%以上的乡镇和50%以上的农村社区建立起包括老龄服务在内的社区综合服务设施和站点。① 国务院办公厅在关于印发社会养老服务体系建设规划（2011—2015年）的意见中对于实现这些目标提出了更为具体的要求。在学界也有相关学者从系统层面对养老服务资源整合提出了相关对策。敬乂嘉、陈若静提出从服务整合（顾客层面）、系统整合（组织层面）和系统发展（系统层面）上的协作需要兼顾效率与系统的稳定性和适应性，发展政府间的协作网络，建立合作服务提供体系，协同运用多种政策与管理工具。② 缪青则认为社区照顾资源整合的内容包括：行政资源、医疗资源、社区资源（包括社会组织的活动）在社区照顾过程中协调运用，避免福利项目的重置；在福利制度和多种服务项目之间达到适度衔接；发展社区照顾体系既包括公共服务的考量，也包括市场和就业的考量。③

---

① 国务院办公厅：《国务院关于印发中国老龄事业发展"十二五"规划的通知》，2011年。

② 敬乂嘉、陈若静：《从协作角度看我国居家养老服务体系的发展与管理创新》，载《复旦学报》（社会科学版），2009年第5期。

③ 缪青：《社区养老照顾势在必行》，载《求是》，2013年第7期。

在组织管理领域，林闽钢认为社会养老的管理急需规范，在组织管理方面还存在多头管理的现象，在制度整合方面养老服务与社会养老保险、医疗保险制度的连接问题突出，如养老服务机构、城乡社区居家养老服务照料中心与医疗机构的合作问题。[①] 单大圣则提出行业管理职能与举办机构职能分开，推动政府职能向提供基本公共养老服务转变；尽快实现养老服务全行业管理；建立适度集中、权责一致的养老服务行业管理体制；建立营利性与非营利性社会养老服务机构的分类管理制度。[②]

综上所述，西方社区照顾的发展与福利国家发展的方向调整密切相关。在 20 世纪 80—90 年代社区照顾中的非正式网络成为研究的热点，家庭等非正式照顾主体在老年人照顾中被赋予了更多的意义，强调正式照顾和非正式照顾系统的联结，从而使得社区照顾具有完整的框架，这也使得照顾服务不同资源的整合成为内在要求。相对上来说，虽然西方国家在 80—90 年代强调非正式照顾体系的发展，将其作为福利国家调整和强调公民自立和责任共担的某种选择，但是以政府为主导的正式照顾系统在社区照顾中仍旧发挥着最重要的主体作用。故此如何提升作为一种公共服务的社区照顾的递送效率和资源整合仍旧成为重要的政策内容，从而使得需要评估和照顾管理等政策工具被广泛使用。在我国社区养老服务与西方国家的"社区照顾"发展的语境不同。2000 年以后我国养老服务的快速发展作为政府主体责任强化的结果，更多强调政府主导下的社会化形式；而西方的养老服务则是提升福利运作效率以及福利分权等，中西方的运作机制有着较大不同。在中国实践中将居家养老和社区养

---

① 林闽钢：《城乡养老服务体系发展的难点及建议》，载《中国劳动保障报》，2012 年 10 月 23 日。

② 单大圣：《中国养老服务管理体制的改革与发展》，载《经济论坛》，2011 年第 9 期。

老作为不同的方式来推进,其内容包含了"在社区照顾"和"由社区照顾"等,但政策发展的重点主要针对的是对于自理能力较强的老年人(居家养老),而对于失能老人则采取机构照顾的方式来实现。机构照顾与社区照顾的资源还没有得到有效的结合,机构资源介入到社区照顾也非常有限,仅限于家政服务、日常生活照料等,在医疗护理方面主要还是通过三级医疗机构来实现,对于慢性病、半失能老人或部分失能老人的照护在社区层面缺乏照护的制度安排。随着我国失能半失能老人的增多,以及我国老年人的心理特征(倾向家庭养老和不离开社区)发展社区养老服务体系日益紧迫,在加大供给的同时,加强服务组织过程的管理和提升服务效率将是我国目前"未富先老"境况下的必然选择。

第三节 公共管理研究中的养老服务及其递送机制

对于养老服务的属性,许多学者认为养老服务因为具有基本保障功能,所以属于公共产品。[1] 当然许多学者也承认养老服务还具备市场性、私人产品的特征。可以说,养老服务的属性非常复杂,其在很大程度上是作为公共产品和私人产品的混合,[2] 在此意义上,养老服务成为公共管理研究中的重要内容。

---

[1] 王树新、亓昕:《社区养老是辅助家庭养老的最佳载体》,载《南方人口》,1999年第2期。

[2] 卢建平等:《我国养老服务供给与定价机制研究》,载《价格理论与实践》,2016年第5期。

一、作为公共产品的养老服务

公共产品的研究可以追溯到 19 世纪 80 年代，一般认为公共产品的问题与政府角色相关。在古典经济学里，政府被认为是公共产品天然、唯一的提供者，但是这种先天地位被证明是不恰当的，政府尽管可以在很大程度上解决市场所面临的非排他性和非竞争性问题，但是仍旧避免不了自身的失灵现象。萨缪尔森 1954 年在《公共支出的纯理论》中提出私人物品与公共物品的两分法，在某种程度上打破了人们对于公共品的传统认识。他认为公共物品具有效用的不可分割性、消费的非竞争性和受益的非排他性三个特点，依此我们可以判断一种东西是不是公共物品。也因为这些特点，公共物品的消费难以避免搭便车问题，因而依靠私人市场难以实现有效供给，故此必须由政府来提供，然而在现实中很多物品介于公共物品与私人物品之间，即经济学界称之为"准公共产品"。准公共物品一般可以分为拥挤性和排他性两种，前者会随着消费人数的增加而产生拥挤，后者指的是那些效益可以定价，从技术上实现排他的准公共物品，例如医院、学校等。对于前者可以通过收取一定费用以实现技术上的排他，后者则可以限定政府供给的范围以及供给的最低水平，其他的可以通过市场来实现供给。这种对于公共物品的供给方式的论断影响了此后关于政府、市场和社会组织等参与公共服务的讨论。

基于此，许多学者论证了企业参与公共服务的必要性。在经济学者中，关于灯塔的故事仿佛可以说明，灯塔属于公共物品，但这些由国家提供的灯塔经常呈现出经营不善的局面。科斯在 1974 年发表的《灯塔上的经济学》一文中，提出可以通过授予经营权的方式来实现灯塔的市场化生产，其关键在于产权的清晰划分。戈尔丁（Goldin）则认为，公共产品的消费上存在着"平等进入"和"选择性进入"两种方式，后者要求使用者必须有一定程度上的付费，通过政府供给仅是因为不付费者排除在外的技术还没有产生或者在经济上不可行。① 因此对于那些"选择性消费"的公共产品可以是私人提供的。对于公共物品市场化最为著名的莫过于萨瓦斯（E.S.Savas）。他认为：首先，公共部门缺乏追求良好绩效的强大动力，管理者也不能对人力资源和资本实施有效控制，私人部门在利用提薪和晋升等胡萝卜政策和降职、解雇等政策方面有较强的灵活性。其次，公共部门的运营状况与预算之间没有必然的联系，甚至还存在一种悖论：预算甚至会随着消费者不满程度的增长而增加，也即垄断性公共机构即使在消费者不满意的情况下仍可能兴旺发达，而私人企业只有在满足顾客需求的情况下才能获得发展。最后，在公共部门，由于资本预算和运营预算通过独立程序进行的，二者之间平衡协调的机会非常有限。② 正是由于公共部门存在的缺陷以及私人力量在竞争性和灵活性等方面的优势，使得市场力量在参与公共物品的供给中具有不可替代的作用。当然私人供给公共产品不可避免地存在"搭便车"现象，最终导致公共产品的供给的减少。因此，私人供给公共产品需要三个方面的条件：一是产品的准公共性，二是具备完善的排斥性技术，三是政府提供交易的制度保障。③ 在这些条件的满足情况下，私人供给方能避免过度追逐利润而损害公共利益。

作为西方福利国家调整的结果，第三部门的社会组织得到了快速的发展，其供给公共产品的第三种方式发挥着重要的作用。一般认为社会组织作为第三方可以有效地弥补"政府失灵"和"市场失灵"的不足，有利于实现公平和效率的最有优结合，同时能够避免

---

① Goldin, Kenneth D., "Equal Access VS Selective Access: A Critique of Public Goods Theory", *Public Choice*, Vol.29, Spring, 1979, pp.53-71.

② 〔美〕萨瓦斯：《民营化与公私部门的伙伴关系》，中国人民大学出版社2002年版。

③ 唐祥来：《公共产品供给模式之比较》，载《山东经济》，2009年第1期。

私人组织因追求利润而降低供给品质。对此，中西方诸多学者从不同角度进行了阐述，并就其具体的路径进行了分析，一般却认为，社会组织可以通过与政府的伙伴合作关系实现公共服务的有效递送，同时社会组织还具有鼓励自由选择、社区感以及慈善公益等社会价值而备受称道。其中最有影响的是莱斯特·M.萨垃蒙（Salamom）的第三政府理论，强调了社会组织和政府在功能上的互补，并鉴于政府在提供公共产品和服务上的不足，在公共服务的传输上必须仰赖社会组织，社会组织应该更多地扮演公共服务提供者的角色。[1] 汉斯曼（Hansmann）认为非营利组织存在的"非分配约束"特征可以防止契约失灵。在服务递送过程中一旦提供复杂的个人服务，服务的购买者和消费者分离，就会出现契约失灵现象，但是如果由非营利组织来提供，由于非营利组织受到"非分配限制"，欺诈行为就将大范围地减少，从而有利于提升使用者的效用。[2] 克莱姆（Kramer）也从社会组织的特质、目标和实际功效中，总结了社会组织的四种角色，即开拓与创新的角色、改革与倡导者、价值维护者、服务提供者。

国内许多学者也认为，社会组织的发展和壮大是经济社会不断走向开放和多元化的必然结果，同时社会组织可以在公共服务递送方面发挥独特的作用。国内学者王名和何建宁认为，社会组织参与公共服务供给，不仅仅是改革开放过程中政治、社会和文化等资源逐步由政府转向民间的过程，更是为建设"服务型政府"而进行的制度性尝试，这是政府实效和市场失灵的必然结果。[3] 顾昕等学者的

---

[1] L.M.Salamom, "Rethinking Public Management: Third-Party Government and the Changing Forms of Government Action", *Public Policy*, Vol.29, No.3, 1981, pp.255-275.

[2] Henry B.Hansmann, "The Role of Nonprofit Enterprise", *The Yale Law Journal*, Vol.89, No.5, 1980, pp.839-901.

[3] 王名、何建宁：《中国社团改革——从政府选择到社会选择》，社会科学文献出版社2001年版，第17页。

实证研究表明，自主性强的、民主治理良好的民间社团组织可以与政府在某些方面形成功能互补。① 这些研究都为社会组织介入公共服务提供了理论依据和经验基础。

目前社会组织通过多种方式参与到公共产品的供给中，但是也存在"志愿失灵"现象，即社会组织并不能为公众提供良好的公共产品，还有因为社会组织在很多时候依靠政府，这取决于其与政府互动的关系。基于政府、私人市场、第三部门各有优缺点，依靠多元主体互动合作实现公共产品的供给逐渐成为大家的共识，其中PPP模式备受称道。PPP模式强调双主体的供给，私人主体的参与能够使有限的资源得到充分的利用，同时也培育和支持了私人市场的发展，从而使得这些协作实现了双赢。此后随着治理理论尤其是多中心治理理论的演进，公共服务"混合供给"和"复合供给"的观点进一步被大家接受。从以上看，公共产品的供给可以由政府、市场、第三部门通过多元合作的形式来实现，其发展经历了由"政府包办模式"走向"多主体供给模式"，再由"多主体供给模式"走向"多中心供给模式"，体现了政府、市场与社会之间的分工合作。②

作为公共产品而言，基本养老服务的供给是政府给民众的承诺和责任，但是长期呈现政府主导模式，社会组织和企业的介入程度有限，养老服务市场长期难以发展。然而由于政府资源的有限性和老年人需求的无限性之间存在的矛盾，强调社会力量参与推进养老服务社会化正成为一种发展的必然。2000年后政府在养老服务体系中有意识地以多种形式纳入社会及企业主体，从而在政府资源有限

---

① 顾昕、王旭、严洁：《公民社会与国家的协同发展——民间组织的自主性、民主性和代表性对其公共服务效能的影响》，载《开放时代》，2006年第5期。

② 郁建兴：《中国的公共服务体系：发展历程、社会政策与体制机制》，载《学术月刊》，2011年第3期。

的条件下尽快地使服务体系有质量地运转起来，并具有可持续性。从西方公共产品的理论发展看，企业以其灵活性和敏锐性能够及时回应消费者的需求，在满足人们日常生活需求中发挥着越来越大的作用，但另一方面由于市场的失灵使得某些公共品必须依靠政府公共财政的运作来解决。可以说，依靠单一主体来实现公共产品的供给已基本不可行。政府作为公共物品的天然提供者而被众多国家付诸实践之中，然而由于信息不对称和财政约束，政府仅仅能提供部分公共物品，同时又受制于传统认识，公共财政仅能在"市场失灵"范围内发挥作用，不能干预市场的正常运作。与此同时，社会组织作为第三部门，其在养老服务中发挥的作用正日趋明显，已经广泛参与到社区养老服务的递送中，但是存在企业的逐利性以及对于政府的过度依赖，这些因素要求政府在推动行政体制改革中加强与社会化主体的合作，以推动养老服务作为基本公共品的有效供给。

二、作为私人产品的养老服务

老年人的异质性较强，其中既有独居、空巢、失能等特殊弱势群体，也有具有一般消费能力和较强消费能力的群体，因此，社区养老服务，并不单纯是一种公共物品。既存在针对特殊群体的"排他性"公共物品，也存在那些"选择性消费"的产品，因此要对两者做一定的区分，即政府主导的基本养老服务只是保基本，重点关注的低收入、失能半失能、独居、空巢等特殊老年人；对于那些经济条件比较好的老年人，则应该由市场发挥基础作用，由民营企业为他们提供多层次、多样化的服务。[①] 与此同时，人口老龄化以及居家养老服务发展中的不足，难以满足老年人深层次的需求，必然要

---

① 左玮娜：《借力"市场之手"分层定位养老服务》，载《中国社会报》，2014年3月10日。

求发展社会化的养老服务。

在西方福利国家的改革中,私营化被认为是公共物品供给改革的主要方向,因而在20世纪70—80年代公共服务私营化得到了快速的发展。① 这种私营化只是供给手段,体现的仍旧是公共服务的"公共性",而对于那些"准公共品"和超出"基本公共品"范围的产品则完全遵循市场化运作的原则,消费者根据消费能力获得相关服务。对此,石人炳通过对"亲情模式"(家人提供的照料)、"福利模式"(政府提供或购买的照料)和"市场模式"(付费购买的照料)几个不同的老年照料模式的划分,提出"市场模式"能满足不同收入水平和不同家庭背景老年人的照料需求,弥补单一照料模式的不足。② Bettina Meinow 等就养老服务领域的消费研究发现,消费状况与老人的收入状况有关,收入越高越愿意花钱享受各种老年服务。③ 可见,作为私人产品,养老服务具有市场选择性,为避免弱势老人陷于生存困境,在发展养老服务市场中政府必须建立相关保障机制。这也是国内学者很少采用"养老服务市场化"而使用"养老服务社会化"的说法居多的原因。不管说法如何,养老服务市场化被认为可以满足中高收入老年人的多层次需求,而与此同时随着社会保障水平的提升老年人的消费能力在大步提高,很多老年人有能力也有意愿从市场购买养老服务,相反市场上却缺少这种服务。因此,要发展良好的养老服务市场化运行机制,其前提是要努力调动民间社会组织和企业的积极性。④ 要培育养老服务市场,就必须要发

---

① 易松国:《社会福利社会化的理论与实践》,中国社会科学出版社2006年版。
② 石人炳:《我国农村老年照料问题及对策建议——兼论老年照料的基本类型》,载《人口学刊》,2012年第1期。
③ Bettina Meinow, et al.,"According to Need? Predicting the Amount of Municipal Home Help Allocated to Elderly Recipients in an Urban Area of Sweden", *Health and Social Care in the Community*, Vol.13, No.4, 2005, pp.366-377.
④ 吴玉韶:《居家养老服务亟需破解四个难题》,载《社会福利》,2009年第1期。

挥市场的基础作用,意味着政府需要放开定价机制,明晰产权关系,激活多元主体。同时政府还需要提供制度保障和基础支持,在养老服务的科学规划布局、托底线保基本等方面发挥管理和监督作用,以防止市场失灵现象的发生。①

在我国,党的十八届三中全会明确提出了"积极应对人口老龄化,加快建立社会养老服务体系和发展老年服务产业"的目标任务。此后下发了《关于加快养老服务业的若干意见》和《关于促进健康服务业发展的若干意见》以及《关于鼓励民间资本参与养老服务业发展的实施意见》,对积极引导和支持社会资本进入养老服务业和老年健康服务业提供了有力支持,强调通过市场化的方式来发展养老服务,谁受益、谁承担。就养老服务的实践来说,目前市场化的两种模式主要是信息化养老模式和小型家庭养老院模式。前者发挥信息化管理平台作用,通过线上与线下结合,整合养老服务资源,拓展养老服务内容,完善养老服务功能,将分散的居家养老服务资源整合成组织化、实体化的为老服务链条,构建全方位、全天候、立体式的养老服务体系,实现对老年人的衣、食、住、行、医疗、社交、购物等方面的数字化服务。后者则是由养老护理员把自家闲置的住房装修成适合老年人居住的场所,护理员在照料自家老人的同时,也招收社区老人,并提供养老基本服务。② 这些实践丰富了我们对于养老服务作为私人产品的认识,也进一步提升了市场在养老服务中的主体地位。

---

① 董红亚:《市场化配置养老服务资源》,载《浙江日报》,2014年9月26日。
② 俞华:《以市场化方式发展养老服务产业》,http://news.xinhuanet.com/gongyi/yanglao/2014-12/04/c_127276614.html,2014年12月4日。

第四节 相关研究的评述

从现有研究看,社区养老服务被认为是贴近老年人需要和具有成本优势的一种养老方式。如何通过社区这个平台来实现养老服务的递送和投递成为了讨论的关键。许多学者已经将西方社区照顾的思想引介到中国社会化养老服务体系的研究中,并从不同角度来思考多元主体的关系和作用,并强调通过加大政府支持力度(直接供给和购买、规制其他社会主体方式)来提升老年人家庭照顾的质量。西方国家社区照顾主要作为"去机构化"的结果,同时为了实现福利递送的成本和效率目标,在照顾管理和服务系统化递送方面已经积累了丰富的经验。而在中国社区养老服务不仅由于发展较晚,同时长期还处于服务供给不足的阶段,从而使得在社区养老服务方面仍旧集中于特殊老年人的基本养老服务,而缺少针对所有老年人的系统化的照顾管理和资源整合方案。虽然中西方在社区养老价值内涵和历史文化基础方面存在很大差异,但西方社区照顾的某些成果仍旧值得我们借鉴,比如要发挥政府主体地位,以老年需要为导向,扩大照顾服务的范围和内容,要寻求正式资源和非正式资源的有效整合,突出社区照顾的专业化,尤其需要引入专业化的医疗护理机构,加强老年长期护理服务的制度建设等。在本土化研究中,社区养老服务呈现出多视角多学科的特性,尤其在老年医学领域关于社区健康服务方面的内容有较多的讨论。在政策研究领域,许多学者强调我国传统文化以及家庭等非正式系统的独特作用,进而强调正式照顾对于家庭等非正式系统的支持,同时从福利多元论视角强调政府、社区、家庭、社会组织等多主体的合作。也有部分学者开始关注养老服务资源递送中的效率问题，强调服务资源和组织系统的整合，这些成果丰富了我们对于研究主题的认识。

尽管如此，当前研究也存在诸多的不足，主要表现在以下三个方面：首先，研究视角上多从老年人需求角度来强调养老服务的供需匹配，同时强调养老服务的福利属性而避谈绩效、效率，不仅使得养老服务呈现低度匹配，而且这种疏于效率机制的讨论会影响到政策内在价值的实现。其次，研究内容上关注失能、独居、空巢等特殊老人的需要，强调对老年人的日常生活的照顾，很少关注社区养老提供专业化照顾和护理的内容（尤其是慢性病、精神病患者），往往忽略在养老服务的供给融入健康服务，缺乏关于机构照顾资源如何进入社区的讨论。第三，大多是静态地看待老年人的需要，缺乏从老年人自身特点的动态变化来考虑养老服务体系的构建，缺乏从系统的视角对居家老年人的医疗护理、养老护理、家庭照顾等关系的讨论。基于此，对社区养老服务的组织递送和投递过程进行系统化的梳理和探索将十分必要。

第二章 社区养老服务递送的基本分析框架

本研究聚焦于社区养老服务递送的过程,笔者将首先基于这个过程对服务递送的一些基本环节、流程要素以及流程评估指标进行阐述,为后续的流程分析打下基础。在这里将结合杭州市的实践,对养老服务递送流程中的这些基本内容进行阐述,以形成流程分析的基本框架。

第一节 社区养老服务递送的基本环节

就社区养老服务来说,其递送主体包括政府、社会组织、企业等,而其服务对象包括不同类型的老年人,服务主体与对象彼此构成服务提供商和消费者之间的关系,从而使其具备了养老服务市场的性质,故此我们可以借助市场营销的思想,从服务过程来对其进行分段。一般来说,服务从生产到消费者手中包括如下几个方面:产品和服务生产、价格制定、渠道构建、服务促销、服务接收几个阶段。尽管由于老年人的传统消费观念需要宣传和促销手段的使用,但在当前市场供不应求以及政府管制的情况下,这种策略的使用并不是重点（在机构照顾中则必须考虑这一点）。故此，这里结合市场营销的 4Ps 理论①，将社区养老服务的递送分为服务生产、服务定价、渠道构建、服务接收四个环节。

一、服务生产环节

该环节主要涉及各主体如何根据老年人的需求生产产品和服务。由于老年人的需求具有多元性，因此当前服务提供主体不仅包括政府和社会组织、家庭，也包括企业，但在很长的时间内社区养老服务作为公共产品，都是政府的重要职能而具有不可推卸的责任。从杭州市的实践看，以政府为主导的社区养老服务体系一般涵盖以下几类服务：日常生活照料服务、医疗护理保健服务（卫生站）、街道居家养老服务（上门服务、日托服务）、社会帮助与精神慰藉服务，具体通过社区居家养老服务平台（社区居家养老服务中心/站）、社区卫生服务中心、星光老年之家、社区大学等为老年人提供最基本的生活照料服务，同时每个社区居家养老服务中心都有相应的健身、文化娱乐、休闲、就餐等场所。在这里，就其服务的部门和具体的内容做一定的分类展示：

---

① 4Ps 营销理论被归结为产品（Product）、价格（Price）、渠道（Place）、促销（Promotion）四个营销组合，以首字母代称，加上策略（Strategy），构成 "4Ps"。

表 2-1　政府在社区养老服务递送中涉及的部门和服务内容①

政府主要涉老部门、机构	主要服务项目和内容
老干部局	离退休老干部"四就近"服务
卫计委	养老服务需求评估
	社区健康医疗服务
	独生子女伤残和死亡家庭津贴
	社区健康教育、家庭护理服务
	"智慧医疗"信息服务
民政局	居家养老服务
	星光老年之家
	高龄津贴、低保老人救助
	"智慧养老"信息服务
人力资源和社会保障局	"4050"再就业、养老保险、医疗保险
老龄委	28个单位（议事协调机构）
老科协、老体协和老年大学	老年教育、体育文化活动
市发改委、物价局	居家养老服务项目的价格
财政局	养老服务资金支持

从以上看，以政府为主导的社区养老服务内容非常丰富，但是有许多服务并不是由政府和社区而是由社会组织或企业来提供的，比如家电维修、上门送餐等服务。在杭州市，社会组织作为重要的第三方力量，正以前所未有的深度和广度介入到社区养老服务中来，但由于其公益性的特征主要以政府购买的形式进行。从2010年《杭州市人民政府关于政府购买社会组织服务的指导意见》看，社会组织向符合一定条件的老年人提供老年生活照顾、家政服务、心理咨询、康复服务、紧急救援、临终关怀等服务，

---

① 除了上述部门，其实还包括工会、团委、残联等"准政府"社团组织，他们提供诸如"劳模"老年人服务、志愿者服务以及社区康复服务等。

可以说社会组织介入老年人生活的各个方面。当然由于政府购买的力度以及社会组织仍旧发育不成熟，目前社会组织介入社区养老服务中的主要还体现在家政服务等基本项目上。随着公益创投项目的开展，社会组织在政府大力支持下正以更加灵活的方式介入社区养老服务的更多领域。

除了社会组织，企业也是社区养老服务的主要生产方，相对于社会组织，虽然其面向市场具有营利性的取向，但其提供的服务也更加丰富多元化。从杭州市实践看，企业不仅广泛介入政府购买的居家养老服务中，还通过自身的渠道搭建，为老年人，尤其是那些未纳入政府购买服务的老年人，提供以付费为主的养老服务。2014年杭州市出台《市政府关于加快养老服务业改革与发展的意见》，明确提出"促进社会力量成为养老服务业主体"，具体可以通过政府补助、购买服务、评估认证等方式，支持和鼓励社会力量成立养老服务专业组织和企业，同时也支持社区引入社会组织和家政、餐饮、物业等企业，参与或运营老年家政服务、供餐、日间照料、老年活动中心等养老服务项目。目前，企业不仅通过为老年人（包括通过政府购买和自费的老年人）提供从家政服务到临终关怀等一揽子基本生活照料服务，还提供许多个性化的项目，如居家养老服务站点的管理和相关活动的开展，还有针对失能失智老年人开展的特殊项目以及针对社区老年人的针灸理疗、按摩和医疗护理等项目。这些企业在服务生产方面具有更强的市场需求导向，能在很大程度上满足老年人的多元化需求。

综上所述，政府、社会组织和企业是当前正式照顾服务生产的重要主体（家庭提供的是非正式照顾服务），它们在产品和服务生产方面的能力以及提供服务的内容，将很大程度上影响社区养老服务需求的满足。由于杭州市老龄化程度较高，政府对于养老服务的供给非常重视，财政力度在不断加大，但由于在社会组织的发展方面比较缓慢，营利性组织难以进入或缺乏动力很少涉足社区养老服务的生产，在很大程度上影响了其服务生产的能力。因此，要增加养老服务的供给，就必须依托社区鼓励和支持，同时要不断提升社会化主体的生产和供给能力，才能改变当前居家养老的供需不平衡现状。

二、服务定价环节

在养老服务领域，由于老年人具有较强的异质性和不同的消费能力，服务主体在投递时需要对老年人进行一定的分类，根据需求来制定不同的定价策略。但是由于养老服务市场并不是完全竞争市场，在政府基本养老服务供给框架中，大多数老年人由政府直接提供或购买来获得养老服务，价格机制受到非市场因素的多重影响，因而这里需要将养老服务按照公共产品和私人产品进行划分。在养老服务作为公共产品时，其定价并不反映供求关系，但作为私人产品时养老服务需要反映市场供求关系。要根据消费者需求把市场划分为若干子市场，并根据子市场划分目标群体以制定不同的价格策略。

在对老年人一般的分类中，经常会根据政策目标来将其分为特殊老年人和普通老年人，前者主要包括失能、独居、空巢等低保老年人，后者则包括那些为纳入政策瞄准机制的所有普通老年人。然而这种分类比较粗略，就如特殊老年人，所面临的需求是不一样的，那么服务提供的策略和内容也会存在差异。在杭州市的实践中，经济收入作为一道硬杠杠被当作是否纳入政府购买的主要指标，然后针对那些低保或低收入老年人，根据生活自理能力、经济条件和居住环境等指标进行评分，以确定政府购买服务的补贴力度。在这里尽管考虑到老年人的需求，但主要还是根据经济状况来区分的。杭州市2014年以月收入是否高于3000元对老年人进行划线，意味着必须在这条线以下的老年人才可以享受政府补贴的购买服务。对于投递主体来说，这种市场细分并不是一种基于需求的分类方式。要实现养老服务在社区的良好投递就必须综合考虑到老年人的多种特质，比如年龄、健康状况、失能程度、经济收入、享受政策补贴的老年人比例等因素。其中重点应该考虑的是：一是老年人生活自理能力，二是经济水平，这两者涉及老年人享受服务的意愿和能力。

同时养老服务作为一种产品，其定价会受到内外部诸多因素的影响。内部因素主要指服务成本和经营目标，而外部因素主要包括消费者、竞争市场和政策环境等，尤其是政策环境会极大地影响养老服务供求关系，因而对养老服务的价格有着重要作用。这也使得我们要考虑到养老服务市场的政府管制性，区别于完全竞争市场的产品和服务，而应该将政策目标群体与一般老年消费对象分开，还有部分对象可能既从政府获得购买服务，还会从市场自行购买服务，这种情况使得定价方式一般依据主体可以分为政府定价、市场定价、政府和市场结合三种形态。

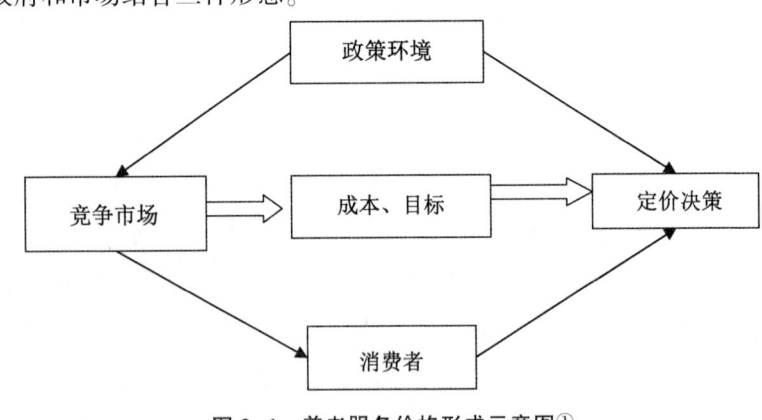

图 2-1　养老服务价格形成示意图①

---

① 邵胜、邵德兴、陈娜：《养老服务定价机制研究》，载《社会福利》（理论版），2012 年第 4 期。

政府定价。社区养老服务长期存在营利性和福利性的争论，目前我们认识到其内在的复杂性，既存在营利性也具有福利性，但实践中其盈利空间仍旧在政府的控制范围之内，在很多时候仍旧坚持低价和免费服务。由政府购买的针对失能、独居、空巢等低保老年人的服务，往往采取政府定价的形式，其服务价格要远远低于市场价格。杭州市政府购买的家政服务一般小时价为20元，而市场上的家政服务小时价达到30元甚至更高。

市场定价。这些主要针对那些没有纳入政府购买服务的老年人，投递主体为其提供服务往往要遵循市场化的价格机制。这种市场定价不仅表现在机构照顾服务上，在社区养老服务中也有所体现，比如在居家养老照料中心开展的足疗康复、保健以及养生服务，还有一些企业为中高收入老年人提供的家政服务、护理服务等都采取市场化收费的原则。

政府与市场定价相结合。在社区养老服务的运作中，完全市场化的方式仍旧比较少，这与当前对于养老服务的福利性质认识有关。但是考虑到老年人异质性的存在以及需求的多元化，还有当前老年人的消费能力仍旧十分有限，在政府提供的基本养老服务之外的服务，随着社会组织、企业等主体广泛参与进来，其定价机制更多采取政府与市场定价相结合的原则，既要保证相关服务商有一定的盈利，又能适应老年人的消费能力。

从以上看，社区养老服务递送中要提高瞄准性，就必须对市场进行细分，在针对不同目标群体的消费特性分析的基础上制定相应的服务价格，才可能使服务的投递和生产能够符合老年人消费的意愿和支付能力水平。

三、渠道构建环节

在市场经济中渠道不仅是企业开展服务的平台，也是其重要的战略支点。对于社区养老服务来说，要实现服务的顺利投递也需要精心设计其渠道，力求渠道的网点覆盖广、功能全、平台规范精细、信息化水平高。在现代技术不断进步的今天，这种渠道的搭建也就意味着现代信息化平台和服务网络的形成。

在进入 21 世纪后，随着各级政府在居家养老服务方面的投入加大，很多服务进入社区，其投递渠道主要依靠自上而下的行政驱动来建成。即使在一定程度上引进社会组织和企业实现养老服务社会化，但是这种引进方式仍旧限制于政府的行政逻辑，服务接入呈现零散化和随意性，难以回应老年人的个性化需求。例如，杭州市沿用了过去的行政动员模式，逐级发布文件通知，确定考核的指标任务，并逐级分解明确任务，到期考核和验收，明确各区县的工作目标和任务，这使得政府容易将工作重点放在容易考核和见效快的项目上。[1]

另一方面，信息网络技术的广泛推广和应用正以前所为有的深度和广度改变人们的工作和生活，信息网络技术也逐渐被引进到社区管理和服务中。经过若干年的发展，在很多地方实践中政务信息化平台、社区网格化管理及相应的信息化平台逐渐形成，使得依靠自上而下层级化的服务投递开始依靠网络信息平台走向"响应式"的"点到点"式的投递。在杭州市，在养老服务方面制定了 10 年的总体目标，即到 2020 年，形成完善的城市社区步行 15 分钟、农村社区步行 20 分钟的居家养老服务圈。为了社区居民更加容易和便捷

---

[1] 张晖：《居家养老服务输送机制研究——基于杭州的经验》，浙江大学出版社 2014 年版。

地获取周边养老服务资源，杭州市依托"智慧城市"建设不断推进社区公共服务信息网络的建设，社区居民可以通过社区养老服务信息化平台、"智慧养老"平台、"养老服务地图"、"援通呼叫平台"、"12345电话热线"等多种渠道和方式获取养老服务。这些平台作为中间商和第三方，能够迅速及时地回应老年人的需求，为其提供相应的服务。这种渠道和平台的搭建提升了服务的速度和效率，也使得居家养老的老年人可以根据自身需要获得个性化的服务，而服务投递主体也能够以更加有效的方式介入到老年服务中，从而实现服务商和消费者的双赢局面。与此同时，居家养老服务站点或"一站式"养老服务中心的全覆盖也使得在社区养老的老年人可以轻松获取相关服务，从而形成"线上"和"线下"两种基本服务递送渠道和路径。

四、服务接收环节

服务接收是指消费者一方最终获得服务的结果。对于投递者来说，服务的生产、服务定价、渠道的构建，最终都是为了实现服务递送到消费者手中。就服务投递流程来说，消费者获得满意的服务整个流程就告结束。

从服务接收者角度来说，首先要看养老服务供给方所提供的服务内容丰富性如何，即服务有没有的问题。在当前虽然居家养老服务中装入了多项服务，但主要是家政服务，仍旧缺少针对失智、失能老年人所急需的一些服务，在服务内容方面仍旧存在欠缺，需要进一步根据老年人的需求来设计相关服务。

其次是考察养老服务的满意度，即提供的这些养老服务质量如何。对政策覆盖的"民政对象"来说，主要满足的是基本需要，因此他们主要看重的是政府提供的基本养老服务的水平与自身的基本需要是否相适应；而对于那些有一定购买能力的老年人来说，则要从整个养老服务市场着眼,考量由社会福利部门和市场部门构成的供给方是否能够提供合适价格的高质量服务。

可以说,供给主体将多样化的养老服务投递给老年人及其家庭,最后由老年人对该服务形成反馈。因此,服务接收环节将老年人的满意度作为评估重点,这不仅是养老服务递送流程的重要评估指标,也是养老服务政策制定的重要依据。

第二节 社区养老服务递送流程的基本要素

输入、输出、活动、关系、客户、价值是流程的六个基本要素,即流程是一组将"输入"转化成对客户有价值的"输出"活动。这也是流程管理之父迈克尔·哈默(Michael Hammer)对流程做的基本解释。其中"输入"是指运作流程所必需的资源;"输出"是指流程运作的结果;活动是指流程运作的环节;关系是指环节之间的相互作用或不同主体之间的结构;客户是流程服务的对象;价值是指流程运作带来的好处(提高效率或降低成本)。流程管理的核心在于提高服务递送过程的整体绩效。在产品和服务生产中,流程是既定存在的,只要有业务关系就有流程,但流程经常处于一种分裂的、无形的、无名称的和无管理的状态,应该以流程为中心给流程赋予它应得的注意和尊重。[①] 由此,流程并不需要创造。流程管理要基于既有的流程,根据客户服务需要和管理目标进行流程设计的优化,以对客户实现有价值的"输出"。

那么如何实现流程的优化呢?怎样的流程是好的?从流程要素

---

① 〔美〕迈克尔·哈默:《企业再造:企业革命的宣言书》,王珊珊等译,上海译文出版社 2007 年版。

来说,"输入"和"输出"的效率比如何?"活动"的结构是否复杂?其实现策略或形式是否恰当?不同主体之间的"关系"和相互作用如何?能否基于客户需要进行产品和服务设计?能否满足客户需求和创造价值?通过这些基本要素的分析将清楚地阐释流程管理中的具体问题。输入、输出、活动、关系、客户、价值作为社区养老服务投递流程六个基本要素,贯穿在服务投递的不同环节中,在这里基于要素之间的相关性将其分为三组,我们将结合杭州市的实践对其进行阐述。

一、"输入"和"输出"

"输入"主要是指养老服务生产方在人力、财力和物力方面的投入,而"输出"则表现为具体的养老服务内容。在杭州市,随着政府在民生方面投入地不断加大,以居家养老为主的养老服务资源正快速地向社区集中,其中政府作为基本公共服务的生产和递送者,倾注了很多的人力、财力和物力。

从人力投入看,杭州市社区养老服务建立了社区社工、居家养老服务员、公益岗位以及志愿服务队等若干支队伍。从物力投入看,无论是建设养老服务设施(场地、设备等),还是成立服务机构(比如"星光老年之家"、社区托老所、老年食堂等),以及养老服务机构的管理(社区服务业审批、登记等)基本都由政府来完成。[1] 从表2-2看,杭州市政府在老年食堂、居家养老服务中心/站等设施建设方面基本做到了全覆盖,并为这些设施功能的提升不断加大支持力度。截至2015年底,杭州共建立社区居家照料中心2329家,居家养老服务站2270家,"星光老年之家"2680家,老年食堂1198

---

[1] 王萍、倪娜:《政府主导下的社区居家养老服务运行困境——基于杭州市四个社区的实证分析》,载《浙江学刊》,2011年第6期。

家,初步形成了居家养老15分钟步行服务圈。①

表2-2 社区养老服务的设施、人员和服务内容

设施	老年食堂
	居家养老服务照料中心/站
	社区卫生服务中心/站
	星光老年之家
	老年公寓(农村幸福院)
	敬老院
	社区老年大学
人员	由4050人员构成"公益性岗位"
	政府购买或招募的护理员
	社区老龄干部(社工、助老员)
	其他为老服务人员
服务	健康医疗、文体娱乐、日间照料、基本生活照料(诸如买菜购物、洗澡穿衣、陪同外出等)
	上门送餐、家政服务、法律服务等
	情感交流、继续教育、水电和家具等维修
	紧急呼叫和安全援助等服务

注:该表由作者自制。

从财力投入看,政府财政资金在养老服务的资金来源中占据着绝对的主导地位,2010年杭州全市老龄服务业的投资总额中,政府投入等政策性资金占比为74.84%,其他筹资渠道资金仅占25.16%。② 与此同时随着老龄工作的严峻性和迫切性逐渐被重视,

---

① 杭州市老龄工作委员会:《杭州市老龄事业发展"十三五"规划》通知(杭老字〔2016〕6号),2016年7月15日。

② 吴婵君:《老龄服务产业筹资机制的创新研究:杭州实证》,载《浙江树人大学学报》,2012年第2期。

尤其随着 2011 年《社会养老服务体系建设规划（2011—2015 年）》（国办发〔2011〕60 号）的出台，浙江省、杭州市市依此制定了省、市不同层面的《社会养老服务体系建设"十二五"规划》，从根本上确定了养老服务的政府责任，随之而来的是政府在养老服务方面的公共支出持续加大。根据 2012 年出台的《浙江省养老服务补贴制度实施意见》规定，省级财政和市（县）财政对一类和二类补贴对象分别进行补贴，要求市、县（市、区）为一类补贴对象提供养老服务补贴，省级财政按"二类六档"进行补助；为二类补贴对象提供养老服务补贴，省级财政采取以奖代补方式适当支持。① 杭州市委市政府在《关于加快推进养老服务事业发展的意见》文件中对市级财政补贴办法进行了规定，补贴标准会因对象和福利机构的不同而有所差异：福利性养老服务机构重点解决"三无"人员、"五保"老人、有特殊贡献者和困难家庭老人等的基本养老问题，其入住经费全部由政府财政解决；非营利性养老服务机构，入住的养老费用以个人承担为主，经相应的养老需求评估后由政府予以适当补助；营利性养老服务机构，入住的养老费用则由个人或家庭承担，市、区财政按每人每月 35 元的标准给予寄养补助。② 可见，这种以政府投入为主的融资形式在很长时间内将会持续。但随着养老服务市场供需矛盾的加剧，养老服务筹资渠道的多元化趋向越来越明显，如杭州居家养老项目方面，资金来源就包括财政拨款、彩票公益金的资助、社会捐助和使用者收费，而在多层次的养老服务市场中，市场化融资机制的创新（如 ABS、BOT 等形式的引进）将不可回避。

"输出"主要是指各主体所提供的具体养老服务。从杭州市居家养老服务的实践看，其内容已经覆盖到老年人基本生活的方方面面

---

① 浙江省民政厅福利处：《浙江省养老服务补贴制度实施意见》，2012 年 5 月 6 日。
② 杭州市委市政府：《关于加快推进养老服务事业发展的意见》（市委办〔2011〕15 号），2011 年 11 月 30 日。

(参见表2-1和表2-2)。可以说在服务清单方面已经基本完备，以政府为主导的养老服务供给体系已经可以保证老年人的基本生活需要。杭州市各级政府对不同对象采取分类供给，即对于三无、五保老人进行集中供养；对低收入、失能老人采取政府购买制度或直接供给形式；对高龄和"空巢"老年人则采取多元供给的形式，同时对这些困难老人发放"居家养老服务券"，使其可以在居家养老服务网点享受钟点工、理发、裁缝等日常生活服务，这些服务覆盖到了特殊老年人的基本生活服务需要。另外还大力推广社区老年服务照料中心，推出"全托"、"日托"、"临时托"三种服务，实现"星光老年之家"全面覆盖，并要求街道在每个社区兴建社区食堂，提供经济实惠的饭菜等。这些服务在很大程度地满足老年人基本生活需要的同时提升了他们的生活质量。

当然对这种输出的评价还应该看其服务的质量是否符合老年人的需求，在这一点上杭州市老年人对于总体生活满意度较高，但是对于养老服务的便捷性、经济性和质量等方面并不满意。递送过程中存在这些问题并不单纯是生产方和供给方的问题，很多时候是递送过程中发生了问题，这也要求除了关注"输入"和"输出"两个端口外，还应该对其他要素进行讨论。

二、"活动"和"关系"

"活动"指的是多元主体养老服务组织运作的形式和策略，而"关系"则表现为多元主体之间互动的结构，这两者都离不开关于多元主体的讨论。在这里我们可以看到政府、社会组织、企业等不同主体实现养老服务投递的策略以及相互间的作用关系。

（一）政府主体

政府一直扮演着养老服务供给的主要角色，在很长的时间内都需要依靠政府直接提供或通过与其他主体合作来实现服务供给。就政府系统内部来说，这种运作策略主要有如下三种形式：

1. **政府"自拉自唱"模式**。该模式也就是说直接由政府决策、出资并提供。

2. **政府与国有企业的合作模式**。由政府提供资金但并不直接提供服务，而是通过与国有企业合作的形式来实现。

3. **政府与事业单位的合作模式**。提供具体服务的是政府直接管理的事业单位。

这几种方式其资金和决策都来自政府，或者说"自上而下"的系统递送成为其供给的主要特点。

在杭州，目前一共有34个职能部门联动，共同推动了养老事业的发展。除此之外，就是社区自治组织，它也在服务投递中发挥着直接而且非常重要的作用。当然目前来说社区的"独立性"较差，在某种程度上社区成为一级行政组织，在很大程度上贯彻和执行地方政府的行政意志。而这从养老服务的递送也可以看出，社区的养老服务基础建设、设施都由地方财政出资，具体的服务和人员社区也会承担一部分，例如"4050"人员的招募和聘用，但是其工资仍旧是由财政承担的，由此可见政府在社区养老服务中发挥着最重要的主体作用。

不过在当前杭州的社区养老服务体系中，单纯依靠政府"自拉自唱"来实现服务投递已经近乎绝迹，大多依靠政府与社会多元主体的合作来实现。在笔者调研过程中，刚刚"村改居"的社区养老服务依靠政府的直接推动还比较明显，社会组织虽然也有所介入但相对上还是比较少。在杭州市大多数社区即使在一般的社区养老服务中也往往依靠政府与其他主体的合作，而其中完全依靠政府和国有企业、事业单位来实现服务投递的，主要表现为老年食堂和医疗服务。前者主要因为目前市场化的探索并不成功，从而被认为不适宜社会化服务，许多老年食堂还依靠与国有、事业单位合作来实现。

对于后者杭州大多数社区与某些中心医院或地段医院合作，由他们每周为老年人提供相应的量血压和医疗咨询服务，有的还通过家庭病床的设置由医院的医生和护士提供上门医疗服务。这些都体现了投递策略和方式的多样化。直接依靠政府来实现投递的方式随着其职能转变，正变得越来越少，但是在某些领域例如老年食堂、医疗服务等方面，社会组织和市场化组织往往被认为不可胜任，[①]也在很大程度上说明某些服务，还需要政府及其附属的相关组织来为老年人直接提供。

（二）社会组织

政府还通过委托、购买等多种方式寻求社会组织的参与来实现养老服务的供给。那么社会组织是如何展开流程运作的？它们为什么要参与？或者说参与的动机和行动逻辑是什么？对此，有许多学者进行了回应。例如张旭升认为，这些民间社会组织负责人的人格特征、成长经历以及政府相关优惠政策的激励构成了社会组织参与的内外部动机，他强调了社会组织的公益精神和外在刺激政策的推动。[②]从杭州的实践看，参与到社区养老服务的许多非营利组织都具有这种特征，例如夕阳红老年学堂、杭州市银龄互助协会、桐荫堂公益书院、"好帮手"公益服务社等等。这些非营利组织（即使有个别是由私人企业建立）坚持公益和慈善的特性，免费或低偿的形式为老年人提供服务，内容覆盖餐饮、家政修理、陪医问药、精神健康以及文化兴趣等多方面，很大程度上承接了政府的部分职能。

[①] 比如杭州市民营化老年食堂的代表，香樟公寓老年食堂 2014 年被迫关门。

[②] 张旭升：《政府购买居家养老服务参与主体的行动逻辑研究——以 M 市 Y 区为例》，南京大学博士论文，2011 年。

其次，政策优惠和支持所构成的外部刺激也成为社会组织发展和介入的重要因素。例如上城区通过深化管理体制改革，通过降低注册门槛、减免开办资金、明确产权等方式从政策方面提供有利条件，同时在资金方面不仅出资 200 万成立社会组织发展基金会，开展"慈善一日捐"、"公益项目社会认购"等募捐活动，同时财政每年安排 3000 万元专项资金，按照项目购买、项目补贴、项目奖励、以奖代补等形式对社会组织提供资金支持和补贴，还有诸如从人才建设、场地保障、提高社会信任等方面提供配套。西湖区则先后发布了《关于发展和规范社会组织的实施意见（试行）》、《西湖区关于推进政府购买社会组织服务的指导意见（试行）》等配套文件。2014 年又将有关社会组织发展规划及相关扶持发展、购买服务、绩效评估的"1+6 政策"作为政府实事项目，并安排落实。在补贴方面，《西湖区社会组织扶持办法》中明文规定，对于尚不具备登记条件的公益性社区社会组织在管理机关备案后，正常开展活动的，经认定，由街道给予一次性的活动补贴，最高不超过 5000 元；在西湖区新注册登记的公益性社会组织，且入驻区社会组织服务中心的，按照每年 4000 元的标准，给予连续两年的运营补贴。

再次，这些社会组织经过成长和壮大后有寻求民主化参与的需要。以组织化的形式介入到政策的制定和执行过程中，充当公民和政府之间的桥梁，通过对话、协商的方式能够就社会有关事务达成共识，这将不仅有利于改变公民权利表达的境地，也能够增进社会的民主化进程，社会组织自身在民主化进程中所扮演的作用也构成了他们进入公共服务领域的重要动机和行动逻辑。

基于以上的动机和倾向，社会组织深层次地介入公共服务递送中来。下面将对社会组织介入社区养老服务的策略进行阐述。

当前政府对于社会组织的功能和作用有了前所未有的认识，并通过多种渠道和手段来为社会组织的孵化和发展提供平台，并且随着公共服务向底层下移,社会组织越来越多地参与到社区公共服务尤其是社区老年服务中。由于自身的非营利性,这些以公益为目标的社会组织也不断地强化自身的功能定位和介入策略,以维持组织机构的持续运作和发展。就政府与非营利组织之间的关系来说,纪德伦(Benjamin Gidron)、克莱默(Kramer)和萨拉蒙(Salmon)等人以服务的资金筹集和授权以及服务的实际提供两种要素为维度,提出四种基本模式:政府支配模式、第三部门支配模式、双重模式、合作模式。[①] 这几种模式代表着政府和非营利组织的权力程度的大小。就具体的服务供给来说,政府通过与社会组织合作的方式来实现社区老年人的服务需求已经成为一种共识。对此,奥斯本和盖布勒在总结归纳公共物品供给36种方式中,涉及社会组织和政府合作的主要有公共服务社区化、与政府签订承包合同、特许经营、接受政府资助或享受免税待遇等优惠政策四种类型。[②]

在我国由于非营利组织参差不齐,难以把它对应到某一模式中去,从总体上说当前社会组织一般通过政府购买的形式参与到社区养老服务中。政府购买指的是社会组织与政府之间形成委托代理关系,双方就提供服务的方式、内容以及政策支持等方面进行商定后,签订协议书和合同。就政府购买的具体形式来说,又分为三种:民办公助(形式性购买)、公办民营(非竞争性购买)和公开招标模式(竞争性购买)三种。民办公助指由民营机构兴办,政府给予建设、用地、经营及税收等方面优惠政策的一种建设模式;公办民营则指的是公立的机构或服务单位交给民营或社会力量去运作,具体

[①] 田凯:《非协调约束与组织运作——中国慈善组织与政府关系的个案研究》,商务印书馆2004年版。

[②] 〔美〕戴维·奥斯本、特德·盖布勒:《改革政府》,周敦仁等译,上海译文出版社1996年版。

又可分为"承包"和"委托"两类;① 公开招标则是在一定范围内通过招投标的形式,通过优胜劣汰的竞争方式来实现购买。社会组织的运作也基本遵循这几种类型。在杭州市很多区县已经基本依靠社会组织来实现社区养老服务的递送,以上所谈论的三种方式都有所体现,下面对其进行具体的描述:

1. **形式性购买**。公益创投项目多采取这种方式。公益创投是通过公益资本投入的方式,为公益性社会组织提供资金以及管理、技术等支持,以促进其提升社会服务能力,进而达到有效解决公共服务需求、实现社会效益最大化的目的。② 例如在上城区清波街道,由甜梦家园长者服务中心申报的老开心项目成功入围 2013 年社区公益创投计划,政府在经费方面对其进行支持,也要求其资金必须全部用于项目运作和持续发展,同时在能力建设方面给予相应的培训和指导。

2. **非竞争性购买**。在当前养老机构的运作方式上,这种方式特别重要,在社区养老服务中也有许多机构交给社会组织具体运作,针对"三类"或"五类"老人的居家养老服务的委托购买就是这种方式。例如,上城区柳翠井巷社区通过委托社会组织"在水一方",招募居家养老服务员,为政府资助的"三类"老人提供以家政服务为主的居家养老服务。这种通过政府搭建的"老年人—政府—社会组织"三级委托代理链,又被称为间接委托代理模式,当前被政府广泛采用。

3. **竞争性购买**。居家养老服务的系统化供给多数要通过公开招标的形式来进行,以适当的竞争来提高养老服务的质量。例如在西湖区,通过招标的形式最终确定与杭州市帼西丽服务有限公司、三

---

① 朱浩:《民营机构介入社区老年照护服务的经验研究——以上海和杭州为例》,载《浙江树人大学学报》,2012 年第 3 期。
② 上城区民政局:《上城区社区社会组织公益创投指导意见(试行)》,2013 年。

替家政服务有限公司、钱江养老服务中心、西湖区金夕居家养老服务中心、江干区夕阳红居家养老服务中心等5家社会服务机构合作，其中有公益性的社会组织，也有一定盈利性的市场化组织，不同的组织和服务商之间进行一定的竞争。

与此同时，基层政府对于购买社会组织的流程也做了详细规定（见图2-2），以保证购买服务的系统具有持续性。

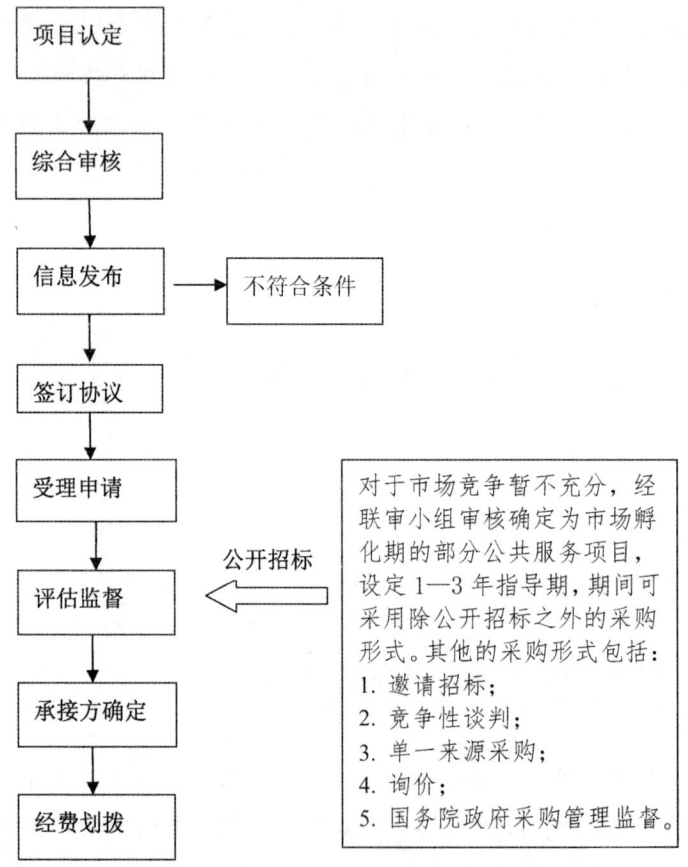

图 2-2　杭州市西湖区政府购买社会组织服务流程图①

---

① 杭州西湖区民政局：《西湖区关于推进政府购买社会组织服务的实施意见（试行）》，2013年。

(三) 企业主体

企业也开始参与到社区养老服务领域中，在社区养老服务中发挥着重要的主体作用。根据萨瓦斯（2002）在《民营化与公私部门的伙伴关系》中的分类方法，公共物品供给的民营化方式一般可以分为以下几种：

表 2-3　公共物品供给的市场化或民营化方式①

委托授权	合同承包；特许经营；补助；凭单；法令委托
政府撤资	出售；无偿赠与；清算
政府淡出	民间补缺；撤出（卸载）；放松规制

其中委托授权是指服务的生产者可以是企业或民营力量，政府仍旧是服务的供给方，这仍旧需要政府强有力的支持和监督；政府撤资是指政府通过出售、无偿赠与以及清算的方式将其原有资产转移给民营力量或企业；政府淡出则体现的是一个政府力量逐渐被市场化组织替代的过程，可以有效地减少社会争议和冲突。一般上说，这几种方式在我国公共产品的提供中都有采用，但就社区养老服务来说，委托授权是最为常见的方式，具体体现为政府采取合同承包、特许经营、联营、补助等来引入营利性组织。在杭州市主要表现如下两种：

1. **合同承包**：这种方式主要指的是政府通过招标的形式，将公共产品和服务转交给民营部门生产，政府尽管作为提供者，但并不直接经营而是通过购买生产者的物品和服务来进行。换句话说，合同承包并不要求公共物品具有排他性。在杭州市的实践中，居家养老服务的外包服务以及信息化服务平台的建设就是较好的案例。

---

① 〔美〕萨瓦斯：《民营化与公私部门的伙伴关系》，中国人民大学出版社 2002 年版。

居家养老服务外包是指政府通过招标的形式将居家养老服务的生产方交给市场化组织，由他们直接提供服务，政府仅负责服务监督。这些市场化组织按照招标价格自行从市场招募服务人员，由他们为老年人提供上门服务。老年人一般根据服务时间用"居家养老服务券"来支付服务费用，然后服务人员到公司结算（即凭单制）。这些企业再与政府方按月或季度结算，企业之间存在一定的竞争。例如在西湖区灵隐街道，此前是由"三替"公司来提供针对"五类"老人的居家养老服务，自2012年巾帼西丽服务管理有限公司以更优的价格获得竞标，通过需求评估的老年人可以通过居家养老服务券从该公司获得相应的居家养老服务。

信息化服务外包是指通过政府招标的形式来确定由哪家企业或几家企业来实现信息技术和平台的建设。比如在杭州为老年人打造的"援通"平台，即是由区政府委托公共资源中心或专门的招标公司来进行招标，为老年人安装呼叫器，老年人可以通过"红键"（医疗急救）和"绿键"（生活服务）来选择所需项目。该项设备通常是由政府买单，企业只需要提供服务平台安装和技术支持，然后与政府结算即可。

2. **特许经营**：特许经营是指通过契约方式，将特许方的经营资源（包括商标、企业标识、专利技术、经营管理模式等）交给受许方使用，受许方给特许方支付一定费用的经营模式。① 这种方式经常在 PPP 模式中被提及。就社区养老服务而言，主要体现于社区内的护理院及敬老院等，其通过政府与社会资本合作以特许经营的形式来进行（即公建民营方式），由企业负责日常的经营管理，为老年人提供合理价位的服务。

---

① 李颖：《"特许经营"能为医疗健康服务带来什么?》，载《科技日报》，2014年10月23日。

3. **联营**：联营方式主要指街道和社区通过与企业组织合作的方式，为相应的对象提供产品和服务。在社区养老服务的领域，一部分的老年食堂正通过该种方式进行。在杭州市，老年食堂是社区内为老年人开办的公益性餐饮场所，目前基本都是由社区来负责管理，部分社区采取招聘人员让其以自营的方式来运作，但是老年食堂的经营成本较高，持续性较差（2014年杭州最大的香樟公寓老年食堂关门就是充分体现）。因此，更多的社区采取与餐饮企业"联营"模式来运作。联营不仅可以降低街道或社区直接运作的成本，尤其是人力方面更是节约了很大部分的开支。社区由于不干预具体的经营，也对食堂的盈亏不用负责，只需要对食品卫生以及相应的服务质量有一定的监督检查即可。老年人可以享受食堂的优惠，差额部分由街道以及区财政进行划拨，而食堂也通过对外营业保证一定的盈利。

4. **补助**：补助这种方式主要是政府对于产品和服务生产方的补贴，这种补贴可以是资金、税费优惠、低息贷款等。这种方式不仅有利于降低生产方的收费价格，也有利于补偿生产者在经营效益上的一些损失，尤其是在公共品供给中有可能会因为外部性的存在而导致的利润减少。

在杭州市，政府已经大规模地运用委托授权的方式来促进政府与企业的共同合作。例如在江干区、西湖区等居家养老服务的供给方多是通过竞标形式参与的市场化组织，它们以营利为目的，但以相对优惠低廉的价格提供相关服务。这些组织并不仅仅提供居家养老服务，通常还是养老机构或医疗护理机构的所有者。因此，它们加入到利润比较低的社区老年服务，并不仅出于企业的公益理念，更看重的是与政府形成良好的互动关系，以在提供基本养老服务的基础上可以有效地稳定市场，并持续地开发新用户，促进对企业相关增值或附加服务的消费。相对而言，杭州市虽然为了吸引私人投资也出台了一些针对私人组织的激励措施，比如对于投资兴建老年公寓、敬老院等养老服务机构和设施的，可以在用地划拨、税费征收等方面给予支持和优惠，但是在当前强调政府加大支持力度的大环境中，政府撤资或淡出的方式相对来说很少使用，政府仍旧在社区老年服务供给的各个方面扮演较强的主体角色。

综上所述，不同性质的养老服务在投递流程方面尽管筹资方式不同，运作策略也存在一定的差异，但是依靠多元主体合作来实现服务递送以及强化政府与社会组织、企业的互动成为必然的选择。

三、"客户"和"价值"

在这里"客户"即老年服务对象及其家庭，而"价值"要素体现为流程本身为养老服务的递送创造有利条件，降低成本或提高效率。

流程的最终归宿是回应到"客户"的需要，也就是说养老服务投递流程要以客户的需要满足作为最终目标。这要求在政策制定的时候要以老年人的需要为本位，既要从政策目标定位角度考虑到失能、失智等特殊老年人的基本需要，还应该照顾到普通老年人对于公共服务的需求。在杭州市，政策对象主要为"四级救助圈"——失能、孤寡、高龄、空巢老人，60岁以上的重点优抚对象、老劳模、经济困难的老村干，区离休干部以及其他高龄老人。这些老年人居家养老服务产生的费用可以通过政府购买获得，服务供给方可以与街道、区级政府实现费用结算。但是杭州市的普通老年人在基本生活照料方面也存在需要，尤其是那些在每月3000元收入线左右的老年人，往往被排斥在政策覆盖范围外，从市场购买服务又没有相应的支付能力，进而影响了其生活的质量。因此，在社区养老服务对象的确定方面，在积极进行需求评估的基础上要不断地扩大政策覆盖对象，或通过补贴、税收优惠等方式来支持养老服务市场为老年人提供价廉物美的服务，以使得普通老年人可以获得基本的养老服务，同时通过社会化主体的介入，为老年人提供丰富的服务产品，以满足不同层次老年人的需要。

流程"价值"要素体现在养老服务从生产方和提供方到老年人及家庭的顺利投递上，这不仅需要衡量流程的成本和效率问题，同时也涉及如何实现流程的路径优化，当然这种效率和成本的高低，需要有合适的评价指标来测量。从本研究所论述的养老服务递送流程来说，其关键就在于以合适的成本来实现高效率的输出，以在增加供给的同时通过效率的提升来满足老年人对多元化服务的需要。

在杭州市这种流程价值主要通过需方的满意度来进行衡量的。供方投递的效率如何，在评测指标方面还比较粗糙，比如只有覆盖面、购买率、床位数等。这种指标很多时候难以衡量流程的成本和效率。很多时候作为公共品的养老服务被认为很难与效率挂钩，主要体现的是公平原则。但是，如果投递效率不高，从投递主体来说有限的资源存在浪费，从老年使用对象来说服务难以达到应有的数量和质量。这种效率价值衡量的缺失可能带来的是更大的不公平，因此需要从流程本身来考察其"价值"的大小并进行优化设计。

第三节　社区养老服务递送流程的评估

要评价养老服务递送流程，就必须评估其绩效，这涉及相关指标的设计。对此，可以从公共服务的绩效评估中得到相关启发。20世纪70年代西方公共管理运动的兴起使得绩效评估工具被广泛采用,用以提升公共服务的递送效率。在初始阶段主要为了消除政府机构的臃肿以及资源浪费,因而绩效评估的指标主要以效率为中心,强调成本控制、产出衡量和效益约束,但是这种效率至上的绩效评估方法往往损害了公共利益,带来了普遍的政治和社会危机。在对这种评估体系反思的基础上,强调公平的指标开始加入到公共服务的绩效评估指标中来。此后,随着新公共管理主义尤其是社群主义的兴起,公共利益进一步被强调,20世纪90年代在英国掀起的"公民宪章运动"强调以公民的满意度为导向,不断提升服务质量以满足公民的合理需求。①"服务质量"和"公民满意度"等开始纳入政府的绩效评估指标中来。

  从公共服务的完整评估流程来看,要使得指标的设计满足"客观性"和"有效性",就必须至少反映四个方面的内容,即输入、过程、输出、结果。输入指的是投入的资源,包括财力、人力和物力;过程则是对于服务内容的评估;输出则是指的服务的种类、规模等;结果则表现居民的需求满足和满意度等。就指标设计的基本原则来说,一般上遵循威廉·N.邓恩(William N. Dunn)提出的"4E"原则,即经济性(Economy)、效率性(Efficiency)、效果性(Effectiveness)和公平性(Equity)②。比如章晓懿和梅强就基于这四个原则对居家养老服务的绩效进行评估,但是其具体的指标很难操作,而且缺少一定的区分度。③ 本研究侧重于流程本身,在这里笔者沿用流程管理的思想,同时也吸取了新公共管理主义中将"效

---

  ① 郭斌:《公共服务评估指标体系研究:历史回顾与现实反思》,载《西北大学学报》(哲学社会科学版),2009年第3期。

  ② 〔美〕威廉·N.邓恩:《公共政策分析导论》,谢明、杜子芳译,中国人民大学出版社2010年版。

  ③ 章晓懿、梅强:《社区居家养老服务绩效评估指标体系研究》,载《统计与决策》,2012年第24期。

率"、"公民满意度"纳入绩效评估中的做法,从流程的规范程度、流程的效率、服务对象满意度三个方面来进行评估。

一、流程的规范程度

流程的规范程度主要强调流程的规范化和标准化,这主要是保证流程运作的统一性,避免人为的操作或相关因素的干扰。目前,杭州市在社区养老服务体系框架中已经形成了分层分类的服务格局,对服务享受范围、享受方式以及供给的手段等都做出了详细的规定,但是在流程规范性方面仍旧存在质疑,即许多不符合条件的老年人被纳入保障范围内,还有一些标准化和规范性的政策文件在执行中被随意解读,使得老年人获得相关服务具有随机性,这种规范性的缺失极大地影响了流程运作的效率。因此,流程的规范性应该是社区养老服务递送过程中基本的评估指标。

二、流程的效率

流程的效率主要指投入与产出之比,投入主要表现不同主体在服务递送中的人力、物力、财力的投入,其具体指代在基本要素中有所谈到,这里不再赘述,而产出则主要指服务的数量和质量。同时从组织流程效率考虑,养老服务涉及不同部门,其资源整合效率也将影响流程效率;另外从流程的终端看,老年人对于服务的利用率也将构成流程效率的一部分。

在这里笔者考虑到杭州市目前推进的社区养老服务,主要集中在家政服务、上门送餐以及居家养老照料中心的建设、上门医疗服务等方面,因此对这几方面进行测度。当然,这里要就以上几方面做具体的说明。就家政服务来说,既有政府购买的,也有老年人家庭付费的,家庭付费的市场化行为虽然也应该纳入服务投递绩效评估之中,但是难以操作,故而这里的家政服务主要针对那些享受政府购买服务的老年人。社区助餐服务的投递主体不仅有政府，也有社会组织或企业，同时由于其针对的是整个社区的老年人，所以这里考察其利用率相对比较简单。对于居家养老照料服务中心的利用，主要表现每个月能够统计的服务人数，而那些没有统计的老年服务使用情况则难以得到。上门医疗服务利用率的指标则是考虑到老年人对于医疗服务的需求较大，故此将其纳入效率评价的指标中来。

三、服务对象满意度

服务对象满意度主要是指服务生产和投递是否达到预期目标或符合服务对象的需要。在这里我们主要通过老年人对服务的主观评价来进行测度。在本研究中由于采取质性访谈的方式，因而老年人主观回答的信度会有一定的问题，但是在访谈中通过配额访谈的方式尽可能保证不同特质的老年人可以被访谈到，基本可以认为老年人的回答可以用于社区养老服务流程评估指标的测量。

第四节 一个流程分析框架

基于以上的分析，可以从流程管理的角度来考察社区养老服务的递送效率机制。在这里根据市场营销的理论将社区的递送流程分为服务生产、服务定价、渠道构建、服务接收四个环节。这些环节包含了流程的六大要素，不同的要素组合影响了流程的效率，不仅要关注服务资源的"输入"和"输出"，也需要关注不同服务主体之间的关系、运作方式和策略，同时也重视服务接收对象老年人的满意度，这就构成了流程评估的三大依据，其逻辑关系参见图2-3：

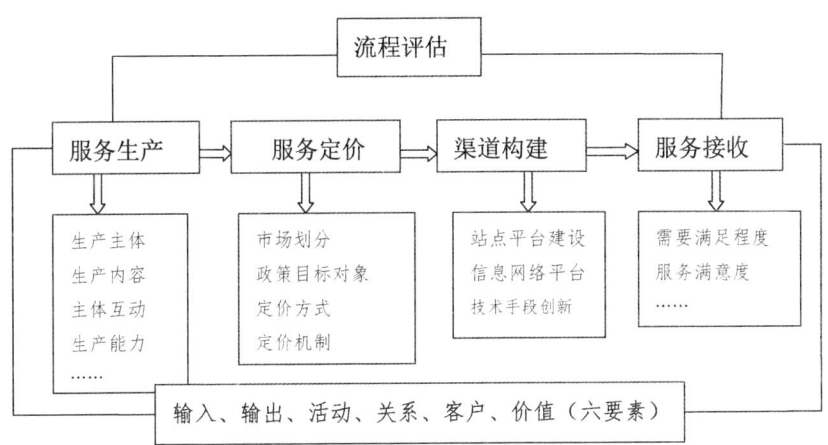

图 2-3　社区养老服务的递送流程分析框架

从上图看，养老服务递送流程被分为四个环节，每个环节都有不同的关注重点和问题。服务生产环节，主要包括服务生产的主体、内容以及主体能力等；定价环节，则由于养老服务作为"准公共品"的属性，自然形成公共产品和私人产品的区分，因此需要就政策目标定位、市场划分、定价方式以及定价机制等进行说明；渠道构建环节，主要包括服务投递平台以及相关技术手段的使用；而服务接收环节，则侧重于需要满足程度以及老年人对服务的满意度。

四个环节并不是孤立存在的，是彼此衔接且交互影响的。养老服务的有效递送，就必须通过四个流程环节的优化来实现，而这势必要谈到流程分析的六大要素。服务生产环节离不开人力、财力和物力资源的"输入"要素，也离不开多元生产主体的"活动"运作以及互动"关系"的形成；而在定价环节则要求基于"客户"特征进行政策目标定位，并通过合理的政策设计使多元主体在不同市场之间形成合力；渠道构建环节则要求服务递送的"线上"和"线下"平台相互协同，并通过技术工具的创新来增进"活动"能力，并为客户提供有"价值"的服务；服务接收环节则强调服务内容符合老年人的需求，同时在便捷性、可获得性和服务质量方面也能够达到老年人预期，其对应于"输出"要素，以老年人的满意度作为最终评价依据。

在对环节分解和要素分析之后，流程是否优化还必须接受评估。流程评估是流程分析中的重要内容，在养老服务递送过程中，也经常将老年人满意度作为评价的工具，但是满意度指标并不能客观测量出整个流程的效率如何，甚至会出现偏差。因此，在这里我们采取流程的规范程度、效率以及服务对象满意度来测量，以评价现有流程中存在的问题同时也为流程优化提供依据。

小　结

本章主要对社区养老服务递送过程中的一些基本要素进行阐述，目的在于形成研究框架，指导后面的研究。在这里根据市场营销理论和公共产品理论将服务递送分为服务生产、服务定价、渠道构建以及服务接收四个环节，并结合杭州市的实践，对这些环节进行了简单描述，同时还对养老服务流程运作的要素进行了阐述，并就该过程中流程绩效的基本评估指标进行了构建，进而提出了流程分析的基本框架，这也为下一章具体的流程分析打下基础。

第三章 社区养老服务的递送流程分析

基于前一章关于社区养老服务递送的分析框架,结合杭州市的案例,对养老服务进行流程分析和评估,以发现目前养老服务投递过程中的不足,并探索影响递送机制效率的因素,进而提出流程优化的基本策略。

第一节 社区养老服务的具体递送

杭州市在社区养老服务方面已经积累了丰富的经验,尤其在主城区,随着杭州市政府对于居家养老服务投入的加大,老年食堂和居家养老照料服务中心等基本实现覆盖,老年人已经可以在社区得到良好的照顾,其居家养老在某种程度上具有了西方"社区照顾"的形态。笔者从所调研的9个社区中选取3个具有代表性的社区,它们分别来自西湖区、江干区和拱墅区,根据其自身特点将其分为政府主导型、社会力量主导型①、政府和社会力量平衡型三种类型,

---

① 这里的社会力量主导型只是由于养老服务主要依靠社会组织或企业化组织来运作,与政府主导的养老服务整体框架并不相抵触。

对社区养老服务的递送流程进行案例分析。

表 3-1　案例类型划分

类型划分 案例分析	政府主导型 （西湖区 A 社区）	社会力量主导型 （江干区 B 社区）	政府与社会力量平衡型 （拱墅区 C 社区）
案例特征	强调站点服务	强调社会组织和市场化运作	强调社区自我服务

一、政府主导型：西湖区 A 社区

A 社区位于西湖区，属于主城区经济比较发达的社区，老龄化程度超过 20%。西湖区政府对于养老服务进行了大量的投入，在街道层面有金秋家园长者服务中心，提供针灸推拿服务、健身娱乐服务、便民服务以及针对失智老人的特殊关怀服务。附近社区老年人都可以享受该中心提供的服务，在社区内则是由政府提供的家政服务为主的上门助老服务，同时还支持和鼓励邻里结对以及助老公益服务。目前 A 社区已经建立了西湖区—街道—社区一套良好的服务递送体系，A 社区所在的街道更是成为浙江省居家养老服务实践的典型样板。

为了清楚地展现其服务递送的过程，笔者将从服务生产、服务定价、渠道构建、服务接收等四个环节来深入分析。

1. **服务生产环节**。在政府主导的养老服务体系中，社区自治体在很多时候还只是接入服务。目前，在 A 社区具体的服务依靠以区、街道为主的政府系统，同时积极引入社会化力量，为老年人提供具有特色的服务。由于 A 社区不大，为避免重复建设主要依靠街道层面的金秋家园长者服务中心开展丰富多元化的养老服务。其主要服务有如下几种：

老年食堂。老年食堂由杭帮菜博物馆餐饮文化有限公司承办，街道与杭帮菜根据辖区居民年龄层给予补贴，人员由国旅集团提供。

康复健身室。由西湖区残联提供按摩椅，老年人可以进行康复活动，还为残疾人做一些上门服务。对于那些从医学上没有办法医治的老人，社区则根据需求调查安排他们到这里锻炼。

中医诊所。由杭州西湖衍德堂中医诊所承办，注册为民非企业，提供针灸、推拿、拔罐和刮痧等服务。在开通医保前为辖区60岁以上老年人提供8折优惠；开通医保以后老年人只要支付12%左右的费用，50—60块的按摩只要付费几块钱。

便民服务室。根据居民需求做相应调整，分别提供修鞋、修家电、量血压、缝纫、法律咨询、全科医疗等服务。

失智老人项目。西湖区通过招标，引进专业性社会组织——浙江省大爱老年事务中心，在全国率先启动"大爱人家"项目，在A社区所在街道也设立有该项目。"大爱人家"以"关心年长者，关爱失智者，关注照顾者"为服务理念，是面向社区早期失智症患者及其家庭照顾者的服务单元，其服务宗旨是构建失智老年人及家庭照顾者的社会（社区）支持体系，探索失智症的早期干预模式，提升社会科学应对老年失智难题的能力。目前主要提供三方面的服务：面向社区早期失智老人及其照护者的共同生活单元——"葆智园"（尝试运用非药物疗法对早期失智者进行干预，引入相关的认知训练、心理调适、情绪管理、精神慰藉等社会工作领域的专业力量和资源，为失智症患者及其照护者提供专业支持）；面向社区老年人的益智游戏平台——"益智苑"（开展丰富多彩的益智游戏、鼓励老年人多动脑、多动手、预防失智症，针对正常老年人）；面向家庭长期照护者的"照顾者之友"（为有癌症、残疾、失能、失智等病患的家庭照顾者提供服务，帮助大家排解压力和提高照顾技能，抱团取暖）。

健康生活科普馆。主要让居民了解健康饮食构成以改善居民的饮食习惯。该科普馆针对社区的所有居民，并非只针对老年人。

视听室以及多功能厅。主要为居民提供视听节目和开展文体娱乐服务。

借助金秋家园长者服务中心的这些设施，A 社区的老年人可以享受较为全面的服务。同时对于那些自理能力比较差的老年人，社区在评估的基础上为其提供不等小时数的由政府买单的家政服务，对高龄老年人还提供 2 个小时的体验券，鼓励老人自行寻找专门的社会实体提供服务。社区还有专门的助老员，他们会为老年人提供临时性的帮助服务。除此之外，社区还通过发展邻里结对服务，鼓励低龄老年人积极参与社区公益活动，通过老年电大平台，比如开展剪纸活动将剪纸作品送给那些高龄的老年人，使低龄老人能感觉老有所为，高龄老人也能感觉到温暖。

2. 服务定价环节。在 A 社区我们可以看到不仅有政府主体，社会组织和企业都广泛参与到社区养老服务中。所在街道按照传统的政策瞄准机制，首先将对失能、独居、空巢等特殊老年人的服务纳入政府购买服务中。目前通过发放居家养老服务券的形式，重点解决四级救助圈的老人，每户每月按市级 300 元、区级 250 元、镇街级 200 元、村社级 150 元标准发放服务券。服务券可以抵扣居家养老服务点的服务费用、居家养老服务中介机构的服务费用以及老年呼叫设备安装使用费、老年电大学习资料费等其他居家养老服务所产生的费用等，其具体服务内容和价格由镇街与相关服务点签订协议予以明确。[①]

购买服务的价格按照招标协议来确定。目前西湖区执行的家政服务购买价格一般是每小时 20 块，这种服务主要针对那些特殊老年人。还有一些服务是针对全体老年人的，比如呼叫器和紧急救助服

---

① 《西湖区居家养老"金夕工程"服务券发放和使用规定》（西养老办〔2011〕6 号），2011 年 7 月 6 日。

务,覆盖到所有独居、空巢老年人。还有健康体检,只要是四级救助圈的都可以享受,这些基本是免费的,完全由政府买单。

对于其他老年人,则坚持适度普惠原则。比如老年食堂的价格,坚持政府与市场共同定价的方式,在原有价格基础上给予老年人10%—20%的优惠。便民服务以及医疗康复等服务,也同样坚持政府与市场共同定价,给予老年人在费用方面的减免。

3. **渠道构建环节**。在该环节,该街道和社区依照西湖区"六大体系"建设的设计,强化平台体系的搭建,同时还不断改善组织体系、网络体系、队伍体系、考核体系、资金保障体系。就平台来说,目前已经形成了居家养老服务照料中心(居家养老服务站)、老年食堂(助餐点)、星光老年之家等居家养老服务设施网点。同时通过区助老呼叫中心、养老服务信息管理系统、智慧养老云网站三位一体的信息化养老平台的搭建,老年人可以从网站获取居家养老、预约挂号、远程教育、心理咨询、法律帮助、缴纳费用等服务,还可以通过云计算实现其他各类个性化服务。这样老年人可以从线下和线上两种渠道获取自己所需要的服务。

4. **服务接收环节**。该环节主要是老年人及其家庭最终获取服务的过程。目前老年人既可以从一体化的"金秋家园长者服务中心"获得自身所需要的服务,也可以通过政府购买的上门服务或支付居家养老服务券的形式自行寻找社会实体来提供服务。对于那些没有纳入政府购买的老年人,一方面仍旧可以享受政府"普惠性"的服务,另一方面可以获得社会组织和企业提供的"优惠"服务。从 A 社区看,老年人对于目前社区在养老服务方面的内容认同度较高,当然也有一些自理程度不高的老年人表示有更多的上门服务会更好。

其详细流程图如下:

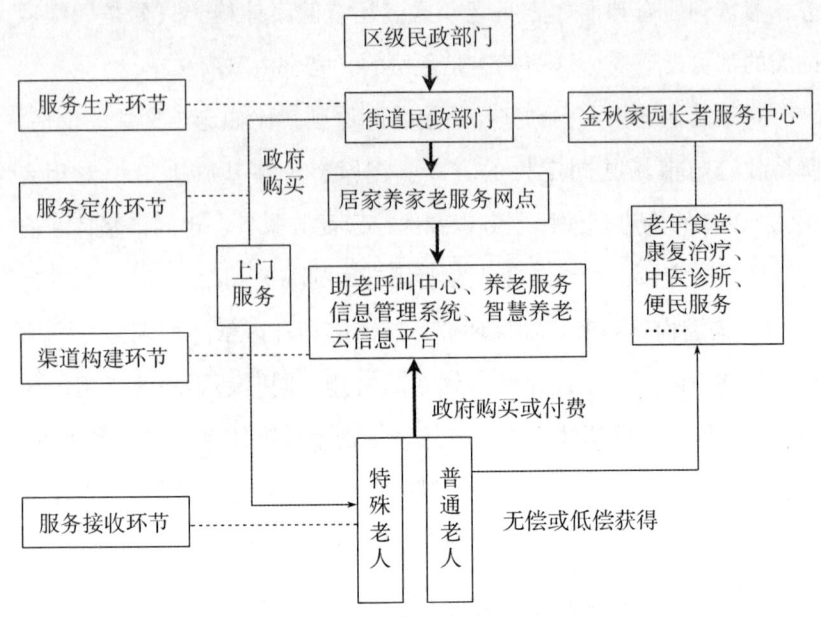

图 3-1 案例 A 的养老服务递送流程

从以上流程图看，A 社区作为杭州市居家养老服务的样板典型，无论是在服务生产、定价还是渠道构建环节都可以看到政府起到绝对的主导作用，社会组织在其中起的作用主要是组织站点活动，老年食堂等主要是与国有企业合作，中医诊所等则是与民办非企组织合作。无论社区站点工作人员还是老年人自身，都认为养老服务绝大多数来自于不同层级政府或附属机构，而从社会组织和营利性组织的购买的较少。尽管养老服务市场的发展是未来趋势，但目前来说老年人的购买意愿并不强，或认为当前由政府提供的养老服务已经足够他们过着比较舒适的老年生活。而事实上也的确如此，街道在养老服务方面的优越财力投入保障了 A 社区的服务丰富多样。其街道层面的一体化养老服务综合体可以为健康老年人服务，也可以为那些失智或残疾的老年人提供一定的辅助指导和治疗方案。其依靠大爱之家这个社会组织，在养老服务综合体组织老年人活动，提高了站点的利用率，使得该站点成为老年人活动的重要载体和平台，同时在站点服务中还引入了针灸、拔罐等康复医疗服务，得到了老年人的认可。在社区内开展的上门服务则主要以家政服务为主，辅以志愿者提供的一定精神慰藉服务。通过助老员和社工对那些失能、独居和空巢的老年人进行定期上门探访，了解他们的需求并给予相应的帮助。为深入展现政府主导的服务投递类型的特征，如下将从养老服务的投递环节展开分析。

就服务生产的内容来说，已经覆盖到老年人的基本生活照料服务，但是这种照料服务主要集中在社区，站点在为残疾和自理能力比较差的老年人提供服务方面尚缺乏相应的能力。目前，该站点仅配备3名工作人员，一个事业编制和两个社工，其余人员主要来自于大爱之家和相应服务组织。从大爱之家的组织运行来说，针对失智老人的服务刚刚开始做，然而在硬件上需要有一定的床位，同时也没办法做到上门接送，必须要老人子女陪同，还有些老年人因不符合条件而排除在"大爱之家"服务之外，因此服务投递会比较困难。对于社区来说，目前纳入政府购买和提供的家政服务覆盖面还比较窄，而社会实体的服务人员素质和技能还比较差，承接养老服务的能力还有待提高。对于那些自理能力比较差的老年人，目前的8小时基本家政服务还难以满足其需求。同时A社区独居的老年人比较多，由于邻里结对开展的活动还是比较有限，尚难以为他们提供足够的精神慰藉。

就服务定价来说，主要表现在服务市场并不是根据内容，而是根据老年人的经济收入来进行定价，当然后者可以使得政策定位具有"瞄准性"，从而使纳入政府购买的老年人可以享受免费服务，而政府购买之外的老年人则仅享受到"普惠性"服务。这种以经济收入划线的方式使得政府供给养老服务的内部市场和依靠市场化购买的外部市场形成"区隔",影响了养老服务市场的真正形成。同时就政府购买服务来说在定价上也存在着问题,主要表现在当前家政服务的购买价格比较低。这种基于市、区、街道三级财政能力的定价方式,受制于财政支出的压力,定价要远低于市场价,这使得社会组织和企业为了维持自身运营或盈利而从市场上招聘到的服务人员素质不高,进而影响了为老年人提供服务的水平。

就服务渠道的搭建来说,A社区的服务投递网络主要分为线上和线下两种,前者依托站点设施提供服务,后者依靠信息网络技术提供社会化上门服务。从中可以看到社区在其中发挥的平台作用并不明显,主要体现在执行层面。原因在于:社区和街道所在地重合,社区自身不大,同时服务递送主要集中在社区,还难以实现到门服务。当前的站点服务来自于养老、卫生、残联、卫生局、社保局、科协等多个部门,形成了服务投递的条线结构,完全依靠行政化的自上而下的投递机制;线上的网络技术平台建设则通过与社会化主体的服务对接,形成多样化、多种付费方式服务网络结构,其投递渠道呈现条线清晰的网络化结构,并直接为老年人提供包括上门服务在内的多种服务。这种渠道平台更加能够体现养老服务社会化的特征,不过也存在一定的问题,就是还须提升背后提供服务的社会实体的能力,同时对这种服务投递的过程进行管理和监督,这些都还需要进一步探讨。比如目前所安装的"智慧养老呼叫器"有红键、绿键两个,前者提供紧急呼叫服务,后者提供日常生活服务,但是绿键的使用率比较低,装入的服务也参差不齐,其接入服务的渠道作用还没有发挥出来。

从服务接收来看,主要表现在当前服务的质量和水平还不能达到老年人的要求,尤其是政府购买的家政服务,投诉的事时有发生,而对于站点服务,老年人也希望能够从那里获得更多医疗卫生方面的服务,尤其期待开启康复医疗的医保支付功能,实现医疗服务和养老服务的对接。另外,失智残疾老年人及其家庭照顾者需要支持,从居家到机构的转介服务对他们来说非常重要,这些老年人对于机构照顾还是有着较大的需求。同时居家的自理程度较低的老年人,难以享受社区站点的服务(除了送餐服务),如何实现更多的服务送上门也是需要探索的问题。

可见,这种居家养老服务的典范性样本还存在着诸多的问题,需要从服务投递的要素来进行思考,并就这些投递环节中的问题做出回应,以实现流程优化,提升服务递送的效率。

二、社会力量主导型:江干区 B 社区

B 社区作为江干区的核心区域,老龄化程度较高,政府在居家养老服务方面的投入很大,所在街道的养老服务方面一直走在杭州市的前列,其依靠社会组织来推进社区养老服务的做法是其最大的特色。该社区及所属街道积极打造为老服务平台,引进社会化服务组织,不仅通过公开招标的方式引进了夕阳红、巾帼西丽等营利性组织,还开设生活馆,优化空间设施配置。为了推动生活馆等综合为老服务平台的发展,该社区所在街道引进了营利性组织"慈爱嘉",专门负责综合化服务体的标准化管理以及一些活动的开展,社区对其在活动开展以及效率评估等方面设置了一系列指标要求。同时打造便民街,通过"无偿与低偿相结合"、"上门服务与现场优惠"相结合的运行模式,引进商户入驻,实现理发、缝纫等便民项目的社区覆盖。

同时,该社区所在街道还积极开通网格化信息平台,设置"微管站"和"淘社区"两大平台,为老年人提供智慧服务,同时还与移动服务商签订协议,为特殊老年人提供老年手机服务、紧急呼叫服务等,这些方面的做法提升了社区服务递送的能力。下面就社区养老服务的具体递送流程进行展开:

1. 服务生产环节。江干区的民政一直在杭州市处于领先位置，而 B 社区所在的街道更是江干区的核心地带，政府领导对于社区养老服务非常重视，因此以"凯"字为品牌的社区养老发展很快。在积极打造"5 分钟生活圈"的同时，委托专业组织打造养老服务综合体"凯乐居"，不仅为老年人提供从老年食堂、养老护理、心理疏导、康复指导到休闲娱乐的多项服务，它同时还具有日间照料中心的功能，为老年人提供日间的基本生活照料。在社区层面，在第三方评估的基础上通过政府购买的形式为老年人提供家政服务（其评估针对所有老年人），虽然政策是针对"五类"老人，但实际覆盖面还要大一点。同时还以社区卫生服务中心为主体，为老年人建立健康档案，开展上门保健服务。对于那些自理程度差的老年人还提供测血压、测血糖等 7 项预约上门服务，可见在 B 社区及其街道已经构建了比较完备的社区养老服务体系。

为了发挥社会组织的作用，政府还专门设有孵化中心，比如"凯乐耆"老年社会组织最初就是在 B 社区成立的，目前其他社区也由它进行辐射，帮助孵化。B 社区所在街道通过调查引入社会组织，现在主要有"慈爱嘉"，专门负责凯乐居的标准化管理以及一些活动的开展，同时政府对街道层面的基础设施和场地建设不断加大支持力度，为社会组织提供活动场地。正是由于社会组织的大力发展，B 社区从政府购买的家政服务、站点管理和日间照料服务、慈善、邻里互助等项目都依靠社会组织，并且运作良好，从而街道和社区的职能转为对服务的管理。

2. 服务定价环节。就社区养老服务来说，仍旧会以政策定位作为基本划分标准，将"五类老人"作为政府购买服务的对象。但是，在江干区其购买的范围要更广，不仅包括低保困难、孤寡、失独、身患八类疾病的老人，还包括特殊贡献、特殊对象（区级以上劳模、重点优抚对象、归侨、纯居干老人）以及失能失智、半失能老人、与丧失生活自理能力的病残子女一起居住的老人、90岁以上的老人，都纳入政府的需求评估中。根据评估结果，按照其收入标准来确定政府补贴的标准。

与其他区不一样的是，江干区对于那些超过规定收入标准（杭州市规定为 3000 元/月）的老人，仍旧按照比例给予政府补贴。这样使得那些收入在 3000 元以上的老年人可以享受政府提供的社会化服务。除了政府补贴部分，个人还需要承担一定比例的费用，从而使得政府购买的老年人不仅限于"五类"老人，可以基本将所有老年人都纳入不同比例的政府购买服务中来，采取政府与市场综合定价的方式。进入到政府购买环节的社会化主体，也可以根据该办法对市场进行一定的细分，对那些收入较高的老年人还可以提供市场化的增值服务。

B 社区所在街道，根据老年人日常生活需求，对便民服务街零散的"四小行业"店家进行规范管理、业态调整；通过"无偿与低偿相结合"、"上门服务与现场优惠相结合"的运行模式，打造"凯乐购"社区便民街，这种服务在一定程度上遵循了市场化的运作规律。

3. **渠道搭建环节**。在 B 社区服务递送的方式无外乎线上和线下两种，前者主要借助于"凯 e 通"网格微管站信息平台，以"PAD"机为基础设备，设置"微管站"和"淘社区"两大平台，实现老年群体智慧管理、智慧服务。"微管站"依据社区三维图，对社区老年人进行重点定位，与孤寡、高龄、独居老人的探访机制相结合，标注服务星级，并根据老年人分类定级给予妥善照顾。"淘社区"整合社区周边各类服务资源，集成线上资源库，提供衣、食、住、行、乐等优惠资讯，为老年人拨打便民热线联系社区、物业、超市或者其他便民服务点提供便利。①

线下方式则主要依靠"凯乐居"生活馆、"凯乐购"社区便民街、社区卫生服务中心以及"夕阳红"居家养老服务站等养老服务设施，为老年人提供社会化的服务，社会组织、企业则通过与这些具体设施结合的方式来实现服务的介入，根据老年人的分类为其提供老年服务。

4. **服务接收环节**。从访谈结果看，B 社区的老年人对社区开展的老年服务满意度很高。他们认为目前的服务已经基本满足需要，只是认为专业化服务组织的能力有待提高，专业医疗服务方面还存在一定的不足，认为街道和社区还需要进一步提升这些社会组织、企业的专业化服务能力，并加大政府购买家政服务的覆盖面。从总体上说，这种政府主导的依靠社会组织运作的社区养老服务模式在很大程度满足了老年人的多元化需要，也得到了老年人的广泛认可。

从图 3-2 看，B 社区在政府加大投入的基础上，依靠社会组织来实现养老服务的递送，搭建了从基本生活照料服务到专业化照顾服务以及慈善互助公益性服务的服务网络体系，在很大程度上使得社区不仅具有基本生活照料的功能，还具备了专业化日间照料服务的内容，从而使其具有"社区照顾"的特性。当然也要看到这种服务的范围和服务投递的路径仍旧更多地局限于街道和社区层面，上门服务仍旧比较缺少。在 B 社区已经有了初步依托社会组织进行的专业化医疗服务供给，使得那些自理能力比较差的老年人也可以通过预约上门获得家庭病床、测血压、测血糖等专业服务。

---

① 凯旋街道纪工委：《凯旋街道居家养老"立方体"提增干部服务效能》，http://www.jgjw.gov.cn/newshow.aspx? artid=930&classid=7，2014 年 5 月 15 日。

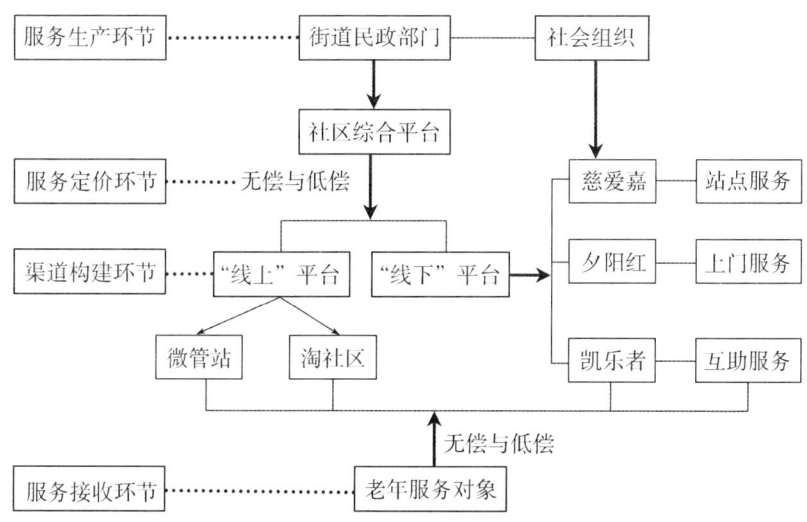

图 3-2 案例 B 的养老服务递送流程图

从以上可以看到，B 社区的养老服务内容非常的丰富和多元化，基本上覆盖到老年人生活的各个方面，不仅有站点综合化服务，也有专业性十足的上门服务。而从覆盖对象的范围看，相对于其他的区县也更为广泛，不仅包括独居、空巢、残疾、困难、失能的老年人，也包括那些经济收入较高的需要相关服务的老年人，从而使服务具有"普惠"的意义。在投递主体方面，政府开始转变职能，从服务的组织者变成管理者和监督者，更多地依靠社会组织的培育来推动养老服务的递送，而这种方式发挥了这些组织的灵活性，使其服务更能够贴近老年人的需求。当然也要承认在服务生产环节也存在着一些问题，比如以社区卫生中心为主体的专业医疗服务能力是否能够符合老年人的预期，家庭病床服务费用是否可以报销以及服务的质量和水平如何，同时对于政府购买的专业组织，依靠其进行站点管理以及开展养老护理、心理疏导等方面的服务是不是"蜻蜓点水"，还有这些服务如何从停留在街道和社区层面转向上门服务，这些问题都还值得深究。

在定价方面，B 社区所在的江干区依据老年人收入标准比例来确定补贴力度，这是推动养老服务市场发展的一种良好实践。这得益于江干区对于社会组织的培育和支持，使政府购买中不同服务商之间存在着一定的竞争，同时市场有足够的提供者也为这种实践打下了基础。该做法坚持了养老服务的福利性特质，也推动了不同主体共同加入到社区养老服务的供给中。当然在家政服务方面，虽然政府的购买价是每小时 23 元，高于其他区县的每小时 20 元，但与市场价仍旧有着较大差距，影响了社会组织和企业通过市场招募服务人员的素质和水平。B 社区在社区便民服务方面，则坚持无偿和低偿的原则，通过引入商户实现市场化的定价基础上的优惠，这些服务大多采取市场化定价的方式；另外对于邻里互助、爱心公益活动中相关老年服务则完全免费，形成了一种政府主导下的养老服务市场的细分，当然这种细分不是主体的营销行为，而是根据老年人自身的需要以及政策的需要。

就服务渠道来说，B 社区构建的线下和线上服务为老年人搭建了完整的服务网络体系，但在 B 社区更多是线下服务，这种依靠基础设施开展的服务更加符合老年人的实际情况。当然在 B 社区搭建的线上服务平台也已经很大程度改变了老年人的生活，为老年人提供了"私人定制"的各种服务，但是主要体现于社工和社区服务人员利用这些信息技术手段所进行的服务管理。老年人通过线上方式获得衣食住行方面的资讯和通过热线获得服务，从目前来看利用率仍旧比较低，这就要求在信息网络技术的应用方面寻求线上线下一体化服务平台的构建。

就服务接收来说，B 社区这种依靠社会组织推进的专业化服务和一般性日常生活照料服务很大程度已经符合老年人的预期，使其具有较高的满意度。当然基于江干区打造"普惠"型养老服务体系的考虑，要提高老年人的生活质量，还需要在基础设施的配置、平台的打造以及服务的上门递送方面有进一步提升。

可见，这种以社会力量主导的社区养老服务递送框架在很大程度上实现了从基本照料服务到专业化医疗服务的全面供给，而且由于合理的定价机制使得不同老年人可以从不同主体获得所需要的服务。政府的补贴改善了所有老年人（包括经济收入水平较高的老年人）获取养老服务的购买力，同时依靠社会组织搭建的线下平台和线上平台的构建，提升了老年人获取服务的便捷性和可获得性，从而提高了整体的生活满意度。

三、政府与社会力量平衡型：拱墅区 C 社区

C 社区是个老小区，老年人比较多，60 岁以上的老年人占 32%，居家养老工作也一直是社区工作的重点。在站点建设上，硬件设施较好，有专门的居家养老服务点，占地 550 平米，面积算不上大，但功能比较全。目前照料中心有 7 张床，可以发挥日间照料作用。在上门服务方面则配备了 3 个助老员，重点负责 52 个三类老人（包括离休干部、五保户、独居等）。该社区不同于其他社区的地方是，自管小组长的队伍（即企退人员队伍）在社区服务中发挥着重要作用。他们通过自管联谊会，以活动开展为载体，推动社区服务的发展，以真正实现社区的"自我管理、自我服务"。

下面就社区养老服务的具体递送流程做分解展示：

1. **服务生产环节**。目前，C 社区在站点服务种类上比较齐全。其居家养老服务中心——"老来乐会馆"不仅提供休闲娱乐场地、电子阅览室、图书室、棋牌室、老年食堂，还提供日托、健康小屋、就餐等一站式服务。助老员和政府购买的社会组织为那些特殊老年人提供家政、聊天和陪医问药等上门服务，同时社区还为其他老年人发放便民服务卡，他们可以以相对优惠价格获得送水等服务。社区还为符合条件的老年人免费提供呼叫器，按红键可得到医疗急救

服务，按绿键可得到包括家政、文体、法律咨询等六大类服务。除了政府和社区提供的服务之外，社区还引入社会组织和专业化的市场服务组织。C社区通过引入北京的慈爱嘉公司，该公司在参与站点管理的基础上为老年人提供专业化的护理服务（目前主要以站点管理为主）。

2. **服务定价环节**。目前由政府购买的家政服务完全免费，主要服务于52个"三类"老人，包括离休干部、五保户、独居老人等。本社区的独居老人中一部分是助老对象，被纳入政府购买；还有一部分则是身体较好、收入水平较高、子女能够经常看望的人，这部分老人可领到居家养老服务券，服务券可以用于吃饭、修理和买药等服务。对于健康老年人，社区通过开展健康讲座、户外旅游等大型活动，培育和支持春风艺术团，为老年人的文体活动的开展提供载体。对于那些失能和健康状况不好的老年人，除了依靠"慈爱嘉"为其提供上门的医疗护理，还有民政局组织的专门机构上门服务，为老年人提供家政以及简单护理服务。这种基于不同群体需要的细分策略，为政策瞄准机制的形成打下了基础。同时也基于这种策略形成了不同主体（政府、市场、政府与市场）定价的形式。政府定价主要针对特殊老年人的免费服务和购买服务，市场定价则针对"慈爱嘉"的护理服务和老年旅游产品等，政府与市场共同定价则针对便民服务。

3. **服务渠道环节**。在C社区服务渠道主要为站点等老年基础设施以及以政府购买为主的上门家政服务。这两者都依靠行政化系统的自上而下的递送，因为站点的相关服务大多来自于政府等相关部门，虽然也有社会组织、企业的参与，但是相对来说他们提供的服务比较少。尤其像"慈爱嘉"这种营利性组织，目前还主要参与站点的管理以及社区老年活动的组织等工作。线上渠道主要为政府搭建的信息化平台和社区服务网络平台，比如老年手机，12345，9666

热线这些由杭州市提供的平台。

4. 服务接收环节。服务接收表现在老年服务的生产、递送与老年人的预期之间的差距。从目前来看，C社区作为拱墅区的核心区，其养老服务相对来说还是走在前列的。但是，由于拱墅区的养老服务投入受制于整体财力，老年人对于服务的满意度还不是很高，尤其家政服务方面以及免费发放的老年手机受到的质疑很多，同时对于引进"慈爱嘉"这种需要个人付费的企业也存在不满。尽管C社区在养老服务方面的投入不少和服务内容也比较丰富，但由于以上几个方面的原因影响了老年人的整体评价。

C社区养老服务递送的流程如下：

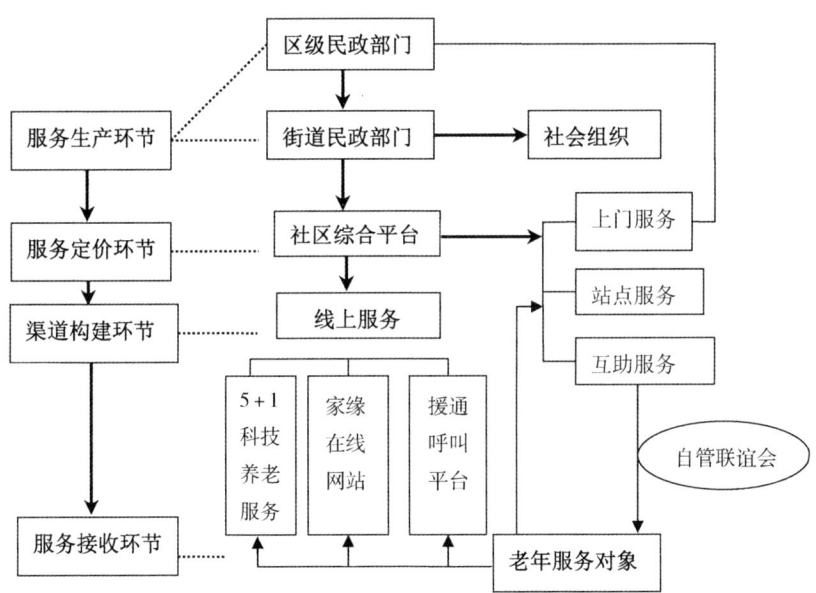

图 3-3 案例 C 的养老服务递送流程图

从图 3-3 看，C 社区主要依靠政府来实现服务递送，但是社会力量的作用也非常明显。拱墅区构建的"5432"居家养老服务体系，强调了政府主导框架下的多元主体参与，着力构建区、街道、社区

"三级"居家养老管理网络,深化完善"两种"服务模式。① 在此背景下,C 社区获得政府的支持力度不断加大,同时社会组织和企业也深度参与进来,为老年人搭建了相对比较完备的服务网络体系。但是这种服务的范围和服务投递的路径仍旧非常有限,专业化服务的引进并不是非常顺利,市场化的服务更是面临老年人的心理抵触。而 C 社区引进"慈爱嘉"市场化专业服务组织为社区老年人提供上门护理服务,其市场定价也符合当前多元化多层次老年人的需求。

从服务生产环节看,C 社区主要基于政府主导的公共产品框架,为社区老年人提供的主要是家政、助餐、日间照料、文体娱乐等服务,这些服务都是由居家养老照料中心的综合体站点提供。虽然试图借助"慈爱嘉"来开展上门护理服务,但是老年人观念的转变尚有一个过程,以致目前"慈爱嘉"只能局限于站点管理、活动组织等。目前尚处于培育老年服务市场的初始阶段。

在服务定价方面虽然基于不同群体形成细分,但这种细分主要还是政策目标定位的细分,在政府公共品投递的体系中根据老年人不同的属性进行分类,并不是基于需求的一种划分。同时在这种融合政府、社会组织、企业的社会化养老服务体系中,市场化定价的成分比较少,更多依靠政府的相关部门来进行服务定价。

服务渠道方面则主要依靠行政化的站点设施以及少量的上门服务来实现投递,其中站点服务主要来自于社保、民政、计生、残联等不同部门,依靠自上而下的一种投递路径。在上门服务方面,除了街道和社区提供的针对特殊老年人的家政服务外,还有另外一支队伍即区级民政部门委托的专门机构来提供上门服务,但是往往存在对老年人实现需求评估之后服务却跟不上,影响了该渠道的组织

---

① "两种服务"模式是指拱墅区将原社区助老助残服务站纳入各社区居家养老服务站管理,同时将原公益性岗位助老员由各街道养老服务中心统一管理的做法。

效率和满意度。相对来说老年人获取服务的渠道还比较有限，搭建服务商和老年人的消费服务平台还没有真正建立起来。

在服务接收环节，即使社区提供了较多的老年公共产品，但是老年人的满意度仍旧不高，不仅因为老年人对于政府的依赖思维，难以接受企业提供的付费服务，也因为不同主体提供的这些产品本身存在问题，难以符合老年人的预期。

可见，在这种类型中老年人获得的服务与政府主导型的差异性并不是很大，但是在参与形式上存在不同。在其他案例中引入社会组织的主要是街道民政部门，但是在该案例中，区级民政部门也参与到老年人上门服务的直接供给中，而且企退人员作为重要的志愿力量参与到社区养老服务中，从而形成了不同层级政府、企业、社会组织、志愿者等多种社会力量的共同参与。尽管在服务递送环节中仍旧存在着不如意的地方，但是从主体互动来说，形成了具有特色的递送机制。

第二节 社区养老服务递送流程的比较分析和评估

一、六个流程要素的比较分析

从以上三个案例看，不同类型的养老服务递送流程具有一定的差异性，但是在这里进行的区分仅仅把其作为理想类型，实际上案例都涉及不同主体的共同作用。在这里，为了更加清晰地展现服务递送的流程，同时挖掘案例所特有的涵义，有必要对其进行比较分析。由于以上三个案例都从流程环节来进行描述，其中流程的组成要素内容、不同主体之间的关系或主体运作策略等存在差异，因此，比较分析也将围绕流程的要素来展开。

从"输入"和"输出"这一组基本要素来说，其重点主要关注资源的投入和服务递送的结果。案例 A 在资源投入上主要是由政府投入，由于财力比较充足，因而在养老服务资源的投入方面比较多。尽管也有企业、社会组织参与到站点服务和上门服务中，但大多以政府购买形式参与进来，老年人的主动购买行为较少，因而养老服务市场的发展比较缓慢，主要体现在社区便民服务和部分站点服务（如中医门诊等）。案例 B 中因为以社会组织作为服务的主要生产和运作方，因此，政府投入的方式不同于案例 A。尽管江干区在养老服务方面的投入比案例 A 所在的西湖区更多，从总体上来说这种"输入"更大，但是这种投入更多是以政府购买的形式，或以培育和支持社会化主体的方式来进行的，因此，就"输入"来说，除了政府的直接投入外，还包括社会组织和营利性组织的投入。从案例 B 看，社会组织在很大范围内承接了原有政府的职能，从实质上扩大了养老服务的投入总量。案例 C 在资源投入方面则受到财政的约束，区和街道政府主要根据市级文件来完成养老服务的年度目标，而这也刺激基层政府需要与社会化主体的合作来实现养老服务的生产和供给。从该案例看，因社会力量广泛的参与，政府的投入相对其他案例来说要少，其政策目标范围也要小很多，相对来说投入有限，其未来发展根本在于社会化力量如何持续参与到社区养老服务中。

从"输出"看，案例 A 中的老年人可以享受站点服务和上门服务，站点服务包括休闲娱乐、便民服务、康复治疗等多方面的内容，还有针对失智老人的专门服务。上门服务则主要是家政服务为主，同时还附有一定量的邻里互助服务，但是在老年人急需的照护服务方面较少。除了少量的家政服务购买，政府没有更多资源和能力将此类服务送上门，而其他主体力量也难以提供这类专业化服务。同时居家养老服务方面的人员能力有限，服务质量相对不高。作为老龄化程度较高的社区，仅依靠邻里互助难以解决独居老年人的精神慰藉问题。就案例 B 来说，社会组织在社区站点管理和社区老年活动以及基本的居家照料服务方面扮演着重要的角色，而在政府主导的养老服务框架中由于财政投入较大，居家养老服务覆盖面在不断扩大，正走向"适度普惠"，因而在"输出"服务上，无论从数量还是质量都比较好，而定价机制的灵活性也使得不同老年人可以从养老服务市场中获得相关服务，可以说这种政府与社会组织分工合作的方式很好地实现了社区养老服务的供给。就案例 C 来说，其输出服务也包括站点和上门服务，但是由于财力的限制，政策目标群体覆盖面比较窄，从而影响了享受服务的人数。当然这也激发了社区志愿力量的发展，其中企退人员推动的自管联谊会在老年人互助方面发挥着较大的作用，在很大程度上为那些独居、孤寡老人提供了精神慰藉。尽管如此，在政府主导的居家养老服务体系中，政府财力的大小会极大地影响供给，尤其在目前社会化主体承接相关服务的能力有限的情况下。

对"活动"和"关系"这一组基本要素来说，应重点关注不同主体的运作策略和他们彼此之间的互动结构。案例 A 在以政府搭建的养老服务递送机制中，由于基层政府财力雄厚，因而政府在财力、人力和物力方面给予了充分的支持。尽管也通过与国有企业和医疗卫生服务机构合作引入了"大爱之家"这样的社会组织，但是在以站点为主的社区养老服务中，政府主体扮演着绝对的主导角色，社会组织以及企业尽管在医疗康复、精神慰藉等方面给予老人支持，但是主要依靠政府来实施，除了为特殊老年人提供的家政服务以外，还有为那些失能程度较高的老年人提供"喘息服务"。政府的强势主导地位使得社会组织等的服务空间有限，呈现为政府为主导，社会组织和营利性组织为补充的局面，可以说这些社会化组织的主体作用还不明显。案例 B 则更多地体现于政府培育和支持社会组织发挥主体作用，通过形式性购买、竞争性和非竞争性购买等多种方式，鼓励和扶持社会组织和营利性组织参与到居家养老服务中，尤其是营利性组织的参与推动了养老服务市场的发展。这些社会化主体作用的发挥当然要得益于政府的支持，支持的方式和策略也更加灵活。与案例 A 不同的是这种社会化主体不再与政府主体存在依从关系，而更加具有独立的主体性，这也使得无论是针对特殊老年人的基本养老服务还是整个养老服务市场都呈现出较为繁荣的局面。案例 C 由于整体的养老服务水平有限，政府在加大投入的同时，也愿意推动社会组织及营利性组织来承接居家养老服务，但是资源的缺乏使得政府和社会组织比较缺少持续发展动力。比较有亮点的是依靠居民自身力量，企退人员在社区管理以及养老服务递送中发挥着重要作用，为社区养老服务的递送提供了新的资源和力量支持。

就"客户"和"价值"这一组基本要素而言，关注重点在于覆盖对象的大小以及服务递送的成本和效率如何。案例 A 中的社区养老服务由政府大力推进，由于财力雄厚其覆盖对象不仅包括特殊老年人，也通过站点服务将对象扩大到普通老年人，但是整体来说，这种政策目标对象仍旧是着力的主要方面，站点服务其实已经不仅针对老年人，也包括其他社区居民。因此，可以说在这种政府占据绝对主导的类型中，养老服务的递送更偏向特殊老年人，而在"适度普惠"方面主要体现在一般的社区服务上。就成本和效率而言，这种类型成本较大，很多时候完全依靠政府与其相关部门自上而下的财政拨付，在人力资源方面也需要民政和社会保障部门进行"买单"。尽管如此，由于养老服务递送到社区的过程中，涉及社保、民政、财政、卫生等多个部门，其行政系统虽然借助信息技术不断整合和优化基础信息平台，但是部门分割或服务叠加往往造成资源浪费，同时也降低了递送的效率。案例 B 中更多地借助社会组织的力量来推进养老服务，其政策覆盖的对象不仅包括特殊老年人，还将更多的中高收入老年人纳入范围内，他们可以获得额度不等的补贴，从市场中购买所需要的服务，初步具有了"适度普惠"的特征，老年人基本上可以获得比较满意的服务。当然，由于社会组织的能力还有欠缺，在承接服务中也有一定的竞争，服务质量仍待提高。由于政府通过购买或培育支持社会组织和营利性组织来参与养老服务，而且这些组织的确通过自身的努力灵活适应了市场的需求，也以较为经济的方式实现了既有服务递送的目标，因此，成本相对上较低，政府可以将更多的精力放在如何培育和支持社会化主体的能力建设方面，而不用承担所有的服务供给责任。同时这种政府通过竞争性购买或非竞争购买，如委托、承包等形式来支持社会化主体的参与，能够提升服务的效率，当然这也要政府在服务准入标准、过程监督以及满意度评估方面持续用力，才能保证整个过程能够以较为高效的方式持续运作。案例 C 因为政府财力有限，同时政府、社会组织在服务递送中都缺乏足够的动力，因此其覆盖的群体主要为上级政府所要求的民政对象，对于那些普通老年人尚没有足够的能力将其覆盖。其中企退人员作为群众自发力量志愿参与到为老服务中来，客观上增加了情感慰藉和邻里互助的功能。尽管如此，这种类型总体上满足了老年人的基本需要。而从成本上来说，由于受到财政约束其服务递送基本上遵循了节约的原则，当然这也使得其覆盖对象受到财政力量的波动而具有不稳定性，导致某些特殊老年人没有被纳入政策保障中来。同时，服务递送缺少目标的瞄准性和对于社会化主体的有效监督，因为在很多时候采取"先鼓励进来，再谈持续运作"的问题，从而使得某些服务由于社会化主体的能力有限而难以有效递送，这些方面的问题影响了其效率的提升。

从以上三对基本要素的比较分析看，目前社区养老服务的递送流程中影响其成本和效率的高低会有以下几个方面：一是政府财政投入的多少；二是社会化主体的介入程度和能力大小；三是政策覆盖对象的范围以及不同服务市场的衔接；四是上门服务的渠道平台搭建状况。从案例 A 和案例 B 看，政府财力的投入不仅是公共养老服务的保障，也成为社会化主体参与的主要动力。相比较之下案例 C 由于受到财政约束使得基层政府、社区以及社会化主体的投入都受到极大影响，而这也进一步影响了社会化主体的发育和成长。从政策覆盖范围看，虽然都将社区老年人纳入养老服务体系中，但是在递送中侧重点有差异，或将失能、独居、空巢等特殊老年人的基本公共服务作为重点，或将所有老年人都纳入进来并通过不同的价格机制来实现服务筹资方式的区分，而这几个案例在渠道构建中实现服务送上门的还比较少，仅限特殊老年人的家政服务。信息化服务虽有采用但大多用于基础数据管理。基于此，不同类型中其服务递送流程尽管从过程环节来说大同小异，但是从要素分析来看存在着较为明显的不同。对于社区养老服务的递送流程进行分析和比较，可以描绘出各个案例中 6 个主要要素的图谱（详见表 3-2）：

表 3-2　基于流程要素的案例比较分析

	案例 A	案例 B	案例 C
输入	资源投入大	资源投入大	资源投入小
输出	生活照料等基本养老服务	服务内容丰富	生活照料等基本养老服务
活动	政府主导，社会化力量作为补充，多采取政府购买	竞争性购买和非竞争性购买，政府与社会化主体分工合作	政府与社会化主体有限合作
关系	依赖关系	独立关系	依赖关系
客户	主要针对失能、独居、空巢等特殊老年人	包括特殊老年人和普通老年人	主要针对失能、独居、空巢等特殊老年人
价值	成本高，效率高	成本低，效率高	成本低，效率低

从表 3-2 可知，几种类型在养老服务递送过程中都存在着这样或那样的问题。从服务供给来说，服务的数量和质量还不能满足老年人的需求。通过对案例的进一步挖掘，考察其六要素，发现其政府支持力度和多元主体的介入程度以及与其相关的主体性发挥，将成为影响服务递送效率的重要因素，这也需要我们在流程优化中考虑到这些问题。当然，就流程本身来说，还必须对其进行系统的流程评估，这也是进一步优化养老服务递送流程的重要步骤。

二、三个评估指标的比较分析

在对流程要素进行比较分析后，将进一步对流程本身进行评估，以发现流程中存在的问题和不足。如下将从流程的规范程度、流程的效率、服务对象满意度三个方面进行评估。

（一）流程的规范程度：规范化和标准化

流程是否规范和标准化，将影响到流程运作的成效。在案例 A 中，政府作为主要的服务提供方，对养老服务的内容、覆盖对象和社会化主体的准入资格以及人员的上岗要求等都进行了详细的规定，总体上流程的规范化较好，但是由于受制于财政约束，政策覆盖面还是会出现波动，从而出现部分老年人被排除在外的现象。

> 这个肯定与财政预算有关系，不是说纳入评估的老年人都能根据需要享受相应的服务。在操作中还是会有灵活性。有些老人不得不等候，或是根据财政能力确定购买人数的多少，但对"三类"老人的基本服务还是没有问题的。
>
> ——西湖区民政局某工作人员 CN

在 B 案例中养老服务主要通过社会化力量来具体运作，这使得流程规范性在于如何规制这些组织行为。其所在区和街道制定了详细的政府购买以及老年人需求评估的指导意见,从制度上确立了养老服务递送的流程方式,但是在运作中政府购买的程序仍旧会受到一些干扰而影响其流程的规范性。

> 老年人的群体也是参差不齐的,素质高的收入高,境界高,说这个给需要的人吧;也有的人身体没问题,装死装活的。有些政策出发点是好的,到下面落实就完全两个概念。我切实体会到这个。有些人明明自己能做的,按道理子女70%养老责任应该承担,现在民政工作做得好,把子女该承担的责任承担了。要子女干嘛呢?应该承担的义务不能推给我们。虽然政策主要针对"五类"老人,有些老人素质不高的,即使医生评估通不过(拿不到服务)的,最终还是找社区麻烦。
>
> ——B 社区所在街道某工作人员 MT

在 C 案例中,政府主体和社会力量在养老服务递送中的力量相对都不够强大,这使得在政府和社会化力量两端都出现流程不规范的现象。

> 政府的投入在不断加大,想将那些符合条件的老年人都覆盖进来。我们也考虑到财政与服务对象配置的问题,即谁出钱,政府出钱谁享受。"三类"老人可以享受,但是终究有财政约束,有些老人可能未能纳入政府购买中……社会组织的能力还比较弱,现在除了政府购买,还可以申请项目,但是有的时候服务缺少监督或服务人员自身素质问题,服务做不够或者没有达到准入资格。
>
> ——拱墅区民政局工作人员 ST

从以上流程规范程度来看,以上三者都受到政府财力波动而使其规范性受到影响。案例 B 还受到老年人自身因素而干扰了正常的购买服务行为。案例 C 则受到社会组织的行为规范性影响。这些因素对不同类型的流程运作产生了不同程度的影响。

(二) 流程的效率：资源投入与产出之比、资源整合效率、服务利用率

1. 资源投入与产出之比

目前，政府在社区工作中将社区养老服务作为重点服务内容。从以上三个案例类型看，由于其流程的要素构成不同，其流程的效率存在着差异。就资源投入和产出之比来说，该指标在"输入"和"输出"中有所谈及，同时由于这种投入和产出之间的比较涉及的内容较为复杂，难以清楚表明谁多谁少，在这里仅结合访谈资料对其进行简单评估。

资源投入主要表现在人力、物力和财力方面。从案例 A 来说，在这种政府主体占据绝对主导的类型中，往往强调政府的主导责任，侧重于资源的投入，而对其服务投递的经济性并不作为其政策实施的主要考察点（除在站点服务中有所考察）。从图 3-1 流程看，老年人可以无偿和低偿获得站点服务和上门服务。政府通过各种财政补贴实现了对供方和需方的双重补贴，既对基础设施、服务人员薪资方面进行补贴，也通过补需方来提升老年人的购买力。另外，社区建设费拿出一部分用以贴补社区内的养老设施，总体上来说这种补贴力度较大。故此，从社区养老服务设施看，数量和质量都比较高；从服务队伍建设看，一支由社工、助老员和家政服务人员组成的养老服务队伍，能够为老年人提供基本照料服务。

尽管如此，这种类型由于仍旧受到财政限制以及劳动力市场的供求关系影响，在服务人员方面经常面临人手不足的问题。在居家养老服务人员培训和薪资方面的支出相对较低，社工月工资一

般在 3000 元左右，而提供上门的家政服务员工资更低，尤其体现在对特殊老年人的家政服务上，定价标准不高影响了服务人员的稳定性。

> 社区老龄化比例超过 20%，以致人员和服务的供给都很吃力，接受服务的老年人远远超过养老服务人员的适当比配。同时在社区工作人员配置上，经常一名社工加一个助老员要管理 300 户社区居民（包括其中的老年人），以致经常面临人手不足的问题。
>
> ——A 社区某主任 LM

从政策覆盖范围来说，政府购买的家政服务仅将部分失能、半失能老年人纳入政策覆盖范围，未纳入购买的老年人难以获得有效的服务支持。尽管通过引进社会组织和营利组织，在某种程度上增加了投入，但是由于基础设施方面都由政府和社区直接兴建和提供，而同时社会组织的培育也依赖政府的直接支持，因此由他们自身在人力、物力和财力方面的投入并不多。一些由社会组织招募的家政服务人员的薪资水平较低，更使其服务质量难以保障。

> 目前我们（管理人员）的工资不高，大概 3000 块左右，服务员的工资还要低一点，大多 2000 块不到。因为我们在政府购买价基础上还得做一些管理费用的扣除，当然他们还可以从事多份家政工作，比如在我们对她上门服务的排班以外时间，她还可以做些别的事情，这样有余外的收入。
>
> ——A 社区某主任 LM

对社会组织和营利组织提供的服务，如家政服务、站点服务等，尽管政府可以直接评估其经济性，但有很多服务很难评价其投入和产出之比。正如 A 社区某工作人员所说，很多时候社区养老服务很难用这种投入和产出比来进行评估。可以说，这种政府占据绝对主导的案例类型中，更加强调对老年人服务权利的保障，倾向于通过行政层级的投递渠道来实现服务的递送目标。

在案例 B 中，由于政府多借助社会组织来实现养老服务的递送，因此在该案例中，更多的是考察社会组织递送服务的效率。当然不可否认的是，虽然投递策略上购买服务大多依靠社会化组织来运行，但由于社会化组织在生产和组织投递方面的能力还十分有限，还需要政府进行培育和支持。许多服务需要政府直接出资、培训人员、提供设施等，使得政府在社区养老服务方面的支出较大。案例 B 社区所在的街道 2013 年在养老服务方面的投入达到 140 万，2014 年投入则达 160 万，资金投入非常大。由于公共养老服务政策覆盖面较广，不仅包括特殊老年人还包括普通老年人，因而根据不同评估结果而施行的不同比例补贴，也构成政府的主要财力支出。

> 政策主要针对"五类"老人，区里根据自己的财政政策覆盖面再具体一点。我们江干区的覆盖面还要大一点。60 岁失能半失能的，现在政府这个免费免单的；还有 90 岁以上身体很好的，可以享受保底的。评估的时候很多参数要考虑，主要根据身体状况。在华家池月收入一万多的（老年人）很多，超过 3000 块的自付比例要更多。按杭州市的政策，（符合条件）享受的老年人没有这么多，但是江干区肯定要大于这个数量。
>
> ——B 社区某主任 SL

在物力投入方面，不仅通过资源整合来对一些设施进行改造，例如街道服务设施改租为自营，民政根据设施规模、等级给予补贴，同时在社区积极打造"5 分钟生活圈"，比如在社区交叉的地方，依据方便的原则，社区居民之间可以资源共享。在人力投入方面，通过社区管理体制改革形成了区、街道（镇）分层分级的社工管理机制，打造了一支由社工、助老员、志愿者等组成的养老服务队伍。当然，对于案例 B 来说，更多由社会组织和营利性组织来施行，因而这些投入更多可以从其主体运作来体现，其在人力、财力、物力方面的投入反过来也取决于政府的购买力度。

在案例 B 中政府为特殊老年人购买上门家政服务之外，也以项目和补贴的形式为社会组织和营利性组织的活动提供支持。随着政府购买力度的加大，社会组织在人力、财力和物力方面的投入也随之加大。目前由政府购买的社会组织服务正面向更多的社区老年人，其评估范围不断加大，并根据需要招聘家政服务员，服务人员与老年人的配比可以达到 1∶5，同时还在社区居家养老服务站配置 1—2 名管理人员，具体为老年人经办居家养老服务。在财力方面主要体现在服务人员和管理人员的薪资以及培训方面的花费，有些社会组织还会在组织某些活动时聘请外部专业人士。那些营利组织，例如 B 社区引入的"慈爱嘉"，在对居家养老照料服务中心管理的基础上，为老年人提供多元化的服务，其人力、财力和物力的投入遵循市场化的成本效益，尽管在策略上仍旧可能采取"低价"的方式来操作，相对于社会组织、政府主体来说，营利性组织提供社区养老服务的经济性无疑是最高的。

在案例 C 中，由于受到政府财力投入的影响，政府主体和社会化主体的持续动力都不是很足。尽管政府的财力投入在不断加大，但是服务生产的内容、覆盖范围以及服务的质量都不是很高，在人力投入上仍旧比较有限。尽管鼓励通过政府购买引进社会组织，但仍旧由于购买价格较低难以保证其服务的质量。案例 C 所在的区级政府还通过自行组建上门家政服务队伍，并为这种服务提供补贴，但是人员素质以及服务数量、质量仍旧无法得到保证。在物力方面，按照市级政府要求和区级财政实际状况,在街道和社区不断加大对于一体化服务站点以及老年食堂的建设,正努力搭建居家养老"15分钟"医疗健康服务圈。

尽管如此,这种政府与社会化力量基本平衡的案例类型,服务的投入和产出之比并不高,甚至存在资源浪费现象,比如由区级民政局组织的上门服务。

> 现在政府对于这块的投入很大,但是有很多服务并不怎么接地气,比如在我们社区,对于失能老人,由民政局组织专门的机构提供上门服务,但是由于接受评估的老年人很多,相关服务却跟不上。很多上门的服务人员由于缺乏管理,在服务中很随意,经常受到老年人的投诉。他们的工作人员是区里找的专业机构提供的,但很多是几家家政公司拼凑起来的班子。政府的出发点是好的,但是实际操作却不好。
>
> ——C 社区某主任 LX

当然,对于采取的投入和产出之比或者服务的经济性指标,有访谈对象提到,养老服务的复杂属性以及政策目标的复杂性很难以经济性来衡量。

> 这种服务很多说得上经济不经济。固然政府也希望用最少的钱来实现最大的效益,正如家政服务的招标价一样,20元的价格比市场上来说是要经济一点,但是效果怎么样呢?这种养老服务很难用经济性来评价。
>
> ——C 社区某主任 LX

就三个案例来说,这种投入和产出之比,或说经济性,一般来说案例 B 这种依托社会组织来运作的服务递送流程相对上要高一些。而案例 A 主要依靠政府来运作的服务递送由于对于政策的公平性和老年人的权利考虑较多，经济性指标的考察较少。案例 C 这种则处于两者之间，投入和产出都比较小，因此经济性指标表现一般。

2. 资源整合效率

由于居家养老服务涉及多个部门，由于部门之间缺乏衔接和整合，使得其投递的效率比较差。由于社区养老护理与社区卫生服务中心的资源没有很好地整合，不同的部门经常在服务递送上出现碎片化；同时为老服务人员构成复杂，与各种老年服务机构缺乏良好的衔接机制。这种整合方面的问题一般表现为如下几方面：一是社区养老服务与健康卫生服务资源没有很好的整合；二是服务队伍没有很好的整合；三是组织机构之间缺乏衔接机制。这种整合和衔接方面存在的问题影响了居家服务递送的效率。

在案例 A 中，考虑到医疗服务和养老服务的分割，其所在的西湖区将那些居家的与 2011 年省的评估补贴制度基本重合在一起，这样覆盖的对象范围更广，把轻度、中度、重度失能的，收入低于 3000 块的都覆盖进来，即根据失能状况来确定服务的形式和补贴的标准，这些初步改变了养老服务和医疗服务分离的现象。

> 我们将原初针对特殊老年人的喘息服务概念扩大，实行特惠与普惠相结合，即把居家的针对失能老人的服务归纳到这一块，而那些不符合居家照料条件的，只要老年人提出，就送到机构去。
>
> ——西湖区民政局某工作人员 CN

在人员方面则打破社保部门和民政部门的用人管理权，强调谁使用，谁管理。其人员一方面来自于社会服务实体，比如巾帼西丽，由他们对那些 4050 人员进行护理培训（包括急救、人工呼吸、清洗呼吸道等）。另一方面借助医护主体，与医院对接。主要通过对专职院校提供奖补的形式①，或借助专业化组织例如慈爱嘉，由他们的专业化人员对老年人提供上门专业化的服务。与此同时，通过技术创新实现基础信息整合，通过助老呼叫中心、养老服务信息管理系统、智慧养老云服务网站三位一体平台实现不同组织机构服务之间的衔接，并根据服务类别由不同部门提供补贴。

从以上看，案例 A 正通过社区管理机制的创新，对服务递送流程中由于部门和服务分割造成的障碍提出了针对性的措施，从很大程度上促进了资源整合的效率。

在案例 B 中，由于其政策覆盖范围更广，老年人可以享受不同比例的补贴，即将失能半失能的 5 类居民纳入养老服务专项补贴政策，其他老年人根据收入高低也可以享受一定程度的财政补贴，这在很大程度上提高了其从市场购买服务的能力。这也是其最大的特征，即老年人在公共品和私人产品之间存在一个过渡衔接，但是这种对接主要表现在基本生活照料服务方面。在医疗服务方面则以社区卫生服务中心为主体，由责任医师团队为老年群体提供专业医疗服务，通过建立档案为他们提供上门医疗服务。可以看到这种养老服务和医疗服务之间仍旧是一种分割的关系，由不同部门来进行管理。

在人员队伍的构成方面，B 社区由"夕阳红"居家养老服务中心对 4050 人员进行培训，组成上门家政服务队伍，而站点服务则由慈爱嘉专业养老服务中心人员提供生活照料、医疗保健、安全保障等六项功能服务，同时由社区居民、辖区单位、社会组织组成的"姐妹帮扶团"和"银龄互助志愿服务队"等构成志愿服务队伍，这种基于服务内容形成的人员分工有效地发挥了不同组织的作用。

---

① 大学或专职院校毕业后到养老机构或养老实体提供老年护理、医疗护理服务的，给予不同程度的补贴。

与此同时，通过整合街道和社区资源，优化智慧系统配置，通过"微管站"和"淘社区"对老年人进行分类定级照顾，并集合线上资源为其提供衣、食、住、行、乐等便利服务。在这里社区主要依靠街道行政机构和现代信息技术来实现不同服务资源和不同组织机构之间的衔接。

从案例 B 可以看到养老服务和医疗服务之间的资源分割仍旧存在，但是在人员方面这种基于服务内容形成的分工又的确可以发挥其特长。尽管要涉及社保、民政和卫生等不同部门的分工合作，而在组织机构之间的衔接方面则从行政系统的管理体制改革和现代信息技术两方面来实现，这也成为社区养老服务递送需要加强线上线下渠道一体化建设的直接依据。

在案例 C 中，养老服务和医疗服务部门之间的分割和组织资源不能衔接的问题也经常存在，不仅存在机构照顾中，在社区照顾中也因为这种分割，家庭病床的设立、床位的设置等面临各种障碍。

> 现在主要的问题就是组织资源不够畅通，现在养老服务涉及老干部局（离休）、卫生局（免费体检、健康档案）、计生局（失独老年人）、老龄委（高龄补贴、志愿者组织）等，相互之间缺少整合。对于卫生部门来说床位是紧缺的，但是许多慢性病老年人挤占了床位资源，因此他们想与敬老院合作，这些老年人可以去那里住，结果不行，是医保不通的问题。卫生局下属的地段医院，采取属地管理的方式，几个社区老人可以在这里看病，但不能跨地域做服务，这里面固然存在怕有人骗保的现象，但主要还是资源利用存在问题。
>
> ——拱墅区民政局工作人员 ST

尽管如此，随着医养结合的推进，也开始有专业的医院和社会组织介入到社区老年人的健康服务中来，但由于医保以及与其相关的分级财政问题，使得像家庭病床这样的服务推进缓慢。

在人力配置上，案例C中强调财政与服务对象的配置，即由财政出钱解决"三类"老年人的基本生活照料服务问题。这部分由政府购买的社会组织来提供，一般服务队伍由招募的社会人员组成。"三类"之外的其他老年人要么自费购买服务，要么由4050的公益性岗位解决。在老年人医疗服务方面则由社区卫生服务中心为主体，由他们为老年人提供一些简单的咨询、配药、诊疗以及部分上门服务；同时由社区企退人员成立自管联谊会，开展健康讲座、户外旅游等大型活动，提供邻里之间的志愿服务，这样几支服务队伍形成了基于不同服务内容的人员分工。另外也通过呼叫器、老年手机以及站点一体化平台等打破原有组织机构的层级化，形成不同组织机构、不同服务之间的衔接，但从总体上这种平台背后所装入的服务之间衔接性仍旧很差。

从以上内容看，案例C中不同部门之间的分割仍旧存在，尽管医养结合尤其是家庭病床的推进可以在基层福利政策上有所创新，但仍旧面临种种困难和挑战，在人员配置上形成了基于不同服务内容的人员分工，在组织机构衔接方面借助站点和信息技术平台也并不理想。

3. 服务利用率

杭州市政府在社区养老服务方面的全覆盖无疑为老年人提供了基本的服务保障，但是笔者在访谈中也看到，存在利用率不高的现象，这些可以从老年人对家政服务、助餐、居家养老照料服务中心、社区医疗卫生服务的利用率来具体说明。

从案例A看，其基层政府对居家养老服务的投入还是偏重于能直观反映政绩的基础设施建设。无论是居家养老服务中心（站）建设，还是养老服务设施和服务场所建设，都是政府一手操办。各种居家养老服务基础性管理工作，也主要是由政府工作人员来负责，但是政府的人手有限，就只能采取挂靠社区的办法，由街道或者社区的工作人员来兼职管理。杭州市要求每2—3个社区就要建一个综合的社区居家养老服务照料中心，但在案例 A 中，由于位于主城区，房屋设施、人员配套价格比较昂贵，并没有达到预期的标准。而这种照料中心的床位比较有限，同时主要提供的是日间照料，不是全天候服务，这就形成一个悖论：健康的老年人用不上，不健康的老年人不愿意出门，这样造成其实际利用率非常低，床位的空置率非常高。

> 一体化的社区照料中心需要比较大的投入，几个社区有一个就不错了，居家养老服务站每个社区都有的，现在升级到居家养老照料中心，有简易的床位，折叠式的。每个社区大概有十几张。今年刚刚有个标准下来，不过现在很多老年人也不来。走不动的老年人不会到社区，他们都是以看书、打麻将为主。日托所，家里没有办法照顾的，家人也不能及时把老人接过来，这种护理的只有医院和敬老院才可能做到。
>
> ——A 社区某主任 LM

在案例 B 中，近几年来由于引进了慈爱嘉组织，通过开展丰富多元的老年活动，提高了居家养老服务中心的利用率。在上门服务方面，由于这种服务是政府针对特殊老年人购买的家政服务，采取居家养老服务券形式，须当月使用，不能累计使用，因此老年人的利用率非常高。而目前比较热的公益创投项目，则由于能够契合社区老年人的需要，利用率也比较高。

> 慈爱嘉每天对老年人使用人数进行登记，其服务内容不仅包括老年食堂，还包括看书、手工、运动器材、电视等。市里面要求的是日间照料中心，我们街道在日间照料功能前提下只是冠有了自己的品牌，叫法不一样，现在里面的床位也有的，

完全失能的是不可能来的,专业的医生是没有的,有的老年人生活可以自理,中午有床也可以休息的。由于我们现在对慈爱嘉是有考核指标的,他们会组织各种活动来增加人气,所以现在站点利用率还是挺高的。

——B 社区某主任 SL

相对于案例 A 的政府行政驱动模式,案例 B 中的这种依赖社会化主体进行服务递送的方式,由于自身的目标导向比较强烈,同时政府规制和定期的监督及评估使其不断地更新自身服务投递过程的管理能力,且更加注意契合老年人的需求,从而提高了服务的使用率,同时也由于购买补贴力度加大,普通老年人的购买力提升了,也刺激他们从市场中购买更多的适合的服务产品。

在案例 C 中,虽然政府投入在不断加大,但相对于老年人的需求仍旧远远不足。在纳入政府购买的上门家政服务方面,目前服务的 52 个"三类"老人(包括离休干部、五保户、独居等)对其使用率较高。尽管也有老人对于服务的形式有一些不满,但是总体认为这种服务对其帮助很大,因而利用率较高。在站点服务中尽管引入了社会组织,但是存在驱动力不足的现象,也影响了其服务的使用。在 C 社区中老年人的活动得益于企退人员以及社区自身工作人员开展的一些活动,引入的如慈爱嘉等社会化主体作用还未真正显现。相对于这些免费和低偿项目(比如社区助餐服务),采取收费形式实现提供的服务利用率更低。对于慈爱嘉的引入曾经在社区反响很激烈,老年人对于收费项目还是很敏感,目前的利用率并不是很高。这与老年人自身的消费观念有关,因此养老服务市场的推进较为困难。

在杭州我们也在看,包括民政,杭州对老年人投入很多的,但是随之而来的也给退休人员一个错觉,我是可以享受这些政府免费服务的，而且觉得不管是政府提供的还是社区提供的项目，今后都要免费，包括刚才讲的呼叫器啊，所有的设备都是免费的。就是说免费的午餐享受惯了，一旦要问他收费，他会很不适应，而且觉得收费很离谱，这也需要一个观念转变的过程。

——C 社区某主任 LX

（三）服务对象满意度：服务可获得性、便捷性以及服务质量评价

杭州市作为浙江省的省会城市，其经济能力较强，整体上社会福利正呈现从特惠向普惠发展的趋势。相对来说较多的老年人经济能力较强，从而使得他们对于老年的生活质量较高。从总体上来说，老年人对社区养老服务的满意度较高，但是在具体的服务过程中仍旧有着诸多不如意的地方。在这里通过服务可获得性、便捷性以及服务质量评价三个指标来评测服务对象的满意度。

1. 服务可获得性

该指标涵盖服务的覆盖范围，也包括能否得到足够数量和质量的服务（即想要的服务当前的养老服务市场是否能够满足）。

在案例 A 中，这种行政驱动式的服务递送往往强调服务的标准化和统一性，同时其政策目标主要针对的是"三类"老人，提供的是基本的公共养老服务，而覆盖的范围也相对有限，采取需求评估的打分标准往往也是根据财力的多少而不是基于老年人需求。这样公共养老服务产品自然难以满足不同类别老年人的需求，而提供的服务对于有一定经济能力的老年人的吸引力也不高，使得他们对于居家养老服务的感受一般，而觉得自己不需要提供的服务。

> 针对老年群体绝大多数我们主要做一些发放工作,健康服务方面除了卫生服务中心提供的,目前这方面的服务还比较少。对于享受由政府购买服务的老年人,一般提供服务时间是16个小时,根据其身体情况、收入等条件,不过也要看财政情况。他们家里有什么问题也会找到社区,民政主要管的还是低保的那部分老年人。
>
> ——A 社区某主任 LM

同时,在政策操作中,划定的经济标准比较低。随着收入水平的整体提升,进入到政策目标中的老年人将越来越少,这进一步影响了政策覆盖的范围。

> 对于老年人来说,目前政府指定的经济标准太低了,支持的力度有限。他们的护理需求还是挺大的,很多老年人都是由子女轮换来看望,然后有一个保姆。有些瘫痪的老人,都是亲人照顾。比如我们这里有一个失能老人,就是因为(政府)有个3000块的标准线(收入标准)卡在那儿(不能纳入政府购买)。3000块钱现在真不够,我们现在手头21个这样的老人,有可能收入超过标准,明年可能符合条件的人又会减少,那就又要拿掉几个。
>
> ——A 社区所在街道工作人员 XD

当然,A 社区也通过引入社会组织,在一定程度上保证了老年人可以获得足够数量和质量的服务。但总体上说社会组织目前的服务内容受制于进入的形式,很多时候主要集中于养老服务的转介平台的搭建,或者通过政府购买而集中于家政服务。服务内容虽然覆盖到上门送餐、陪医问药、情感交流等多方面,但是家政服务仍旧是当前居家养老服务的重点,社会组织的介入也主要集中在此。对于很多老年人来说,只不过服务人员从政府雇佣变成了由社会组织从市场上招募，没有太大的差别；对于健康程度较高的老年人来说，主要享受由政府购买或支持的某些文娱体育服务，参与在星光老年之家提供的图书阅读、下棋以及相应活动。社会组织的作用并不明显，更多的仍旧依靠社区资源和群众自发的行为，可以说当前社会组织的内容创新不足，影响了其在社区养老服务方面的持续影响力。

案例 B 由社会化主体力量来具体进行养老服务的递送，它们以更加灵活的方式为老年人提供了多元化的养老服务，同时通过对超过政策标准线的有一定经济能力的老年人提供补贴，提升了他们从市场购买服务的能力和意愿，同时也刺激更多的社会化主体进入到服务供给中来。这样财政补贴政策基本实现了对所有老年人的覆盖，同时由于社会化主体的灵活性和适应性，也由于老年人的购买能力得到支持，使其他们可以从不同主体获得多元化的服务。

当然，目前社会组织和营利性型组织在提供的服务专业性和内容方面也受到一定因素的影响。比如，在 B 社区，尽管政府购买的一些提供居家养老服务的企业已经开始品牌化和连锁化，并开始提供从养老机构、护理院到社区照料的全生命周期式服务，但在社区服务中仍旧以站点管理、家政服务为主，养老机构以及护理的专业化资源尚没有进入社区，不同养老方式之间仍旧存在严格的区分，从而限制了其服务的专业性和内容的丰富化。

案例 C 中由于政府和社会化主体的运作能力较弱，使得纳入政策覆盖范围的主要是独居、空巢等"三类"老人，同时老年人可以获得的主要是一些基本的生活照料服务。在调研中发现老年人可以获得的主要为上门服务、站点服务以及老年手机等服务，在照护方面所获得的服务相对较少，家庭病床的推进还比较缓慢，申请人数比较少。因此，可以说，从服务的可获性来说，还比较局限于一些基本生活照料服务。虽然也引入了专业化的社会组织，但是慈爱嘉这样的社会组织还主要在站点管理方面发挥作用，在专业化服务方面的功能还没有真正发挥出来。

> 慈爱嘉目前只是把我们的站点管理起来，我们也提出来应该发挥他们的强项。以护理为专业，我们也给予他们一个庞大的市场，去年区民政局也有一项对老年人评估的工作，我们街道的评估都是让慈爱嘉做的。我们也提出来，从长远发展看，光做站点是不行的，费用是不高的。前几天我们街道包括第三方坐下来进行了商讨，本来今年五月他们的服务到期了，真正来说，没有起到它的应有作用。如果做站点管理的话，我那天也不客气地说，4050 的人员就可以做，没必要请你们，街道给予的津贴不多，对你们来说意义不大，但这是你们打开市场口子的机会。
>
> ——C 社区某主任 LX

2. 服务便捷性

指的是老年人获取服务的难易与否。在以上三个案例中，基于都形成了站点服务、上门服务以及养老服务信息平台等线上线下的服务递送路径，使得老年人可以较为容易地获得所需服务。

A 社区所在的西湖区构建了援通助老呼叫中心、养老服务信息管理系统、云服务养老网三位一体的信息化平台，同时也形成了从站点到上门服务的线下渠道，尤其是智慧养老云服务电子地图更是为老年人便捷地获取服务提供了极大的帮助。在案例 B 中也基本上遵循了 A 社区中的线下线下服务路径，同时由于社会组织和营利性组织的参与，还搭建了不同市场的衔接关系，使得老年人可以便捷性地获得多元化的服务。案例 C 中同样如此，不过线上渠道尚没有系统化，信息技术平台的搭建还存在较大发展空间。

3. 服务质量评价

该指标是以老年人的满意度测评为依据。在以上三个案例中,服务质量评价与政府投入、社会化主体的介入程度等有很大关系。从整体上看,案例 A、案例 B 的服务质量比较好,如下做进一步阐释。

在案例 A 中,这种行政驱动式的养老服务递送方式,由于政府投入较大,尤其在站点服务方面的投入较大,通过与社会组织以及营利性组织合作,为老年人提供了较高质量的服务产品,同时通过整合养老服务和医疗服务,为那些失能和半失能的老年人提供了居家或机构补贴,保证了老年人较高的生活质量。

然而在社会化力量的介入方面,还存在不足。政府虽然以招标的形式来购买相关服务,但是某一街道通常都是一家公司来提供居家服务,并不能形成有效的竞争,这也直接影响了其服务的质量。营利性组织更因为盈利的需要,较小的利润空间影响了高质量服务的输出,目前服务人员的构成受制于政府购买的价格,人员素质较差。政府通常以 20 元的价格向招标企业购买,然后由这些企业从市场招募家政人员,企业还要有一定的盈利,这样服务人员到手差不多只有每小时 13.5 元(唯一的优势是闲时可以找另外的工作),完全市场化的家政服务价格通常可以达到 30 元以上,所以招募人员的素质以及提供服务的动力都不高,也影响了服务的质量。

> 我们不希望他们来做,还不如发券。有的时候我们年龄大了也不清楚的,护理员说做了(家政服务)让签字,但服务时间没有到,有些活也做不细。还有他们如果 25 块(结算的价格)拿不到,就会把气发在我们身上。因为政府让他们来做,我们有时也不想说什么,怕他们更不想做(服务)。
>
> ——A 社区老年访谈对象 CX

在案例 B 中，依靠社会化力量的服务递送模式总体上由于存在相互竞争，同时由于政府购买力度较大，质量水平较高，老年人对他们提供的总体服务满意度水平较高。当然仍旧需要面对社会组织自身的专业化能力不足的问题，通过政府购买服务进入养老服务的社会组织，大多采取从市场招募的为老年人提供上门服务的家政人员，而社区助老员主要来自于沉淀在社区的"4050"人员，人员素质也不高。而社会组织又往往受到财力上的约束，出于成本的考虑难以保证人员服务的水平；其次很多社会组织都是从社区草根组织发育而来，还有部分是从其他行业进入养老服务领域，专业化水平有限，不仅管理者缺少相应的经验，其提供专业化服务的能力也极大地影响了服务的质量，难以承接政府原有的职能，影响了老年人对他们的信任。对于营利性组织来说，服务的双向选择机制使其能够面向老年人的需求，为其提供较高质量的服务，从而使得老年人的服务满意度比较高。当然，政府购买的家政服务，以既定的价格提供服务，虽然必须保证服务的质量和水平，但是在总体上竞争不大的情况下这种服务的质量并不能得到保证，进而影响了老年人的满意度。

> 政府投钱很多，现在我们可以到养老服务中心（设在街道的一体化站点）去参加一些活动，还可以有免费的量血压、健身等服务。现在政府很照顾我们的，每个月除了有人上门服务，社区里也挺关心，会经常派人走动，没有什么不满意的。……如果能动都没什么关系，就是生病比较麻烦。我们腿脚不方便，老是跑医院有点应付不了，现在社区里（在医疗方面）还没这个条件。
>
> ——B 社区老年访谈对象 YT

在案例 C 中，由于政府财政投入和社会化主体力量不足，影响了其服务输出的质量。尽管以企退人员组成的志愿队伍在社区养老服务中发挥着重要的作用,但这仅仅能作为补充。虽然也引入了社会组织,但是由于社会组织依附于政府及其附属机构,难以独立自主提供公共服务,更无法满足社区居民多样化的动态需求,从而严重破坏了其动员社会资源的机制,也影响了其服务投递的效果。另外,社会组织自身服务能力问题以及制度环境存在的限制性因素,使得社会组织在承接政府转交的公共服务能力方面还面临着广泛的质疑,不仅影响了公众对于政府公共服务能力的评价,也使得公众对于社会组织的信任度不断下降,这种进退失据的境地极大了影响了服务的有效供给。企业也同样如此,由于进入社区为老年人提供服务的内容是受到严格规制的,其提供服务的种类和数量相对来说是比较少的,集中在居家养老服务、护理服务等,同时企业在专业化服务的能力方面还不高,这些也影响了其服务的质量。

> (社会组织的)服务人员是从外面招聘的,我们跟他们也不熟,不知道他们是从哪里来的,有时候还担心他们把东西弄坏。(上门)时间上有时也掐不好,他们要来,我们还要在家等。本来是好事,结果变成一种负担。服务对我们还是挺有用的,说明政府还能记挂我们这些老人。不过那些人,有的时候做得好,也有做不好的时候,还不如我们自己打扫。
>
> ——C 社区老年访谈对象 CP

通过用以上三大评价指标八个子指标对案例进行评估,可以看出,不同的服务递送流程由于要素关系不同,在流程递送的规范性、效率以及服务对象满意度方面也会存在差异。在这里我们基于以上比较形成如表 3-3:

表 3-3　基于三个评估指标的案例比较分析

流程评价指标		案例 A	案例 B	案例 C
流程的规范程度	规范化和标准化	良好	较好	较差
流程的效率	资源投入与产出之比	较差	较好	一般
	资源整合效率	较好	较好	一般
	服务利用率	一般	较高	较低
服务对象满意度	服务可获得性	较差	较好	较差
	便捷性	较好	较好	一般
	服务质量评价	较好	较好	较差

从以上图表可以看到，案例 A 这种以政府占据绝对主导地位的类型，由于在流程效率方面和可获得性方面其更加关注政策目标的瞄准性而导致服务生产种类有限，覆盖面也比较有限；相对来说案例 C 则由于财力和社会化主体动力不足，其在流程规范性、流程效率和服务对象满意度方面都有不如意的地方。而相比案例 A 和案例 C，案例 B 由于财政投入大，对社会化主体的鼓励和支持也比较大，多元主体的协同合作使得社区养老服务的投递效率和服务对象满意度较高。可以说，要提升社区养老服务递送的效率就必须回应这些问题。

第三节　社区养老服务递送流程的优化策略

从以上杭州市的社区养老服务递送流程看，在服务生产、服务定价、渠道构建、服务接收方面都存在着不足，因而其递送的效率还有待提升。在服务生产中其主体能力和服务内容方面尚难以回应老年人的需求；而服务定价机制大多以政策目标定位来区分，尚没有建立基于老年人自理能力和经济水平的综合定价机制；在渠道构建则更多依靠社区居家养老照料服务中心站点和部分上门服务的投递；在搭建信息化服务网络渠道以满足个性化需求方面还面临着不足，尚不能实现线上线下一体化的服务渠道和综合化平台；在服务接收方面主要是老年人的满意度并没有达到政策的预期，这主要原因是前面三个环节存在问题。从流程比较分析和评估进一步发现这种服务递送离不开政府主导作用的发挥，其不仅影响公共养老服务的投入力度，也影响到社会化主体的发育和成长。而事实上从案例B发现这种依靠多元社会化主体来实现服务递送不仅从流程效率还是从服务对象满意度而言都比较好，当然也存在社会组织承接服务能力和信任感不足的问题。

基于以上案例分析所提供的思路，要进一步改善和优化养老服务递送的流程、提升服务递送效率，就必须在服务生产、定价和渠道三个重点环节上加大力度，分别在这些环节形成改善性的策略。由于在余下章节将对其做深入分析，在这里只是就这三个策略做统揽性的阐述。

服务生产策略。服务生产主体要实现服务良好的投递，就必须在内容和主体能力上做出改进。就杭州市的实践看，以政府、社会组织、企业为主体的服务投递者在投递服务的内容方面主要集中于上门的家政服务、助餐服务以及站点一体化服务，服务的重点主要是失能、空巢、独居等特殊老年人，服务的方式主要针对老年人自身，尚没有考虑到与家庭等非正式网络的衔接。这些问题的存在使得目前的服务生产尚不能满足普通老年人的多元化需求，而对于自理能力较差的居家照顾的老年人，目前的社区在健康服务、康复治疗方面的服务也不能符合其需要。同时就服务生产的质量和水平来说，由于社会组织、企业的主体能力还存在欠缺，在承接政府的公共服务职能方面经常出现"换汤不换药"的现象，不能发挥它应有的作用。故此，要改善服务生产的环节，就应该在服务生产内容和投递的主体能力方面进行改善，以建立更加有效、更加符合老年人需要的社区养老服务生产机制。

服务定价策略。目前养老服务市场的定价基本上分为市场定价、政府定价、政府与市场定价相结合。但是在具体的市场细分中则往往以群体分类为主，尤其在政府规制的养老服务体系中，市场定价的范围十分有限，在养老服务方面往往必须遵循其"福利性"的特性，由政府物价部门核定其服务价格，并不能基于市场需要形成面向消费者的定价机制。而且在实践中对于政府购买和不纳入政府购买的两类人群，形成了不同的服务定价策略，并且由于彼此完全区分，使得政府提供基本养老服务的"社会市场"和老年人自由选择的"经济市场"之间难以衔接。[①] 这要求服务投递的服务定价环节，要回应不同老年人的需求，并且通过政府购买和市场化方式等多元手段来提升其从市场上购买服务的能力，从而需要对整个市场进行合理的细分，在此基础上确立合理的定价机制。

在杭州市，江干区政府不断加大政府购买服务的力度，将更多的老年人纳入享受政府补贴的范围中来，并基于老年人的经济收入确立不同的付费比例，搭建了政策目标群体和一般老年群体基于不同筹资方式从市场获取服务的机制，而该政策的制定标准主要依据老年人的失能程度和经济收入水平。与此同时，在其他区县基本上都遵循经济收入"一刀切"的原则，只要老年人的经济收入超标就不能享受政府的购买服务。本研究考虑到江干区经验的优越性和可

---

① 朱浩：《社会化养老服务体系中的政府角色定位——以杭州市为例》，载《中共宁波市委党校学报》，2015年第2期。

操作性，将其作为重要的政策参考依据，认为以其基于老年人失能程度和经济收入的标准更加能够实现群体的细分和市场的细分，能有效地将不同老年人纳入养老服务市场中来。

服务渠道策略。目前社区养老服务的渠道主要分为线上和线下两种。前者主要是现代信息化网络技术平台，后者则依托社区居家养老照料服务站点进行的"在站"服务和"上门服务"。就前者来说，通过实现不同服务提供商和消费者之间的对接，可以为不同老年人提供基于不同付费方式的多样化服务，既可以满足那些纳入政府购买服务的老年人需要，也可以为中高收入的老年人提供具有较高质量的养老服务产品。信息化平台的建设为老年人获取服务提供了快速的响应机制和更加贴近老年人自身特质的服务渠道。

相对于前者来说，后者的渠道更加倚重于自上而下的公共服务投递系统，其覆盖对象主要是特殊老年人，服务内容上则集中于基本养老服务的供给，社会化程度较低，而且难以应付老年人个性化的服务需求。当然这种传统渠道仍旧十分重要，尤其老年人使用现代技术平台的能力以及自身的心理倾向使其更加愿意从站点获取服务。但是从投递方来说，信息化平台能够更加快速有效地回应到老年人的需求，尤其是当前杭州市实践中信息技术的广泛应用，其养老服务信息化平台成为了社区养老服务的重要渠道和途径。因此，在这里我们将信息化平台建设作为渠道建设的重要策略。

目前的信息化服务平台主要包括政府的政务信息化平台、社区的内网和交互平台，这两个平台构成现代社区养老服务的重要投递渠道。当然也要考虑到老年人不同"生命周期"的阶段性特点，为其提供系统化的照顾服务。因此，在这里还就信息网络技术平台的战术进行了讨论，以更加直接地回应不同自理能力老年人的需求，以通过有效的渠道管理实现服务的良好投递。

小　结

本章主要结合杭州市的案例分析，从服务生产、服务定价、渠道构建、服务接收四个环节对社区养老服务的具体递送过程进行了讨论，并就不同案例类型中存在的问题进行了思考。为了深入挖掘案例类型的价值，对其养老服务递送流程按照"输入、输出、活动、关系、客户和价值"六个要素进行了分析，并进一步根据3大指标8个子指标对其流程进行了评估，以确立流程路径优化的思路。笔者发现案例类型中不同主体运作策略和互动方式以及政府主导作用的发挥，极大地影响了其服务递送的效率，同时不同类型都在不同环节、不同评估指标中存在不足的地方。

基于这些问题分析，提出要改善社区养老服务的递送效率，还必须从服务生产、服务定价以及渠道构建三个环节进行改进。在服务生产方面，应该考虑到服务内容和生产者能力的建设，在发挥政府主导作用的同时应该积极推进社会主体力量的培育和成长；在服务定价方面，要基于老年人自身的特质而不是仅仅以经济收入来进行政府购买对象的定位，还应该考虑到老年人的失能程度，将其作为重要标准来考虑养老服务内容衔接。在渠道环节，则强调信息化网络技术平台的特殊作用，其可以为老年人的个性化需要提供良好的递送途径和具体的技术方案。

第四章　服务生产策略：政府主导下的多元养老服务生产和供给机制构建

从以上章节的分析看，老年人获得服务还存在诸多问题，要求不断强化服务投递起始端点即服务生产者和提供者的能力，从而为老年人提供合适的养老服务产品。就当前养老服务体系来说，提供给老年人的还主要是基本生活照料服务，在服务生产和供给中尚不能很好地回应到老年人比较急切的上门服务、医疗照护服务、精神慰藉等需求，同时基于大多数老年人倾向居家养老的现实，如何对非正式系统提供支持服务也是应有之义。基于此，在这里结合杭州市的实践对支持方式和服务生产者的自身能力两个方面进行深入讨论，以从内容方面保证服务递送的有效性。

第一节　基于不同支持方式的服务内容和项目创新

一、正式服务支持系统

一般认为老年人的基本需要主要集中于日常生活照料、医疗服务、精神慰藉等方面。在当前社区养老服务体系中，其政策目标在于满足老年人的多元化多层次需求，但由于地方政府的财政限制，社会政策目标有着清晰的定位，即重点针对的是失能、独居、空巢等低保老年人。尽管如此，由于政府对于社区建设的支持力度不断加大，社区公共服务得到了快速的发展，一定程度上满足了老年人的基本服务需求。

社会福利资源的提供方式一般分为现金给付（in cash）和实物给付（in kind）两种。前者主要指的是财政资金的补贴、转移支付等；后者则包括助餐、家政服务、陪医问药、情感慰藉等多样化的服务。[①] 目前在杭州市已经覆盖到老年人基本生活的各个方面。当然，从老年群体的分类（依据失能程度和是否有照顾者、经济状况三个维度）和政策的覆盖范围看，目前针对老年人的服务仍旧存在着许多问题。

表 4-1 老年人分类及政策覆盖范围

家庭照顾及经济情况 \ 失能情况	纯老家庭（由配偶照顾）		由亲属照顾老年人		独居老年人	
	贫困	不贫困	贫困	不贫困	贫困	不贫困
健康老年人						
半失能老年人	√		√		√	
重度失能老年人	√		√		√	
完全失能老年人	√		√		√	

注："√"表示目前政策覆盖的对象。

从表4-1看，目前纳入政策覆盖范围的主要是那些低收入的失能和半失能老年人。而对于那些不贫困的老年人，无论失能与否都

---

① 郑功成：《社会保障概论》，中国劳动社会保障出版社2005年版。

难以纳入政策覆盖中来，除了获得社区提供的一些基本公共服务，例如站点服务和社区志愿服务等，其他服务只能依靠家庭成员或自行从市场上购买。需要肯定的是，这些养老服务在很大程度上满足了老年人的需求，提升了老年生活质量，但是也看到这种服务并不能对老年人的购买力形成支持，只能保证其基本的生活需要。对于那些急需的医疗服务或社区小型机构式的专业服务来说，这种实物给付并不能满足这些需求。

因此，还需要强化现金给付的重要性。目前，杭州市对现金给付形式非常重视，充分体现在《杭州市养老服务补贴制度实施意见》中对一类对象和二类对象的补贴上。首先，将失能、失智老年人纳入进来，其次根据地方财力确立中低收入家庭中的失能、失智、高龄、独居、失独老年人的购买人数比例，为他们接受居家养老服务或者入住养老机构提供支持。这种补贴制度有利于提升老年人的购买能力，也又有利于打破养老服务和医疗服务分割的局面，从而为医养结合的发展创造了条件。

陈雪萍等学者对杭州市老年人的需求调查发现，高龄老年人比例高、患病率高、老年人对于社区服务的需求高，这种需求表现在健康咨询、临终关怀、家庭护理、家庭康复、心理指导等专业护理服务上。[①] 正因如此，杭州市社区养老服务体系的内容生产中特别关注到"医养结合"以及专业化资源的社区递送。基层区县已经开始强化医疗服务和专业化服务的内容供给，尝试打破医疗和养老服务资源分割的同时，积极推进服务管理方式的创新，以提升服务生产的数量和质量，其主要表现于以下几个方面：

---

① 陈雪萍等：《杭州市老年人生存现状与社区服务需求调查》，载《中华健康管理学杂志》，2009年第2期。

社区的"医养结合"服务。对于医养结合服务最为需要的是那些慢性病、中度和重度失能的老年人。从相关数据看，老年人的慢性病发病率在不断增加，失能比例也在不断增加。据中国健康与养老追踪调查（CHARLS）[①] 数据显示，2011 年不能自理的老年人有 91.36% 患有慢性病，而城镇这一比例更高达 96.70%。与此同时，据中国民政统计年鉴显示，养老机构的床位在不断增加，养老机构的入住率却在不断降低（见图 4-1），这固然与老年人的年龄结构有关（年轻老年人居多），但也在某种程度上意味着大多数老年人会选择社区照顾，这也使得在以社区为依托的居家养老服务体系中融入医疗健康服务成为政策的重点。从服务的提供者来说，可以是医院、养老院或社区护理院等，由他们为老年人提供基础护理、专科护理、根据医嘱进行处置、临终护理、消毒隔离技术指导、营养指导、社区康复指导、心理咨询、卫生宣教和其他护理服务。

表 4-2 2011 年全国城乡老年人生活自理能力的慢性病患情况

	完全自理	基本自理	不能自理
全国	72.0%	80.0%	91.4%
城镇	77.2%	82.9%	96.7%
乡村	70.2%	79.4%	90.0%

注：根据 CHARLS2011 数据整理计算。

---

① 即中国健康与养老追踪调查（China Health and Retirement Longitudinal Survey, CHARLS）。

图 4-1　每千名老年人拥有的床位数和养老机构入住率

注：根据中国民政统计年鉴（2014）整理计算。

2013 年国务院出台了《关于加快发展养老服务业的若干意见》和《关于促进健康服务业发展的若干意见》，强调养老服务和医疗卫生服务结合，既要为居家社区养老的老年人提供健康管理等公共服务，也要为入住养老机构的老年人，特别是慢性病老人、恢复期老人、残障老人以及绝症晚期老人提供养老和医疗相融合的服务，突出了在社区中养老服务和医疗健康服务结合的重要地位，也推动了各地关于医养结合的实践。

目前地方实践中，医养结合模式主要有三种："整合照料"模式，即由单一机构提供医养结合服务，既有配建医疗机构或卫生室的养老机构，也有具备养老功能、开展老年护理的医疗结构。"联合运行"模式，即养老机构与医疗机构合作，建立双向转诊机制，由综合性医院提供医疗服务，养老机构提供康复期或稳定期的护理服务。"支撑辐射"模式，即社区养老服务中心与医疗机构或社区卫生服务机构合作，为居家社区老年人提供健康服务。[①] 从这三种模式看，很难说哪种更好，但是就发展老年人的社区养老服务体系来说，

---

① 王素英、张作森、孙文灿：《医养结合的模式与路径——关于推进医疗卫生与养老服务相结合的调研报告》，载《社会福利》，2013 年第 12 期。

更应该强调系统化的医养结合模式,即不仅在于医疗服务机构和养老服务机构之间的结合,而更应该构建老年人在医院、护理院和康复护理院以及社区和家庭之间的转介机制,照顾的制度化安排应该为这种基于老年人身体状况和个人意愿的养老提供政策性支持。医养结合不仅体现在机构照顾上,还可以体现在社区照顾体系中,其主要内容就是打破医疗护理与养老服务之间的割裂局面,以老年人的需求来实现服务递送体系的设计。不仅要求专业化养老机构和医疗机构中能够相互融通,也需要在社区中积极推进社区卫生服务中心职能的转变,发展社区老年护理院,同时还应该加快家庭护理机构和平台的建设,推进"家庭病床"服务和转介服务的发展。

对此,杭州市不仅强化养老服务和医疗服务机构的结合,也开始建立社区的"医养结合服务模式",主要体现在如下三个方面:

社区老年护理院的快速发展。这很大程度上与居家养老服务的发展分不开,同时也与老年人的观念和行为习惯有关,即大多数老年人仍旧会选择在社区安享晚年,这也意味着在社区沉淀了大量有慢性病的老年人,他们对于医养结合服务具有很高的需求。然而根据卫生部《城市社区卫生服务机构管理办法》规定,社区卫生服务中心原则上不设立病床,现有病床应转为护理康复为主的病床,或予以撤销。在杭州市社区卫生服务中心有很多是原来的一、二级医院转制而来,还有一定的病床,从而使其在很大程度上可以转变成社区老年护理院。这种立于社区的老年护理院可以为失能、半失能以及慢性病患者、残疾人等提供医疗护理方面的服务。这种服务区别于机构照顾或以治疗为主的医院,可以使得老年人不离开社区,能够经常与子女、亲属以及邻里进行互动,而且这种以社区卫生服务中心为依托的护理服务相对来讲获得的成本比较低,也符合老年人的消费倾向。同时根据老年护理院的功能设定,可以搭建与老年医院以及二、三级医院之间的双向转诊制度,有效地降低医疗资源的浪费。

家庭护理机构和平台建设。在社区养老服务体系中，有很多健康状况比较差的老年人，部分或完全丧失自理能力。这种老年人大多都由家庭成员或保姆照顾，但由于缺少专业技能，家庭成员照顾的质量并不是很高，从而使得老年人对于家庭护理的需求急速增长。根据陈雪萍等在杭州的调查发现，80岁以上的老年人中有40%左右希望提供家庭护理服务，需求较高的依次是：家庭治疗、康复护理、帮助配药及就医、定期探访、心理护理、临终关怀等。[①] 然而社区卫生服务中心现在仅满足于一些基本医疗项目，医生和护士等人员素质不高，难以提供较高的医疗服务，更不要说开展家庭护理服务。

基于这种事实，杭州市推进"家庭病床"服务，强调医疗服务送上门。这种实践为那些慢性病或失能的老年人提供了非常大的帮助，证实了家庭护理机构和平台建设的重要性。家庭护理机构应该依托医院和个人执业的医师，可以为老年人提供基本护理、营养康复、身体检查等服务。在当前由于医院资源的稀缺和医生资格制度还未放开，在我国推进家庭护理，还必须依托社区卫生服务中心和社区附近医院，由医院附设和管理的家庭护理模式可能更加符合当前的需要。政府应该为家庭护理的开展排除政策性的障碍，必须打通家庭病床的医保报销制度、医护人员进社区的薪资报酬制度以及相应的管理制度。只有医疗从机构下沉到社区，再到上门服务，缩短那些重度和中度失能老年人的医疗成本，才能够真正体现居家养老的意义，也才能将医养结合模式落到实处。

"社区—机构"照护服务转介平台的构建。发展以社区为基础的医养结合模式，并不是排斥机构照顾，在某种程度上来说机构照顾

---

① 陈雪萍等：《杭州市老年人生存现状与社区服务需求调查》，载《中华健康管理学杂志》，2009年第2期。

更能发挥养老服务机构或医疗机构的专业优势,而在社区照顾中依托社区卫生服务中心发展起来的针对失能和半失能老年人的照护还比较初级,社区的日间照料中心也难以起到照护的作用,同时老年人自身生理和心理也在不断发生变化,因此,要适应这种老年人生命周期的阶段特征建立社区和机构之间的照护转介平台,以帮助那些有需要在专业照护机构康复治疗的老年人能够尽快从社区过渡到机构。在这过程中需要专业社工发挥其专业化作用,由他们充当个案管理者(case manager),为老年人的照顾提供干预方案和相关知识的辅导,同时及时地为老年人提供相应的衔接资源。[①]

在我国当前机构照顾中经常存在"以医代养"的现象,以致机构床位利用率低下。此外一些养老机构并不具有医疗照护的功能,只能收住自理程度较高的那些老年人,对于失能和半失能老年人根本无能为力。与此同时,医疗机构则由于资源稀缺,开办老年护理经常面临着人员和制度上的限制,因此在社区老年人如何实现转诊或从社区到机构的转介将非常困难。另外机构功能定位的错乱也影响了这种转介制度的建立。目前主要是根据民政部 2001 年制定的《老年人社会福利机构基本规范》来对养老机构进行功能定位,但实践中这种基于民政部门和卫生部门管理的分类相互之间经常存在交叉,以致操作中非常混乱。陈雪萍结合国内外经验对居家养老护理机构、养老机构、托老机构、家庭护理机构以及老年护理院进行了初步的功能定位,认为居家与养老机构的转介要考虑到老年人的功能状况、疾病状况、家庭照护资源、机构床位等因素,而养老护理与医疗护理机构之间的转介,也需要考虑到老人疾病状况、身心功

---

① 全利民:《个案管理:基于社区照顾的专业社会方法》,载《华东理工大学学报》(社会科学版),2005 年第 2 期。

能状况、医疗护理需求以及机构床位等。① 基于以上诸多因素的考虑，政府应该为其转介设定相应的标准，并积极推动老年人在不同照顾方式之间的转介和切换，尤其是从医院到老年护理院，再到社区护理或家庭照护场所之间的转介，这将极大地提高照护资源的利用率，也能够提高老年人生活的质量。

在杭州市实践中，许多区县开始推行"医养护一体化"计划。例如在江干区通过医养护服务管理中心，为老年人提供居家医疗和出院准备服务。前者主要针对失能和半失能者的居家护理、康复、营养、药事服务，后者则指那些出院后仍需要护理或康复治疗的患者，医院会转介医养护管理中心进一步安排居家医疗服务。同时杭州市着力打造医养护一体化智慧医疗服务平台，为不同照顾类型的老年人提供医养结合的一体化服务。不仅有利于打破养老服务和医疗服务系统资源的分割，而且有利于实现不同养老服务方式的融合，其通过构建"社区—机构"的转介机制，满足了老年人的多元化需求，同时也在很大程度上节约了医疗服务资源，提升了服务供给的效率。

（一）机构向社区延伸服务

基于当前社区照顾的专业化水平较低，特别是针对失能和半失能老人的护理服务需求存在服务内容层次低、服务专业化程度低、服务人员水平低等现象，要改变这种局面就必须依托机构，鼓励支持机构向社区开展延伸服务。其主要表现在两个方面：一是机构在社区开展的相关服务；二是依托信息化平台和社会化主体力量打造的"虚拟养老院"。

---

① 陈雪萍：《以社区为基础的老年人长期照护体系构建——基于杭州市的实证分析》，浙江大学出版社 2011 年版。

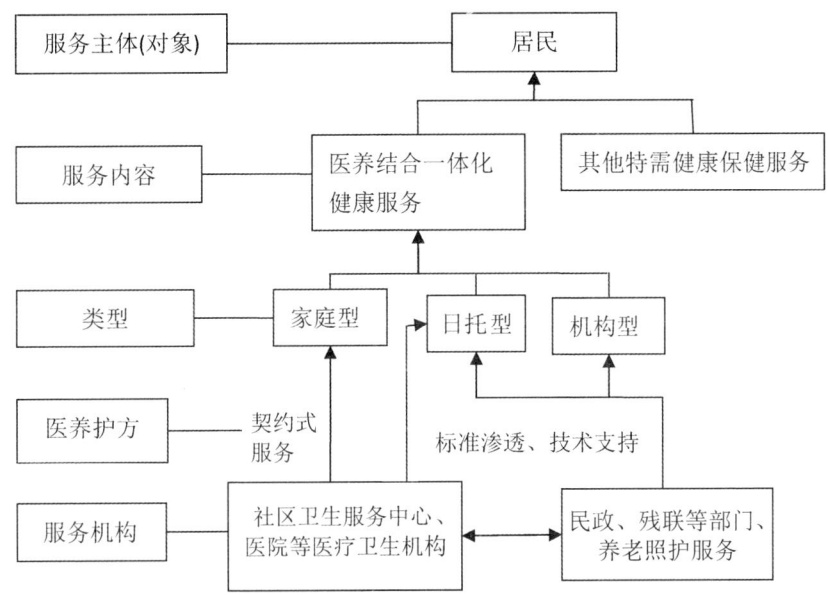

图 4-2 杭州市医养护一体化智慧医疗服务架构①

在杭州市，90%的老年人倾向于居家养老，对于机构照顾的认同相比要低于居家养老。当然由于养老院、护理院地理分布和人口结构特点呈现"一床难求"的现象，但这些主要表现在公办养老院，在民办养老院的入住率并不是很高，与此同时，居家养老的专业化水平较低，难以满足老年人不断增长的需求。正因如此，机构（比如绿康医院、和睦医院）通过在社区开展养老服务，可以实现养老专业化资源和社区服务对象需求的对接，提升了养老院尤其是民办和社会办养老院的资源利用率，也能够通过在社区开展服务，为其积累社会资本和潜在"顾客"打下基础。当前，许多机构开始以各种形式在社区开展专业化服务。比如2009年中国老龄事业发展基金寸草心联盟和某专业养老机构联合起来，以强大的志愿者队伍和养

---

① 《关于推进医养护一体化智慧医疗服务的实施意见》（杭政办〔2014〕8号），2014年。

老机构的专业医护人才，为高龄失能老人提供日常照护、医疗保健和送餐三项主要服务，即所谓的"寸草心养老新模式"。① 该模式作为一种机构服务社区的典型经验，在天津探索成功后正逐步向全国推广。

这种形式致力于为社区养老服务提供专业化的支持，尽管以天津为代表的这种"寸草心养老模式"取得了一定的成功，但是机构的专业化体现得并不是很明显。机构在社区开展养老服务，在强调自身服务专业化的同时要致力于打破当前居家养老和机构养老之间的分野，以一种专业化资源和社区非正式照顾资源相结合的方式，来为居家养老的老年人提供多元化的服务。居家照料的水平将很大程度上依赖于这种专业化服务的质量和水平，但是当前机构向社区的延伸，很多是作为机构品牌化效应和"全产业链"发展的一种手段。比如杭州的"在水一方"，既有自己的老年公寓，也参与到居家养老的政府购买服务中，为老年人提供家政服务等，但是提供家政服务的公司是其旗下的子公司，并不是我们所谈论的那种机构在社区开展服务。要真正实现机构服务向社区的延伸，就不仅是参与，而是机构能够真正覆盖到老年人从基本生活照料到健康和护理、精神慰藉等专业化的引导、康复和治疗方案的一体化服务。将其专业化服务的终端从机构下沉到社区，既可以服务到更多的老年人，也可以为机构的发展培养潜在的客户，从而有利于机构自身的发展。

"虚拟养老院"发端于苏州沧浪区 2007 年打造的"邻里情"虚拟养老院，即通过"居家乐 221 服务系统"这一信息中心和技术平台，对居家养老服务对象实行会员制客户准入管理，强调"政府推

---

① 刘红尘：《以"养老机构延伸服务社区"解决养老难题》，新华网[EB/OL]，http://news.xinhuanet.com/society/2009-10/28/content_12346674.htm，2009-10-28。

动、市场化运作、信息化管理、专业化服务",并基于服务对象的不同,分 A、B、C 三个层面为老年人提供无偿、低偿和有偿服务。① 在该模式中突出强调了服务资源、信息技术和管理手段的整合,尤其是通过市场化机制的引入提高了养老服务资源的供给,从而使其成为一座没有围墙的养老院,可以不受场地和床位限制同时满足老年人分散居住形态的需要。但是,这种服务仍旧覆盖面比较窄,而且提供的内容主要在于基本生活照料。在苏州实践基础上,兰州市城关区也建立起具有自身特色的虚拟养老院。养老院由老人接待中心、呼叫指挥中心和加盟企业管理中心三大板块组成,三大中心通过信息网络进行管理和连接。② 这种通过互联网信息平台的构建,有效弥补了机构养老服务力量上的不足,同时也为机构资源进入社区提供了技术信息化基础。兰州市的实践以"居家养老机构化、机构养老家庭化"为目标,以政府搭建的虚拟网络通信平台为支撑,将老年人的生活需求和企业的专业化服务有机结合,将分散居住的老年人通过注册纳入"虚拟"的养老院,采取政府指导、企业运作、专业人员服务与社会志愿者服务相结合的方式,使老年人足不出户就能得到相关服务。③ 目前,这种形式在北京、上海、天津、杭州等城市开始实现推广。

在杭州市新的一轮养老服务规划中,重点推进"智慧养老服务云平台"的建设。该平台集信息公布、服务受理、公办养老机构轮候、时间银行、网上监督和养老资源整合等七个方面的功能,发挥

---

① 张国平:《居家养老社会化服务的新模式——以苏州沧浪区"虚拟养老院"为例》,载《宁夏社会科学》,2011 年第 3 期。

② 王骏勇等:《虚拟养老院:居家养老"破题之举"》,载《经济参考报》,2011 年 7 月 29 日,第 5 版。

③ 王莉莉:《基于"服务链"理论的居家养老服务需求、供给与利用研究》,载《人口学刊》,2013 年第 2 期。

了"虚拟养老院"的功能作用，老年人足不出户就可以享受养老机构一样的服务。根据杭州市 2014 年出台的《关于加快养老服务业改革和发展的意见》，2017 年之前杭州市将建立起这种智慧养老服务平台，为老年人打造"虚拟养老院"，在 2020 年则建立起城市社区步行 15 分钟、农村社区步行 20 分钟的居家养老服务圈。这种"虚拟养老院"可以为多元化社会主体参与到社区养老服务中提供了契机，同时也有利于满足不同收入层次的老年人需求，在某种程度上体现了社区养老服务领域中的一种技术创新和机制创新，能够提升养老服务的投递效率。这种做法不断被实践证明是一种成功经验，其符合了当前社会化养老服务体系发展中多元主体共同参与的需求，实现了老年服务市场的发展与老年人需求的结合，使其成为当下情境下的一种合理的政策机制。

（二）社工介入式的照顾管理服务

"照顾管理"概念来源于英国，其强调在需求评估的基础上通过社工和相关组织对来自于不同主体的资源进行整合，并为老年人个体提供合理有效的照顾方案。在老年人长期持续照护体系中，被照顾的老年人需要在家庭照顾、社区照顾和机构照顾之间进行转介，而这需要基于对老年人的需求评估，根据评估结果来决定具体的照护方案。

在我国的养老服务实践中各地相继制定了居家养老的需求评估办法。例如杭州市 2013 年制定《养老服务需求评估办法》，针对户籍人口中空巢、独居、孤寡老年人，或市级以上劳模、重点优抚对象、失独、归侨、纯居干等特殊贡献老人或特殊对象，且老年人的退休金或养老保险金在 3000 元/月及以下，年满 60 周岁以上的老年人，已经建立一套针对居家老年人的需求评估体系。该评估体系由主要参数、附加参数和背景参数组成，根据最终的得分确定服务对象享受养老服务补贴及享受补贴的档次，明确其接受服务的方式

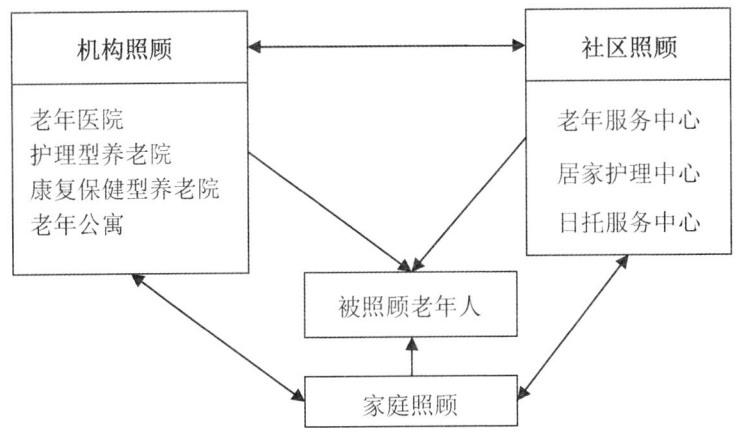

图 4-3　老年人的长期持续照顾服务体系

(居家养老服务或入住养老机构)。尽管这种需求评估十分重要,但是由于其覆盖面比较窄,而且主要涉及的是居家养老服务财政补贴的问题,还没有涉及不同服务主体资源的整合和转介的问题,与"照顾管理"的内涵还存在着较大的差距。要真正发挥需求评估的作用,就必须将其覆盖面进一步扩大,以一种政府购买和市场化服务相结合的方式来实现供给,基于老年人的需求评估结果来提供个性化的照顾方案。

这种个性化的照顾方案要求社工的主动介入,要求以个案管理的方式来对老年人的需求进行管理。它提倡的是以社区为基础的长期照顾,其目的在于通过整合、协调社会服务资源,以整体性的服务方案对高危人群提供专业化的、持续性的和个别化的照顾,确保对案主的服务质量,从而在满足案主照顾需求的同时,增强其自立生活能力,并达到政府成本控制的目的(详见图4-4)。

在这里要根据需求评估的结果,确定老年人个案管理的具体模

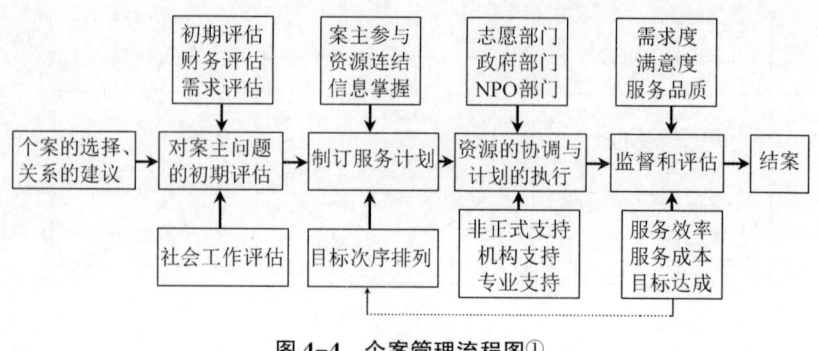

图 4-4 个案管理流程图①

式,是社会模式、基本护理照料模式还是医疗与社会模式,以此为老年人提供适宜的服务。在管理的过程中,社工将发挥至关重要的作用,其不仅帮助案主获取资源和社会支持,还可以就需求评估、服务计划制订、过程管理等发挥积极的作用。然而在我国社区养老服务中,社工尚不具备这样的专业能力,在获取资源和对老年人提供相关服务工作中也还难以独立发挥作用,这极大地影响了照顾管理政策的执行。同时这种照顾管理政策在中国本土化实践中也存在一定的"水土不服"问题,当前我国居家照顾、社区照顾、机构照顾三种方式之间缺乏衔接,专业化资源比较缺乏,尚无法为庞大的老年人群提供基于需求评估的照顾安排。故此,政策实践中往往将目标对象仅指向那些特殊老年人;对于一般老年人的照顾尚不能纳入社区老年工作中来,仅以辅助性的居家照料服务中心、老年食堂等相关设施为其提供有限的生活照料;对于那些中高收入的老年人则采取市场化购买的途径。这种政策实践是与我国当前"未富先老"的现实国情相符合的。然而这种局面并不是不能改进的,恰恰相反要适应高龄化社会的到来,就必须推进这种基于需求评估的照顾管理政策。当然我们具体实践中可以优先将那些失能和半失能以及高

---

① 仝利民:《个案管理:基于社区照顾的专业社会工作方法》,载《华东理工大学学报》(社会科学版),2005 年第 2 期。

龄的老年人纳入进来，为他们提供个性化的照顾方案，再根据地方财力的多少适度地扩大覆盖面，加大社工队伍的培养，为更多的居家老年人提供系统化的照顾解决方案。

在杭州市，通过"责任社工"管理服务体系的推广和社区行政管理体制的改革，将社工从日常繁重的管理工作中解脱出来，更加强化社工的服务功能。例如上城区通过将数十项社会事务改由公共服务站承担，减轻了社工的工作负担的同时让社工直接面对居民的服务需求。社工将为老年人提供各种生活照料服务和相应的专业化解决方案，虽然这种社工的专业化程度还不高，但是行政管理体制的改革正使得社工更加关注老年人个体化的需求，从而为专业社工的发展提供了基础条件。通过社工专业化知识的培训和人才培养计划的实施，在未来将能够为老年人的照顾提供资源和服务的支持，从而在一定程度上贴近西方社会"照顾管理"的形式。

（三）居家养老服务照料中心的功能优化

基于杭州市的实践，主城区基本实现了居家养老服务照料中心的全覆盖，可以依托该中心为老年人提供文体活动、休闲娱乐以及健康咨询等基本生活服务，在很大程度上提升了社区老年人生活的质量，但是在实践中也发现有些社区这些设施的利用率并不高。虽然在杭州市通过引进社会力量在居家养老服务照料中心开展一些适合老年人的活动，扩大了其功能范围，但这些活动的使用者多数是那些具有自理能力的老年人，而那些失能和半失能、高龄等缺少自理能力的老年人不大可能去照料中心享受相关服务，而这些设施和服务也难以为满足这些老年人的需求。比如只有日间基本照料功能，缺少全天候的服务，医疗服务仅设有按摩推拿和一些简单的卫生服务，而且床位比较少，一般只有10张左右，有些还是简易性的折叠床，难以实现对这些老年人的社区照料功能。要提升社区照顾功能，就必须依托"星光老年之家"和"居家照料服务中心"或社区护理院，提升其在照护方面的能力，对其功能进行优化，只有这样，才能真正发挥基层社区对老年人的照顾作用。

在杭州市，目前正大力推进居家养老服务站和"星光老年之家"向社区养老服务照料中心或小型养老机构的转型。这种社区照料中心的基本功能定位为向社区居家老人提供生活照料、保健康复、文化娱乐等综合服务，同时也对家里无人照料的失能、半失能老年人实行替代性照料。[①] 这种将基本生活服务向替代性照料扩展的实践，提升了社区照料中心的功能定位，使其既可以面向一般老年人，也可以面对那些失能的老年人。当然，这要求社区照料中心升级相关设施和服务人员，现有的以社区卫生服务中心或服务站为主的医疗服务能力不足以为那些失能的老年人提供相关服务。当前城区的养老设施不仅规模小，而且专业分工程度较低。据计算，杭州市主城区的每万人口仅有护士 3.4 人，医护之比约为 1∶0.5，不仅低于国际水平，也低于 2006 年卫生部核定的标准，同时社区护士的学历层次和职称都较低，很多都是中专或初级职称。[②] 这种状况影响了社区护理工作的开展，也使得社区老年照料中心难以依托这些卫生服务中心和服务站来为失能老年人提供照护服务。对此，不仅要求提升社区卫生服务中心以及社区老年照料中心的功能定位，加快社区护理院的建设，同时还必须加快老年护理人才的培养，从设施和人员方面来提升社区照顾的能力，当然还需要一些机制上的改善和提升，比如加快推进三级医疗转诊制度的建立，以鼓励医疗资源下沉到社区，同时还必须依靠社会化力量，尤其是民办力量参与到服务进程中来。

以上几种支持老年人自身的服务项目创新，在很大程度上回应

---

① 杭州市民政局：《城市社区居家养老服务照料中心建设与管理规范》，2013 年。
② 陈雪萍：《以社区为基础的老年人长期照护体系构建——基于杭州市的实证分析》，浙江大学出版社 2011 年版。

了社区养老服务中的存在的问题。这几种方式通过政策内容的创新来促进老年人正式照顾服务体系的发展，以满足老年人多层次多元化服务的需求。在很大程度上提升老年人的生活满意度。但尽管如此，老人正式照顾服务体系仍然需要回应到当前大多数居家照顾的事实，即其在为老年人提供支持的同时，需要与老年人的非正式照顾网络之间形成衔接，以提升养老服务递送的有效性。

二、非正式服务支持系统

从以上可以看到，政策覆盖的对象仍旧以经济状况作为硬性条件。在杭州市目前规定的 3000 元每月的收入标准使得许多需要社会化支持的老年人被排除在政策之外。① 其中家庭状况成为政策瞄准机制的重要变量之一，独居、空巢的低保老年人被优先纳入政策目标中来，同时高龄、失能的老年人也由于其生理上的特殊性成为政策优先考虑的对象，而对于由配偶和亲属照顾的老年人，尤其是后者，即使存在失能现象，也难以通过养老服务的评估，从而难以获得政府购买的相关服务。

可见，大多数老年人都要依靠家庭等非正式照顾网络来养老，而从老年人心理倾向上来说也更加倾向于依靠配偶、子女等非正式照顾网络来实现照顾，只有在必要的情况下才寻求正式照顾网络的帮助。然而家庭功能在不断弱化，其为老年人提供服务的能力也受到影响，劳动力市场的竞争更使得年轻人难以兼顾照顾者和工作者角色，迫切要求正式照顾系统来对非正式照顾系统进行支持。但在政策实践中，不仅缺乏直接针对家庭照顾的支持政策，而且家庭完整反而构成享受政策支持的障碍。②

---

① 在调研中，许多社区工作者都认为目前的这个收入标准偏低。
② 吴帆：《第二次人口转变背景下的中国家庭变迁及政策思考》，载《广东社会科学》，2012 年第 2 期。

从杭州的实践经验看，即使浙江省政府和杭州市都出台了关于老年人的财政补贴政策，那些覆盖的一类老年人和二类老年人可以选择机构或居家养老，但实际上绝大多数老年人还是选择居家养老，即使在身体状况不好的情况下。因此，考虑到政策目标覆盖面的有限性以及老年人的心理偏好，在发展正式照顾服务体系的同时，对非正式网络的支持将成为一种贴近当前中国社区养老服务事实的选择。这也应该成为社区养老服务的重要内容，即在发展正式照顾服务体系的同时加大对于非正式照顾系统的支持，强调政府等正式照顾主体对于老年人家庭的支持以及服务资源从机构到社区和老年人家庭的下移。

在我国传统孝道文化中特别重视家庭的作用，但家庭结构的变化以及人口老龄化的事实降低了家庭的能力，但是家庭仍旧是当前老年人居住和生活的主要场所，其配偶和子女仍旧是主要的照顾者。当然他们面临的经济和精神压力非常大，这种现象不仅影响了代际关系也影响了老年人的生活质量。故此，在中国也有许多学者认识到对家庭等非正式网络支持的作用。① 从社会支持网络的研究看，亲属和邻里等非正式网络在老年人生活质量中发挥着重要的作用。② 因此，对非正式照顾网络的支持也主要体现在两个方面：对亲属等非正式网络的支持和对邻里非正式照顾网络的支持。杭州市实践中，非常重视正式照顾系统对于非正式照顾体系的支持，并且在内容上不断实现创新，主要表现在"助老员上门服务"、"喘息服务"、"家庭病床服务"以及"银龄互助"项目。

---

① 钱锡红、申曙光：《非正式制度安排的老年人养老保障：解析社会网络》，载《改革》，2011年第9期。

② 姚远：《重视非正式支持，提高老年人生活质量》，载《人口与经济》，2002年第5期。

（一）助老员上门服务

"社区助老员"项目初衷源于"一岗解双难"政府就业计划，是指以政府购买的形式，通过公益性岗位对社区内的"4050"人员实行就业安置，他们主要为高龄、独居、孤寡、残疾、困难"五类"老人提供上门服务。

社区助老员的出现源于杭州市更多的老年人希望社区提供养老服务，既可以享受家庭关怀又可以享受专业化服务，同时也由于杭州市老年人空巢化、高龄化的比例逐渐加大，对于居家上门服务的需求不断增加。正是在此背景下，杭州市通过政府购买的形式，招募4050人员或外来务工人员为这些老年人提供照料支持。2008年《杭州市关于推进居家养老服务工作的若干意见》的出台，确定了通过发放"政府购买服务券"的形式，由社区助老员或专业服务机构为四类特殊困难老人以及普通老年人提供上门服务的政策框架，并就管理体制、评估和考核体系以及工作保障和政策扶持机制进行了配套建设。

在杭州市，社区助老员项目最早在上城区开始相关实践。2004年首先成立"助老工作服务站"，通过政府购买的形式从社区内外招募合适助老员。其成员主要来自于4050人员、外来务工人员。政府免费对其进行相关知识技能的培训，每位助老员进行职业操守、礼仪、家政服务技能、医疗知识技能及老年人心理学、营养学知识培训，并实现持证上岗。当然在开始的时候有很多社区并没有能力对助老员进行培训。此后拱墅区在全国首创"一岗解两难"助老助残服务新模式（即将助老助残服务和解决4050人员再就业融为一体），通过开发公益性岗位向残疾、独居、空巢、高龄、病残等重点服务对象提供免费、低偿、有偿服务。目前这种社区助老员项目在杭州市已经普遍推行。

> 这个最初来自于 2006 年的"一岗解两难"助老助残服务模式，也就是说主要是为了解决沉淀在社区的"4050"人员。由社保部门帮他们交养老金，社区通过公益性岗位解决他们的就业，也就是助老员，现在居家养老服务一般都是由他们和社工去处理。
>
> ——某民政局工作人员 ST

由于目前社区采取网格化管理，一般都配置有社工和相应的助老员，在老年人需求评估的基础上对于部分特殊老年人提供相关服务。符合要求的老年人可以获得相应的"居家养老服务券"，然后根据服务内容支付给那些服务提供者，这些服务提供者与相应的中介机构或街道结算。目前，助老员项目提供的服务内容主要为家政服务、陪医问药、精神交流等各类生活照料和家政服务，但是在实践中，具体的服务并不由助老员直接提供，他们主要解决的是一些特殊老年人的临时需要和上门的一些简单服务，具体的服务现在都基本交给政府购买的家政服务员。

> 这个 4050 人员主要是做一些管理方面的事情，有的时候帮社工跑一跑老年人家庭，看看老年人有什么需要。你说要做服务，这些都是杭州本地人，他们是不会做的。也就是说助老员不直接承担一线服务的职能，而是由社会实体提供。（助老员）相当于协管，向管理的职能靠，（老年人遇到）应急突发的情况处理一下，从我们民政角度来说他们不直接提供（服务）。
>
> ——东山弄社区某社工

当前这些服务虽然覆盖面比较窄，其目标对象主要集中于独居、空巢等那些家庭成员缺失的人员。尽管如此，这种将养老服务从"下沉社区"到"送上门"，通过社会化服务的方式对家庭照顾提供支持，解决老年人的日常生活照料问题，有利于降低家庭照顾成本，提升老年人居家养老的质量，尤其对于高龄、残疾、低保老年人的覆盖在某种程度上减轻了亲属照顾人员的压力，从而实现了对非正式照顾网络的支持。另外，这种做法也可以消化沉淀在社区的下岗困难人员，同时也解决为老年人提供服务人员不足的问题。

当然在调研过程中也发现"4050"人员随着年龄增长逐渐退出，由于人员素质、服务技能等比较差，难以符合老年人的需要，甚至有时影响了老年人的生活质量。

> 目前人员很紧张，现在助老员不只负责老年人，还要负责企退的人员。助老员不但归老年人用，其他几条线也会用。楼都不能下的（老年人），纳入购买服务的，一个礼拜最多30个小时，基本平均下来每天只有2个小时，其他时间还需要有人照顾，那怎么办？是不是还要社区来做，但是'4050'人员岗位都是公益性岗位，可居家养老不用公益性岗位。比如老年食堂我们申请公益岗位，（上级政府）他们就说，这个还要我们批公益岗位？这个是定员定岗的，居家养老服务人员最多用一两个人。
>
> ——B 社区在所街道工作人员 MT

对此，上城区、拱墅区等开始对"4050"人员坚持只出不进的原则，力图通过几年的消化淘汰这批人员，最终实现助老员的专业化、社会化，即通过社会组织，从市场招募专业的家政或护理人员组成新的"家庭助老员"队伍，为符合购买条件的老年人提供上门送餐、家政和情感慰藉等服务。这将能够解决人员供给和服务质量相矛盾的局面，但也将带来财政支出问题。

（二）喘息服务

喘息服务主要是指一种干预措施，即通过照顾者津贴、短期机构照顾等方式为非正式照顾者提供临时性替代照护服务，以减轻其身体和精神方面的压力。① 这种通过社会化的方式能够很大程度上降低家庭照顾老年人的成本，也能够提高老年人的代际支持意愿和照顾的质量。这种从支持老年人到支持照顾者的做法已经在杭州市展开初步的实践。例如在西湖区，自 2011 年开始推出"喘息服务"，是为长期（一年以上）精心照顾失能老人的家属提供临时性替代照护服务，并通过心理干预服务对他们提供安慰和支持，减轻家庭内部照料负担。②

从西湖区的实践可以发现，这种喘息服务主要通过政府购买的形式来为那些原有家庭照料的老年人提供短暂性的机构照顾（尽管也有的会有专门人员上门照顾），这类老年人大多都是失能或半失能老年人。喘息服务不仅包括日常照料，还包括医疗康复护理、精神慰藉等一系列机构照顾的服务。但是由于在杭州市主城区，失能和半失能老年人比较多，要对那些有照护需求的家庭照护者提供替代性服务，往往受到财政支出的约束。因此，西湖区对申请资格进行了比较高的规定，即要求经济困难的重度失能老人，没有传染病等，家庭照护人员照护 1 年以上的，可以申请 5 天—30 天之间的喘息服务，由政府财政支出，将被照护对象安置在养老机构中，或者由政府招募的护理员提供居家喘息服务。这种政策实践考虑到我国当前居家照顾的现实问题，从支持老年人到支持老年人家庭，在很大程度上缓解了照护者的精神压力，改善了老年人生活质量。

喘息服务并不是一个新的概念，在西方国家、我国台湾（地区）这个概念出现得比较早。我们自 2001 年引入这个，也

---

① Van Exel J. et al., "Respite Care—An Explorative Study of Demand Caregivers", *Health Policy*, Vol.78, No. (2-3), 2006, pp.194-208.
② 戴睿云等：《杭州试水"喘息服务"减轻家庭内部负担》，载《浙江日报》，2011 年 8 月 6 日。

出台了一个文件。对重度失能、家人照顾一年以上的，我们经过综合评估的，分为五个档次，每个档次有相应的补贴标准。喘息服务可以分为在机构的和居家的，居家的与 2011 年省的评估补贴制度基本重合在一起了，范围更广，把轻度、中度、重度失能的，收入低于 3000 块的都覆盖进来了。不仅仅是喘息服务，我们实际上把这个概念扩大了，是一个特惠与普惠相结合的概念了。那些不符合居家照料条件的，（只要）老年人提出，（我们）就把他送到机构去。

——西湖区民政局某工作人员 CN

喘息服务作为支持家庭的一种重要社会政策，在西方国家作为家庭政策的重要内容被认为是搭建正式照顾和非正式照顾的桥梁，但是这种形式目前在我国尚处于起步阶段。在西湖区，申请服务的老年人也比较少，平均每年只有 100 位老人来申请，而有该区户籍的老人接近十万人，其中失能半失能老人将近 7%，可见申请的老年人仍旧不多。

今年到机构申请喘息服务的人数，在补贴打通后开始变多了，今年有 27 个老年人，每个月是 17100 元的补贴力度。这些对象都是四级救助圈里那些中度或重度失能的。（老年人）收入、失能、户籍条件达到的，都可以。其中收入规定方面，市里面是 3000 元/每个人，西湖也是 3000。其他城区不一样，下城好像是 3500，江干区原来的面就扩得比较大，后来搞了一个收费制度，按比例补贴。

——西湖区民政局某工作人员 CN

尽管这种喘息服务得到了许多重度和中度失能老年人家庭的支持，但也由于一些客观原因在推进过程中进展缓慢，尤其是到机构享受喘息服务的老年人，仍旧比较少。这不仅与公办机构的床位紧张有关，也与政府的财政承担能力有关，当然还涉及一些观念和法律上方面的限制。

> 公办的本身就没有床位，可能没办法接收，民办收费比较高，政府承担力就有问题，机构的补贴高，财政也吃不消。到机构肯定比居家要高，公办还差不多，民办要高很多。机构按月给的，公办的可能比居家还要低一点。还有一方面受到人员制约，机构的护理人员比较紧缺，提倡开门服务，但是机构内的服务人员都忙不过来，床位也有限，再让它去管社区，更加管不过来。宁波江东区提出"家院互融"，我们也在学习探索中。今年把这两个补贴做起来，也就是说补贴可以带着走，住到机构里的，不同的养老模式中，提供的服务津贴可以带着走，可以减轻住在机构的压力。以前不能用的，以前居家和机构是分割的。1500块的样子，付机构护理费差不多了。
>
> ——西湖区民政局某工作人员 CN

目前喘息服务的初始尝试面临着种种条件的限制，除了观念和法律上存在的问题之外，更重要的是居家老年人往往根据自理能力选择机构照顾：身体自理能力特别差的老年人会选择住院治疗或机构照顾，而愿意居家调养的多是失能程度尚不严重、有家人或保姆照顾，这样使得喘息服务的使用率并不高。失能程度较高而居家的老年人的家庭，还需要符合经济困难的条件，然而在杭州市专门出台了相关政策，对失能程度较高的低保老年人提供政府购买服务，他们可以选择居家养老和机构养老。因此，经济困难、失能程度较重的老年人一般会选择机构照顾。可以说喘息服务的覆盖面非常小，难以对有需要的家庭提供有效的支持，这就要求进一步扩大政策的覆盖面，否则该种模式的持续性将受到极大的怀疑。

(三) 家庭病床服务

"家庭病床"是指对需要连续治疗,又需依靠医护人员上门服务的患者,在其家中设立病床,由指定医护人员定期查床、治疗、护理,并在特定病历上记录服务过程的一种社区卫生服务形式,打破了医疗和养老资源分割,是公共服务下移的重要体现。[①] 家庭病床的医疗和护理资源往往来自于专业化的医院和社会组织,有利于打破当前机构养老和社区居家养老不同养老方式资源分割的局面,引导机构资源与社区资源的衔接,真正体现居家养老的社会化支持性质,同时能够回应当前居家养老的老年人慢性病和失能比例不断增多的现实,减轻照顾者在医疗护理方面的压力。

在杭州市很早就出台了家庭病床的管理办法,2008 年杭州市劳动保障局印发了《杭州市基本医疗保险家庭病床管理试行办法》,规定杭州市基本医疗保险定点医疗机构中,具备家庭病床服务管理能力的社区卫生服务中心,对符合住院条件但因本人生活不能自理或行动不便难以到定点医疗机构住院,或确有困难的基本医疗保险参保人员,根据医疗需要可在其家里设立病床。对设立病床的对象也做了规定,要求申请建立医保家庭病床,必须符合以下条件之一:脑血管意外,肢体肌力在 3 级及以下者;骨折牵引固定需卧床治疗者;恶性肿瘤晚期患者;长期卧床不起或 80 周岁(含)以上老人患慢性病需要连续治疗者。

在调研的拱墅区 D 社区中,由于空巢家庭特别多,许多老年人患有高血压、糖尿病、心脏病、中风及后遗症等慢性病,难以经常上医院看病,故此社区推出了送医送药上门的服务,同时通过上门随访和电话随访的形式,该居家养老服务中心对社区的老人逐一摸底,详细了解社区老人的健康状况,对符合家庭病床申

[①] 上海市卫生局:《家庭病床服务规范》,2010 年 9 月 30 日。

请条件的老人施行"家庭病床"服务。对于申请家庭病床的老年人，该中心的家庭病床责任医师将会填写《杭州市基本医疗保险家庭病床建床登记表》，附带参保人员证历本、市民（医保）卡到医保经办机构办理建床登记手续，建床审批批准之后，即可为老人办理住院手续。

> 我们的医务人员根据每位患者的健康情况制定上门服务的内容和频率。病情比较严重的患者，比如需要天天挂点滴，医务人员则会天天上门；病情比较稳定的患者，医务人员则每周上门2次，为患者做常规检查和检测并送所需药品。
>
> ——D社区某工作人员NM

D社区通过与某民营医院合作，由医务人员根据健康档案为老年人提供上门医疗服务，极大地缓解了慢性病老人"看病难"的问题。与此同时，杭州市自2015年开始实施分级诊疗制度，即建立社区医疗机构首诊再向上级医院转诊的制度，这将刺激社区医疗机构的发展，提升社区医疗卫生服务的能力。同时，杭州市还出台了《杭州市医养护一体化签约服务实施方案（试行）》，即"家庭医生"服务，具体通过和社区医生签约，老年人可以获得"私人定制"式的健康管理、医疗转诊、家庭病床、远程健康监测管理等服务，这将进一步为"家庭病床"的实践创造了条件。基于此，通过"家庭病床"项目的实施可以满足慢性病人的不断增加的现实需要，同时也有助于社区医疗分诊机制的形成，满足慢性病老年人居家治疗的需求，也在很大程度上降低了二三级医院的拥挤程度，其实践有着重要的意义。

> 有了这个以后，可以少跑点医院。（譬如）我们社区那种老夫妻俩的家庭，子女不在身边，有时候一个人要去买药什么的，老伴在家就没有人照看，现在有医生上门来看看，（比以前那种

情况）要好多了。

——D 社区某工作人员 NM

当然,"家庭病床"在实践中也受制于老年人对"家庭病床"政策缺乏了解以及护理保险、医疗报销等诸多限制性条件和困难。

可见,要推进"家庭病床"的实施,深刻理解医养结合在社区服务中的内涵,不仅需要破除医疗部门和民政部门在服务方面的分割和资源壁垒,还必须在护理保险、人身意外保险以及报销程序简化等多方面进行配套建设,以真正体现"居家养老"的真正内涵。

(四)"银龄互助"服务

"银龄互助"是目前已经广泛推行的一种互助养老方式,即通过组织老人开展互帮互助、以老助老的志愿服务活动,鼓励健康、低龄老年人做好帮扶独居、空巢、高龄、失能老人的生活。在杭州市该实践始于2003年,其服务重点对象主要为空巢老人,此后也扩展到为高龄、失能老人的服务。为了进一步推进"银龄互助"志愿服务工作,杭州市还于2013年建立起志愿者协会银龄互助分会,充分发挥低龄、健康老年人"年龄相近、性情相投"的优势,体现了志愿者和邻里在养老服务供给中的主体作用,目前这种方式已经在杭州市主城区全面推广。与银龄互助相关的是"时间银行"服务,即互助养老的时间可以通过存入"时间银行"在将来有需要的时候提取使用。时间银行主要是通过银行运作的概念实现志愿服务时间的存储和提取,以鼓励老年人之间形成互助。这种形式已经在浙江省的其他地级市,如金华市、宁波市等开始初步的尝试。相对上来说,杭州市对此尚在探索之中,更多地强调通过志愿者服务时间可储值兑换服务券的形式来进行。

当前,银龄互助的内容主要集中在心理慰藉方面(尽管也有生活照顾、维权调节等服务）。由于志愿者本身也是老年人，在生活照顾方面尚缺乏相应能力。从案例 C 可以看到，其作为主城区比较成熟的社区，其关于"银龄互助"的活动已经推进了好多年，截止目前已经形成了"银龄互助"、"邻里守望"等多种形式的老年志愿者工作，通过低龄老年人与高龄老年人的结对，形成以生活服务、聊天、代购等为主的帮扶关系。另外签约的志愿者们都可获得协会提供的一份意外伤害保险，为开展活动和实施服务时发生的意外提供保障。

> 我们也倡导低龄的老年人参加社区的公益活动，比如通过老年电大平台，组织剪纸或者一些与自己兴趣有关的活动，把这些作品送给那些高龄的老年人，他们自己会感觉到老有所为，高龄的老年人也能感觉温暖。现在也倡导邻里结对，比如到独居老人家里与他们聊聊天什么的，有一些事情也伸手帮下忙。由于大家都是一个社区的，相对上比较好沟通。至于说外来的志愿者，倒是有（某学校）大学生来做一些志愿服务，但是这种还比较零散，做不了主力。
>
> ——C 社区某主任 LX

对于低龄老年人来说，这种志愿服务不仅是一种社会参与，在某种程度上体现积极老龄化的思想。也有些老年人表示就是一个热心奉献，愿意参与到这些活动中，但在实践中也发现这与老年人自身的特质有很大关系，尤其是在当前社区邻里变得陌生的情况下，这种银龄互助工作的开展并不是特别顺利。

> 这些老年人也就是退休后有点时间，想着本来大家是邻居，有个困难帮帮是应该的，不过这个也要看他们自己有没有时间，你不能规定他做什么，或者什么时间去。
>
> ——F 社区某工作人员 NT

可见，老年人志愿者服务更多的时候是出于一种奉献精神。由于与高龄老年人、独居空巢老年人处于"心理"同期，有利于彼此之间的交流，减少这些老年人的孤单和落寞，提高老年人的生活质量。但是，也由于"时间银行"老年志愿者的特质——既要有时间还要有热情，[①] 其队伍的稳定性以及志愿服务的程度相对上不好掌控，在很多时候只是作为一种慈善倡导，同时由于"时间银行"的机制还没有确立，这种依靠社区老年人邻里互助来实现老年服务供给的方式仍旧存在很多的限制性条件，其主体作用受到一定的影响，更多的时候需要青年志愿者来参与。

基于以上几种内容创新方式，可以对其进行一定的比较，其具体内容见如下表格：

表4-3 几种支持老年人非正式网络政策的比较

	助老员上门服务	喘息服务	家庭病床服务	银龄互助
服务对象	主要是民政对象	重度失能老人	慢性病患者	主要是空巢、独居老年人
服务内容	日常生活照料	短期机构照顾	医护人员上门服务	精神慰藉
财政来源	社保部门、民政部门	民政部门	卫生部门（医保支出）	区、街道财政
人员构成	"4050"人员、市场招募人员	机构工作人员、市场招募人员	卫生部门（医护人员）	低龄老年人
对非正式照顾的支持方式	支持老年人	支持家庭照顾者	支持家庭照顾者	邻里支持
支持程度	弱	强	强	弱
政策成熟度	成熟期	尝试期	尝试期	成长期

[①] 姜振华：《城市老年人社区参与的现状及原因探析》，载《人口学刊》，2009年第5期。

(续表)

	助老员上门服务	喘息服务	家庭病床服务	银龄互助
可持续性	较好	较为困难	较好	较好

注：该表由作者自制。

从以上表格可以看到，助老员上门服务的对象范围比较有限，其对象主要是"五类"特殊老年人。尽管政策文件中也提到普通老年人也可以有偿或低偿享受，但由于受制于财力支出，目前还难以做到"普惠"，同时其重点关注于那些独居、空巢老年人，对于有子女照顾的老年人即使有残疾、高龄等特征，也难以通过养老服务的评估。因此，该项目虽然也在一定程度上减轻了照顾者的负担，但是更多是针对老年人自身，尚未针对老年的非正式照顾网络形成支持，因此支持的力度相对比较弱。对于那些特殊老年群体，由"4050"人员提供（或管理）的家政服务特别重要，在调研中发现老年人对于这方面的服务需求量也特别大，但是提供具体服务的组织尚存在一定的问题，尤其是随着"4050"人员的淡出，如何保障价格管制下的市场招募人员的服务质量，将在很大程度上考验着该项目对于老年人以及其非正式照顾网络的支持力度。

就喘息服务而言，其覆盖对象更小，主要针对重度失能老年人。不仅通过专业化的机构给予老年人短暂照顾，也对照顾者提供了喘息时间，缓和其照顾的精神和经济压力，但是目前该政策还处于尝试期，面临着法律以及人员、设施等多方面的限制，然而主要的是如何应对政策的叠加问题。在浙江省出台的养老服务补贴政策中，重度失能老年人属于一类老年人，可以选择政府购买的机构照顾或者居家照顾，对于后者在服务时间方面较为宽松，有些区县可以达到60个小时。因此，这种购买服务在很大程度上已经可以给予照顾者一定的支持，但居家的喘息服务与之如何衔接尚无从定论。

对家庭病床项目来说，由于其回应了当前老年人慢性病患者的需求，将医疗康复服务送上门，极大地方便了慢性病老年人，这样避免了他们频繁到医院配药的麻烦。尤其在杭州市许多空巢、独居以及由配偶照顾的老年人，除了一部分可以享受政府社区助老员服务，大多数情况下是由照顾者去医院看病配药，这样常常使老年人在家无人照顾。故此，家庭病床可以解决这种困境，形成对家庭照顾者的支持。但是由于医保支出以及法律法规、医护人员配套方面存在的问题限制了这种实践的长足发展。在当前医保不能跨区使用，而且家庭病床的医保结算以及医护人员的供给并不通畅，在调研中有许多医院根本没有足够的人力来建设家庭病床，或者人员配置方面质量和水平不高，导致了老年人对于"家庭病床"的设置存有看法。

"银龄互助"项目主要是邻里之间的互助，强调低龄老年人对于高龄老年人在精神慰藉方面的支持。这种强调老年人自身的主体作用、充分发挥部分老年人的余热做法，尤其是在当下退休年龄偏低老年人的健康程度提高的背景下，对老年人的非正式网络支持体系的建立发挥着重要的作用。在以往的研究中大多认为邻里关系对老年人的作用在不断下降，然而银龄互助项目有利于强化邻里这种非正式网络，对老年人尤其独居、空巢的这部分人的情感和基本生活照料提供了支持。尽管如此，这种做法更多的是契合积极老龄化的理念，从提倡低龄老年人的社会参与角度来展开的，对于高龄老年人的非正式照顾发挥的作用仍旧有限。

杭州市社区养老服务的内容创新，对老年人及其非正式网络形成了一定的支持，但是支持力度较大的"喘息服务"以及"家庭病床"尚出于尝试阶段，而对于社区助老员上门服务以及银龄互助的覆盖范围十分有限，对于家庭照顾者的支持缺乏。这种内容创新尚难以回应到当前老年人依靠代际赡养的事实，考虑到代际关系在老年人生活中的意义，需要进一步通过强化对老年人非正式网络尤其是家庭照顾者的支持，以提高老年人晚年生活的质量。

对以上几种内容创新比较发现，尽管其覆盖的人群存在差异，对非正式照顾的支持力度也不同，但是服务项目应该依老年人的需求而生成，尤其对于那些特别需要社会化照顾支持的老年人，避免家庭单独承担照护责任。目前来说我国对于非正式照顾网络的支持仍旧有限，在具体项目方面，对于老年人急需的上门服务尤其是家庭护理服务还比较缺乏。目前由政府供给或购买的相关服务，主要集中在社区，如居家养老服务照料中心、老年食堂、星光老年之家的基础设施建设，上门服务主要局限于家政服务、送餐服务、陪医问药等，缺少资源的到门服务。尤其是家庭护理服务由于涉及养老、医疗不同系统而推进缓慢（即使"家庭病床"的政策出台已久），医养结合的政策实践主要集中在机构服务，在社区主要强调医疗站点和居家养老服务照料中心的资源和设施一体化整合，尚缺乏医疗护理从机构到家庭的一站式服务。

基于这种现实，杭州市不断加大政府购买的力度，加大对于失能老年人以及纯老家庭的支持，截至 2013 年底，全市共有 5.97 万名城乡老年人享受政府购买居家养老服务，80%以上的服务对象为失能和半失能老人，购买比例占老年人总数的 4%，占失能老年人的 50.02%。[①] 从支持的力度看，尚不能覆盖到所有的失能老年人，在实践中受制于财力限制。首先确保经济困难家庭的失能、半失能老人的需要，对于那些有配偶和子女照顾的老年人，即使是失能老人，也难以获得有效的社会化支持服务。就服务内容而言，根据政策规定，这些老年人每月可享受 2 至 60 个小时的免费居家养老服务，服

---

① 潘海生等：《杭州六项举措撑起失能老人服务网》，http://zjnews.zjol.com.cn/system/2014/05/05/020005689.shtml，2014 年 5 月 5 日。

务内容集中于家政服务，尚难以涉及老年人最为需要的医疗护理等内容，大多数老年人尚需要配偶和子女照顾或者从市场购买相关服务。

故此，杭州市在某些区县开始的"喘息服务"、"家庭病床"等内容创新回应了当前正式照顾服务存在的不足，把支持老年人的家庭作为政策创新的重点，探索开展失能老人家庭照顾新模式。这种重视家庭照顾能力培养的政策有利于支持老年人非正式照顾网络的主体作用，提升了老年人照顾的质量。基于这种内容创新的意义，应该正视正式照顾网络对非正式照顾网络支持的政策创新，借鉴西方国家家庭照顾者支持的经验以及杭州市的内容创新实践，提升老年人家庭等非正式网络的能力。可以从以下几个方面加强：

1. 提升社区居家照料服务中心"日间照料"的功能

在杭州市，杭州主城区居家照料中心基本已经实现全覆盖。居家照料中心主要为老年人提供休息、餐饮、健身娱乐以及基本的血压测量等服务，一般为社会化运营。尽管杭州市着力对老年人实现"在社区照顾"向"由社区照顾"的推进，但是居家照料中心主要提供的是老年人的基本生活照料，能否享受这些服务还要看老年人的身体健康状况，身体不佳的人一般不可能到居家照料服务中心。同时，中心目前由于人手不足和专业化程度不高，提供的医疗护理不足以实现"日间照顾"，这极大地影响了老年人对中心的使用。要对老年人家庭非正式网络提供支持，必须实现服务中心在"日间照料"或"日间喘息服务"方面的功能提升。

2. 加强居家照料者的支持网络建设，减轻代际照顾压力

在我国很长一段时间内都把照顾作为家庭内部的事情，同时把家庭福利和劳动力市场加以分割，增加了年轻照顾者的经济和精神压力。同时由于我国劳动力市场的福利结构性不当（社会保险缴费

比较高）以及劳动者的弱势地位影响了企业的动机和热情。这种现象进一步要求政府在居家照料者支持方面形成策略和行动框架，从政策层面对其进行服务支援。比如通过提供津贴或鼓励企业制订比较灵活的工作计划等方式，为他们在照顾者和工作者两种角色之间实现更适宜的转换创造条件。从杭州市的实践看，这种家庭照顾和工作的平衡政策在当前的劳动力市场中尚比较缺乏，同时也缺乏对于家庭照顾者提供支持的经济保障，其重点大多还局限于关注老年人个体，尚缺乏整体性的家庭政策。①

3. 搭建社工信息服务平台，为老年人照顾者提供信息咨询和技术支持

对老年人非正式网络来说，在为老年人照顾者提供服务时经常面临知识技能不足的问题。从西湖区的调研看，重症失能的老年人照顾者大多凭借经验的积累来提供服务，缺少护理的专业技能，增加了照顾的压力。尽管居家"喘息服务"中护理人员对家庭照顾者有一定的经验传授，但这种知识和技能培训仍旧缺乏。在西方国家往往依靠志愿部门和专业社工来搭建照顾者信息平台，并实施专门的培育和辅导计划，对照顾者在照护技能、情感舒缓以及精神健康方面提供支持。② 对此，杭州市对于老年人照顾者提供信息咨询和技术支持、精神健康方面的实践还较为缺乏，这可以作为将来内容创新的一个重要方面。

---

① 朱浩：《西方发达国家老年人家庭照顾者政策支持的经验及对中国的启示》，载《社会保障研究》，2014年第4期。

② Martha Meyer, "Supporting Family Carers of Older People in Europe—The National Background Report for Germany", http://www.carersnet.org/docs/research/EUROFAMCARE.pdf. 2007.

第二节 不同性质养老服务投递的主体能力

一、公共产品的投递主体能力

(一) 政府的公共服务能力

公共产品的提供一般被认为是政府的重要职能,在当前我国政府主导的居家养老服务体系中,政府主体的作用十分明显,从供给、筹资、规制都离不开政府,要提升公共产品的投递效率,就必须提升政府主体的能力。然而很长的时间里政府的角色定位仍旧模糊和混乱,政府越位和缺位的现象并存,基层社区往往承担了过重的政策执行压力而力不从心。

对此,我国在"十一五"期间初步形成了由政府主导提供、旨在保障全体公民生存和发展基本需求的基本公共服务制度框架。[1] 不仅对政府的主要目标对象和服务内容进行了政策性的规定,还就其实现方式和途径有了清晰的界定,厘清了政府与社区、市场和家庭之间的关系,明确了政府的责任。基于此,我国政府正在从"无所不包"向"有所为、有所不为"转变,政府作用方式正在从政府包揽向政府主导转变,作用机制正在由单纯依靠行政推动向整合社会力量转变,政府作用领域正在从以兴办养老机构为主向以提升社区养老功能为主转变。[2] 同时,由于养老服务涉及多个领域,民政局虽

---

[1] 胡祖才:《"十一五"期间我国基本公共服务制度框架初步形成》,http://www.china.com.cn/news/2012-07/19/content_25952290.htm,2012年7月19日。

[2] 宿迁市民政局:《养老服务业发展中的政府定位和政策取向研究》,http://www.shanghaigss.org.cn/news_view.asp? newsid=6174,2009年6月12日。

然作为老年服务的主管部门,但是经常需要人社局、财政局、卫计委等多个部门的协调和合作,这就需要在养老服务框架的顶层设计上要高屋建瓴,从整个政策体系和框架上确立政府的公共服务责任和养老服务的递送机制。

在当前,地方政府要通过行政体制改革谋求转型,提升自身公共服务的效率和能力。首先,不同层级政府之间要建立公共服务分工体制。在杭州市,市级政府在居家养老服务方面确立了市、区和街道的服务出资比例。比如规定对"星光老年之家"市级财政补助的同时,各区、县(市)按照不低于1:1给予配套补助,乡镇(街道)和社区也要给予一定的运行经费保障,其中乡镇(街道)财政补助额应不低于市级标准的50%,同样对于社区托老所、老年食堂、居家养老服务站不同财政也要配套给予补助,强化不同层级政府的责任分工。其次,要强化简政放权,提升公共服务的效率。在杭州市,地方政府一方面强调减少和下放行政审批权,还通过简化行政审批手续进一步下放权力,并通过扩大服务网点建立执行权、政策权、监督权"三权分离"的审批运行新机制。第三,政府还需要扩大购买服务,改"养人"为"养事",积极提升社会组织在社区老年服务中的作用。杭州市政府正逐年加大政府购买居家养老服务,2016年底享受服务补贴人数已达到10.5万人,根据杭州市民政局出具的指导意见(杭民发〔2016〕417号)文件,各级政府正加大居家养老照料中心的服务能力,强化社会组织在实体化运营、社会化运营、连锁化和品牌化运营中的主体作用,力争到2020年全市四分之一的照料中心由社会力量整体托管或全面参与运营。最后,政府要积极谋求转型,扩大购买服务的同时推进非基本公共服务市场化改革,将那些适合市场化方式提供的公共服务事项,交由具备条件、信誉良好的社会组织、机构和企业等来承担。

就社区而言，也需要通过加强基层社会管理体制改革，提高社区公共服务能力。杭州作为社区治理比较成功的城市之一，2008年开始社区管理体制改革，将传统社区调整重组为新型社区，率先在社区设立帮扶救助服务站和劳动保障服务室，率先将志愿者队伍和志愿者活动延伸到社区，成功创建了全国社区建设示范市，5个老城区实现创建全国社区建设示范区"满堂红"。杭州创建了社区党组织、社区居委会和社区公共服务工作站（社区工作站）"三位一体"的复合模式，其具有交叉任职、分工负责、条块结合、合署办公等特征。同时根据社区公共事务的属性以及责任主体的双重标准，杭州市将社区公共事务区分为社区行政事务、社区公共服务和社区自治事务三大类。每个社区配备13—15名专职人员，实行交叉任职、合署办公。2008年，杭州市社区建设领导小组全面清理社区工作，削减社区组织机构，减轻社区负担。[①] 这些做法大大推进了社区的公共服务职能转变。杭州市大力发展以社区日间照料中心为主的托老机构，提高社区养老应急服务的普及率，先后推出"全托"、"日托"、"临时托"三种服务，同时实现"星光老年之家"全面覆盖，并要求街道在每个社区兴建社区食堂，提供经济实惠的饭菜等，同时通过"居家养老服务券"的发放，使得困难老人可以在居家养老服务网点享受钟点工、理发、裁缝等日常生活服务，在基于老年人需求本位的基础上不断完善社区养老服务网络体系。

---

① 郎晓波：《政府行政管理与城市社区自治良性互动的路径研究——基于杭州城市基层社会管理体制的改革与创新》，载《杭州市委党校学报》，2013年第5期。

表 4-4　杭州市社区公共事务分类表及其责任主体[①]

大类	小类	责任主体
社区行政管理事务	社区行政事务 社区行政执法事务 公共信息采集事务	政府
社区公共服务	社区行政服务 社区便民服务 社区公益服务	其他社会组织
社区自治事务	社区法定组织事务 邻里互助事务	社区组织

从杭州市的实践可以看出，政府的行政体制改革最终要落实到基层社区的机制调整上，通过发挥社区的公共服务职能来提升政府在社区养老服务递送的能力和效率。同时还需要推动政府简政放权和加大购买力度，推动社会组织和市场在公共服务中的基础作用的发挥，这不仅有利于社会化主体的发育和成长，更加有利于提升政府主体自身的能力。

目前，政府经常通过发放资金补贴和代币券（服务券）的方式委托民间组织为失能和半失能老年人提供服务。随着老年人生活水平的提高对老年生活有了更多的需求和期待，促发了养老服务市场的蓬勃发展，社会组织正以极大的热情投入到社区养老服务事业中来。这种局面要求政府放开某些领域，以更大的热情鼓励社会主体参与到养老服务的供给中来。这个过程将伴随着社会体系的开放和社会组织的壮大，意味着社会多主体的广泛参与，这种社会生态要求社会管理不断创新，以灵活的方式来应对养老服务社会化中出现的各种问题。然而在我国推进养老服务社会化过程中，社会组织的

[①] 郎晓波：《政府行政管理与城市社区自治良性互动的路径研究——基于杭州城市基层社会管理体制的改革与创新》，载《杭州市委党校学报》，2013 年第 5 期。

培育和成长一直缓慢,这极大地影响了养老服务的投入和多元化供给,难以满足老年人不同层次的需要。虽然各地正积极推进社会治理或社会管理创新,并通过自愿性和混合型政策工具的使用来动员社会力量参与到老年事业中来,但是在政策落地方面仍旧诸多问题。传统以国家为本位的威权主义仍旧具有自身的制度惯性,这种自上而下的管理模式也极大影响了社会多元主体参与养老事业的主动性和积极性。①

在这里强调了养老服务并不能完全依靠政府供给,也需要通过其他手段来保障老年人的需求,政府只是确保基本公共养老服务,与此同时强调政府通过服务补贴、政策优惠的手段促成某些服务向专业化的社会组织移交。社区养老服务曾经历过社会福利市场化再向政府责任的回归,但是在实际供给中经常由于缺少成本约束和竞争压力而出现服务质量差的问题,同时由于养老服务不仅包括养老事业,也包括养老产业的内容,这难免涉及政府、市场和社会组织等多元主体的合作问题。此前采用的强制性政策工具,通过依靠政府的公共财政、信息和组织资源来实现服务到目标群体的直接递送,被作为当前社会组织发育不足情况下的必要选择。但是这种行政体制也有其极大的弊端,容易出现成本高、部门扯皮以及服务缺乏协同等问题。故此,即使养老服务供给仍然需要以政府为主导,但是政府购买、财政补贴以及引导非政府组织和志愿者组织等自愿性和混合型政策工具的作用越来越大,这将有可能解决服务递送的效率和质量问题。与此同时,服务递送中还存在着部门分割和过度管制的现象,如由于民政部门和卫生部门的资源分割,老年人从家庭和社区转移到护理院后其医疗保险就不能使用等,而对于社区养

---

① 朱浩:《中国老年照顾服务政策:政策评估和展望——基于"生活质量—社会质量"理论分析框架》,载《社会工作》,2014年第6期。

老服务福利性的定位在一定程度上忽略了老年服务市场的形成。要改变这种现状就必须通过组织赋权的方式,把社会治理的部分权力和责任交给社会民间组织和非政府组织。

因此,要提升政府主体的服务生产能力,不仅要理顺政府内部的关系,更多的需要理顺政府与其他主体之间的关系,尤其是与社会组织之间的关系。这要求政府转变职能从"划桨者"转为"掌舵者",意味着政府不仅仅需要以公共财政来直接提供福利,更重要的还在于整合市场与社会资源,协调和引导整体的福利供给。[①] 在居家养老服务投递过程中,如何对社会组织进行引导、鼓励和培育就十分重要。在杭州市,政府作为养老服务的主要供给方,除了直接生产和管理养老服务、兴办养老院和福利场所,还通过降低养老服务机构建设准入门槛,积极引导、支持、鼓励社会力量兴办多形式、多层次的养老服务机构,加大对社会办养老机构的公助力度。得益于政府支持和鼓励,民营或私人机构通过公建民营、委托管理、购买服务等间接形式,或通过直接兴办养老院和社区照料中心等形式加入到养老服务供给中来。如台湾唯新集团投资的唯康老人公寓、在水一方互助会出资的在水一方养老院,以至于江干区、上城区等区县具体的居家养老服务都是由政府委托或购买的社会组织来实现的。这种局面的形成离不开政府通过具体的培育工具和手段来推动。

社会组织培育工具的使用。对于政策工具来说,不同的学者有不同的分类,比如荷兰经济学家科臣将其分为 64 种,而台湾学者陈恒钧、黄婉玲将政策工具只分为直接型工具、间接型工具、基础型工具和引导型工具四种。[②] 王世强则结合中国政府培育社会组织的实

---

① 郭巍青、江绍文:《混合福利视角下的住房政策分析》,载《吉林大学社会科学学报》,2010 年第 2 期。
② 陈恒钧、黄婉玲:《台湾半导体产业政策之研究:政策工具研究途径》,载《中国行政》,2004 年第 75 期。

践经验，将政府培育社会组织的政策工具分为基础型工具、分配型工具、市场化工具、引导型工具等四类。这四种包括了放松管制、建立法规、补贴和税收优惠、政府购买、凭单制、赋权等多种内容。① 这些具体的方式已经在各地的实践中得到广泛的采用，尤其是政府购买已经成为当前公共服务递送的一种基本手段。但是，由于我国社会组织还比较弱小，在很多时候更多的依靠政府帮助孵化和进行能力建设。尤其是面对特殊老年人，例如失智、失独以及空巢等老人，相应的社会组织还处于年幼时期，需要政府强有力的扶持和政策支撑，因而引导性工具的采用也十分重要。

在杭州市，社会组织的培育已经有了比较成熟的经验，通过"社会复合主体"对政府、企业和社会组织之间的关系做了开创性的探索，以组织的创新推动了整个经济和社会多个领域的管理创新。在基础型工具方面，杭州市不断放松管制，降低社会组织的注册门槛。2013年杭州市规定行业协会的商会类、科技类、公益慈善类、城乡社区服务类等四类社会组织，不再需要业务主管单位审查批准（除法律法规设定需前置审批的以外），可以直接向民政部门申请登记。在分配型工具方面，杭州市主要采取补贴对象和机构的方式来进行。2012年出台的《浙江省养老服务补贴制度实施意见》规定，省级财政和市（县）财政对两类补贴对象（一类、二类补贴对象）分别补贴。同时也积极通过提供养老用地用房、水电等基础设施方面的补贴，尤其是落实社区养老服务用房，为社会组织介入养老服务提供政策优惠和补贴支持。在市场化工具方面，杭州市根据《关于政府购买社会组织服务的指导意见》，通过编制预算计划合理确定服务项目，广泛引入社会力量，加快政府对包括养老服务、就业培

---

① 王世强：《政府培育社会组织政策工具的分类与选择》，载《学习与实践》，2012年第12期。

训等 8 大类服务购买，以探索政府提供公共服务的新机制。对各类养老服务中介组织，杭州市根据《关于加快推进养老服务事业发展的意见》（市委〔2010〕24 号），不仅对在职工基本养老保险费和城镇职工基本医疗保险费给予适当补贴，还根据第三方评估结果给予相应的奖励和补贴。同时杭州市广泛采用居家养老服务券，不仅发给失能、孤寡、高龄等老年人，还发给重点优抚对象、老劳模以及经济困难的老居（村）干以及离休干部等，用以支付中介组织服务的相关费用和老年呼叫设备安装费用等。在引导性工具方面，杭州市通过社会组织平台搭建孵化基地，也通过公益创投等项目申报，为这些社区里的社会组织提供能力建设、启动资金、技术支持等一系列的引导性服务。随着居家养老服务的深入发展和老年人需求的不断提升，社会组织在这方面的作用也将不断提升，这也意味着杭州市接下来对引导性工具的使用将更为频繁，这也是政府转变职能的重要体现。

具体鼓励方式。政府一般通过如下几种方式来实现对社会组织的培育和支持：

第一，强化对于社会组织的认识，提升社会组织在社区服务中的作用，以社会组织作为整合社区资本、加强社区建设、完善居民自治以及服务社区民生的重要载体和平台，推进社区治理的同时满足居民的多元化需求。例如，杭州市按照《民政部关于进一步加快推进民办社会工作服务机构发展的意见》和《民政部关于开展民办非企业单位塑造品牌与服务社会活动的通知》，制定《杭州市社会组织诚信自律宣言》。通过加强社会组织品牌价值和自律行为，制定品牌标准的同时开展品牌认定，宣传社会组织典型等提升公众对于社会组织的品牌认知；也积极通过倡导和推进社会组织财务公开、信息公开、定期审计等自律行为，提升整个社会组织的公信力；还进一步促进社会组织之间以及社会组织与企业、媒体、社会公众等相关方之间的交流和认同，为优秀社会组织获取政府购买服务和更多社会资源构筑通道、搭建平台。上城、下城、江干、西湖四区成为全省首批现代社会组织体制建设创新示范观察点。《社会团体民主自治工作规范》、《社会组织评估规范》两项地方标准，成为全国率先发布社会组织领域的地方标准的城市。

第二，对社会组织进行分类管理，规范评估程序以推进社会组织健康有序发展。在杭州市根据《社会组织评估管理办法》（民政部令第39号）和《杭州市社会组织评估实施办法》，坚持"以评促建"的理念，依照参评社会组织所属类型的评估指标，对参评社会组织进行综合考察。其中社会团体实行综合评估，评估内容包括基础条件、内部治理、工作绩效和社会评价。民办非企业单位实行规范化建设评估，评估内容包括基础条件、内部治理、业务活动和诚信建设、社会评价。社区社会组织实行综合评估，评估内容包括基础条件、工作绩效和社会评价。

第三，提供发展平台，努力使社区民间组织发展壮大、发挥作用，走向制度化。目前，杭州市本级和14个区县市已经全部建立了社会组织服务中心、社会组织促进会、社会组织发展基金会等多种形式的社会组织服务平台。这些平台面向社会组织发展需求，积极谋求打造集培育扶持、公益创投、信息服务、培训交流于一体的服务综合体，在满足公众需求的同时也积极推动社会组织的自我管理、自我教育和自我发展。例如在上城区通过"帮一把"平台引进社会组织，为老年人提供上门送餐、家政、陪医送药等众多服务，还通过公益创投鼓励小众化的项目形式来满足特殊老年人的需求，这种运作同时也提升了社会组织自我发展的能力。

第四，提供配套支持，努力形成共同推动社区民间组织发展的良好环境。社会组织在社区内为老年人提供服务，需要与社区内其他系统存在互动和联系，因此良好的运作环境非常重要。在杭州市街道和社区由于差异性较大，往往会根据自身社区的情况来引进相关的社会组织。例如西湖区灵隐街道"大爱人家"引入了失智老人项目，定期为这部分老年人提供相应的服务，政府为其提供政策优惠和补贴并提供场地和信用担保，使其发展能够拥有良好的生存环境。在此之前北京的相关机构也曾考虑入住该社区，但社区需求和成长环境不能为其提供良好条件就没有引进，即使引进也不会有发展，可见对于社区里的社会组织配套支持和发展的环境非常重要。

除了对社会组织的培育和支持之外，还需要对企业的培育和支持，以推动养老服务市场的形成。企业以其灵活性和适应性强而在社区养老服务中发挥重要的主体作用，在杭州市的实践中企业更是广泛介入到居家养老服务的过程中，当然也存在市场失灵等情况。西方国家的部门失灵理论和跨部门理论对此进行过深入的论述，并基于此讨论了政府、市场和社会组织的差异性和互补性，以此作为政府与企业等主体合作的理论依据。就这种合作模式而言，纪德伦（Benjamin Gidron）、克莱默（Kramer）和萨拉蒙（Salmon）提出的"政府提供资金—民间组织提供服务"合作模式经常被引用。该理论以服务资金筹集和授权以及服务的实际配送这两个福利服务的关键要素为核心变量，提出了政府与民间组织关系的四种基本模式：政府支配模式、民间组织支配模式、双重模式、合作模式，其中合作模式又分为"共销"（collaborative-vendor）模式和"合作伙伴"模式两种。前者强调政府主导，后者则强调双方分工合作。[①] 社区养老服务作为"准公共品"，由政府主导以"共销"形式为特殊老年人提供。

---

① 章晓懿：《政府购买养老服务模式研究：基于与民间组织合作的视角》，载《中国行政管理》，2012年第12期。

基于对社区养老服务的"准公共品"认识，杭州市不仅强调企业在中高端老年服务中的作用，也特别强调市场在基本养老服务中的地位。2014年《杭州市人民政府关于加快养老服务业改革与发展的意见》指出，要加快转变政府职能，充分发挥政府的主导作用和市场在资源配置中的决定性作用，并强调通过创新供给方式，加大政府购买服务力度，营造公平的市场环境，促使社会力量成为养老服务业发展的主体、养老服务业成为经济结构调整和产业转型升级的重要内容。

在以政府为供给主体的基本养老服务中，其服务对象主要为独居、空巢、失能等低保老年对象，市场主体主要通过购买服务进入社区，而对于其他老年人，市场主体提供服务的形式更加灵活。当前杭州市市场主体一般与政府的合作有三种形式：（1）企业与政府合作提供综合性养老服务。例如西湖区北山街道的社区居家养老服务中心由浙江养安享养老服务股份有限公司投资运营，政府给予养老政策及经营场地支持，由该公司提供居家服务、娱乐健身等十余种惠老、助老公益体验季活动，谋求打通服务到社区的"最后一公里"。（2）通过政府招标或委托提供居家养老服务。这种形式在杭州市非常普遍，江干区、西湖区、拱墅区等，像唯康、绿康、在水一方等市场化主体正进入到社区养老服务的政府购买行列中。（3）政府监督机制下的市场化独立运作形式。这种方式更多体现在中高端市场或者没有纳入政府基本养老服务的部分老年对象身上。他们从市场中购买自己所需要的相关养老服务，典型的就是老年人最为需要的家政服务（包括家庭护理服务）。在杭州市由于老年人的生活质量较高，因此对于需求的层次要求相对也较高，许多老年人通过市场购买家政服务。

这种市场化主体进入社区养老服务有着明显的好处。就杭州市的实践看，因为许多市场化主体服务内容较为广泛，并开始品牌化和集团化运作，使得这些市场化主体可以同时提供与老年人相关的不同服务，从而促进养老服务与医疗、家政等不同领域的互动发展。同时某些市场化主体既开办养老院同时也在社区开展居家服务。杭州市也鼓励养老机构向社区化、小型化、连锁化发展，从而促进这些市场化的机构资源进入社区为老年人提供专业化服务，可以促进机构、社区和居家资源之间的互动，也有利于覆盖到老年人不同生命周期的需要。另外市场化主体还可以打破街道、社区的资源分割，实现跨社区的资源整合。例如杭州市 2014 年谋求为老年人实现配送餐中心全覆盖，既通过政府购买服务的形式选择餐饮企业，因地制宜地布点实体老年食堂和助餐点，这将避免原有的每一个社区建一个食堂的行政化操作，提升社区资源的利用率。当然，更重要的是市场化主体可以灵活满足不同老年人的需求。

（二）社会组织的自身能力建设

作为公共产品的生产和投递主体，社会组织除了政府需要在政策条件方面给予培育和支持以外，还需要不断增强自身的组织能力，尤其是对于服务的投递能力。在当前我国社会组织的发展水平仍旧有限，在杭州市的社区养老服务中也看到这种现象，其自身还难以完全实现有效的组织递送，尽管政府在不断转变职能，但是由于社会组织的承接能力有限，往往出现"左手倒右手"导致"第三部门失灵"，存在服务低效率和水平不高的现象，急需加强社会组织自身的能力建设。

社会组织能力即社会组织利用资源，形成和制定组织愿景、战略、使命和目标，并有效实施组织的愿景、战略、使命和目标，为社会提供非营利性质（包括公益性和互益性）产品和服务，形成组织与环境的良性互动，获得竞争优势，确保组织可持续发展过程中体现出来的潜能和素质。① 这从《社会组织评估管理办法》侧面可以了解，该《办法》规定对社会团体、基金会的评估内容包括基础条件、内部治理、工作绩效和社会评价，而民办非企业单位的评估内容包括基础条件、内部治理、业务活动和诚信建设、社会评价。综合其内容，社会组织的能力建设可以归为内部治理能力、战略管理及筹募资源能力、财务管理能力、项目管理能力、人力资源管理能力等几个方面。在杭州市，社会组织在社区养老服务方面主要存在驱动力、服务能力和服务内容以及独立性等方面的问题，这些问题集中体现在社会组织对于自身人力和财力、组织运作的能力方面。

1. 人力资源管理能力

在社区开展老年照顾服务的社会组织很多是原有的街道和村社集体组织改制而来，当然也有一些大型的公益性社会组织开始加入到社区服务中。从杭州的实践看，这些社会组织主要为老年人提供以家政服务为主的一些照料服务，也有部分情感慰藉服务，其人员构成包括面向市场招聘的护理员和志愿者队伍以及部分社工人员。社会组织为老年人提供服务的护理员与那些企业一样，也从市场招聘，大多是杭州市外来人口。这些人员与社区的"4050"人员是当前直接为老年人服务的人员，虽然还加上一定量的社工，但往往社工还要兼其他的社区工作。虽然这些社区为老服务人员上门之前经过一定的培训，但实际上由于护理员的紧缺，根本做不到持证上岗或者上岗人员具有足够的护理知识。

> 我们有一个信息平台，里面（关于上门服务）投诉还是挺多的。投诉服务员打扫不干净，或者2个小时没有做够就走了。还有很多服务员对老年人说，这个是政府照顾你的啊，相对于

---

① 马庆钰:《社会组织能力建设》，中国社会出版社2011年版。

白给的，你还要怎样？还有的把来回路上的时间也算在内，或者跟老年人提出说，我做了这么多事，你应该多给一张券什么的。

——E 社区某工作人员 CS

这些行为极大地影响了老年人对于居家服务的评价，有很多老年人认为这些服务成为一种负担。为了提高上门服务人员的服务态度和服务质量，很多社会组织在加强对其服务评估的同时，也在某些方面做出了规定。比如有些区要求居家养老服务员打卡上门或者安装手机 APP 刷二维码等来确保服务时间，同时对于服务内容对应的服务券进行核定。与此同时老年人也可以通过 12345 和 9666 热线进行投诉。当然，杭州市规定了居家养老服务员培训时间后，社会组织也开始对招聘的人员设置一定的培训要求，加强服务知识和技能态度的培训，这些问题得到一定的改善。

实际上影响这些上门居家养老服务员的工作态度的另外一个原因是工资不高的问题。现在的政府购买价格一般在 20 元/小时（江干区招标批发价是 23 元），低于市场家政的小时价，对于市场招聘的那些服务人员并没有吸引力，社会组织往往还有扣除一定的管理和运营成本，这些人员往往还拿不到 20 元/小时的工资，而且有时老年人一天只需 2 小时和 4 小时，服务时间比较零碎，故此吸引到的服务人员相对上是家政市场上素质不高的，即使经过培训仍旧难以保障服务质量。对此，杭州市也正筹划提升服务的购买价格，从 20 元提高到 25 元，同时某些社会组织采取一些合理的管理手段，增进那些家政人员的月收入。比如上城区"在水一方"通过对家政人员的服务时间科学排班，允许他们在空闲时间可以自主从市场获得其他收入，同时还帮助他们为本社区的有需要家庭服务，从而在提高他们的收益的同时保持队伍的稳定性。

除了这些居家养老服务人员，社会组织还往往参与街道设置的社区养老服务综合一体化站点的管理。这些人员必须是专业的工作人员，具有项目策划和管理等多项能力。在杭州市实践中，这些社会组织的站点管理能力也还不够，人员素质和能力还存一定的欠缺。

> 我们有个社会组织，专门负责这个养老综合体的标准化管理以及一些活动的开展。现在市里有个要求，每个社区为老设施要达到多少个老年人。现在是5分钟的生活圈，即使这个社区没有这个，附近社区也能去。现在他们也组织了一些活动，但（人员）有些能力方面也有欠缺，从目前看还有许多工作要做。这个我们要进行考核的。
>
> ——B社区在所街道工作人员MT

为此，社会组织要真正发挥自身的专业性，就需要不断改进社会组织的自身构成，提升人员的素质和能力，还需要积极借助外部资源，利用不同社会组织和机构的兼职人员，以提升服务的能力和水平。

另外，在社区养老服务中，我们也注意到在精神慰藉方面服务志愿者组织的加入。这些志愿者以大学生群体和老年互助群体为主，例如杭州网的义工组织为老年人提供的上门慰问服务。当然也不应忽略社区内部一些志愿人员的存在，比如党员、楼长等，但是总体上说，人员构成"两极化"，老的老小的小，组织比较零散，缺少持续性，服务质量难以保证。

> 志愿者，不是固定的，说实话，街头上那么多红马甲的志愿者，拨一些到社区多好。现在有些楼道，发现有些老人心脏不好的话，子女不在旁边的，我只能依托党员，说你们帮我去看一看，然后有人说志愿者需要你们自己开发啊！我自己去弄，我手头的资源也有限啊！杭州市不是有志愿者协会吗？手头资源很多啊！有些党员年纪也很大，他也不能老帮你看着。至于

说低龄为高龄老年人服务，说实话就是填填表格，根本难以开展。

——WD 社区所在街道工作人员 SL

从社区的访谈看，当前志愿者组织在人员构成和服务内容、满足需求方面都存在着不小的差距，需要切实引导志愿者人员，以一种可持续的方式为老年人提供服务，否则只会成为一种"蜻蜓点水"式的"送温暖"。基于此，以杭州网为平台的义工组织，改变过去依靠大学生志愿者为主的方式，与那些有工作岗位的职场人士签订志愿协议，由他们为老年人提供上门慰问服务。考虑到老年人对"熟人"的心理依赖，一般要求具有 2—3 年的持续服务时间保证，这种方式可以作为开展老年志愿者服务的一种良好尝试。

2. 资金筹集能力

福利类社会组织的资金主要有政府资助、自创收入和社会捐赠三种途径，其中大多数社会组织资金主要来源于政府的拨款和补贴计划，几乎占其全部收入的一半。[①] 自创收入则包括服务收费、经营收入、权益筹资和负债筹资等，社会捐赠则为企业和公民个人的捐赠（还有部分海外捐赠）。从杭州市的调研看，社区养老服务的社会组织绝大多数依靠政府的补贴和项目经费，自创收入所占比例较少。

政府资助和补贴。作为社会组织的主要经费来源，政府补贴几乎是大多数社区老年服务类社会组织的全部来源。由于老年服务的福利特性，老年人通常以无偿和低偿的方式获得，而社会组织的公益性又使其不同于企业那样市场化定价，因此社会组织要持续运作就必须获得政府资助和补贴。在社区类社会组织这块，政府资助和补贴往往起着关键的作用。

---

① 童晓莉：《福利类社会组织资源筹集问题研究》，南京师范大学硕士论文，2014年。

项目制经费。这类组织主要通过参与到政府购买服务中，政府依据招标的价格，按服务类型和内容付费。社会组织提供服务，同时社会组织还可以根据需求设计项目再行申请，获得政府立项拨付经费。在杭州市的居家养老服务项目和社区公益创投类项目经常采取这种方式。

自创收入。尽管社区养老服务具有福利性质，但是由于老年服务的异质和多元性，部分服务具有市场化特性，社会组织为了自身的可持续发展也必须在某些项目上收取一定的费用，比如针对政府购买范围以外老年人的上门维修项目。

社会捐赠。目前对于社会组织的捐赠大多来自于企业赞助和部分公民个人捐赠。就在社区开展老年服务的社会组织来说，获得的社会捐赠很少。从杭州市的调研看，仅一家社会组织表示获得过捐赠。公民个人大多以捐赠衣物为主，对社会组织的资金捐助很少。

就以上四种资金筹集方式来说，开展社区老年服务的社会组织基本还需要依靠政府的资助以及项目制经费，自创收入微乎其微。从已有的研究看，对于社会组织来说，年收入在 5 万以下的组织，通常处于半瘫痪状态；年收入在 5—10 万大体属于勉强维持状态；年收入在 10—50 万的组织运行比较正常，一般活动可以开展；年收入 50 万以上的组织，有较充足的经费。[①] 从笔者的访谈看，有很多社会组织表示基本能维持运转（有的采取年终政府专项补贴的方式来弥补亏本），但是这种过于依靠政府资金支持的方式也存在着诸多的问题。

首先，社会组织承接社区老年服务的合理性受到质疑。一般认为社会组织承接政府的公共服务功能，作为主体在服务投递中发挥

[①] 童晓莉：《福利类社会组织资源筹集问题研究》，南京师范大学硕士论文，2014年。

着特殊的作用。但由于资金过度依靠政府,对于老年人来说,社会组织在很多时候变成政府部门的一部分。而对于社区老年工作人员来说,有些基层工作人员认为只是"左手倒右手",社会组织并没有真正发挥其自身的主体作用。

> 现在我们这些社会组织,资金很多来自政府,说实话,只是换了个做法而已。以前由政府来,现在换成社会组织,换汤不换药。
>
> ——WD 社区社工 HS

其次,社会组织的持续运作能力有限。社区老年服务类的社会组织的资金大多来自于政府,很多时候受制于政府的制度规则,影响其服务和活动的组织和开展。

> 维持组织运行社区没有收入,开展各类服务资金从哪里来?硬件设施是可以了,软件呢?你想开展健康服务或者自主搞活动,资金没有就开展不了,等待资金下来有可能要派到其他用处了,前期没有任何资金的。先建立后申报,是不是要先垫付?像中秋节这样的晚会肯定要花钱的,相应的奖品,完全公益的东西没有钱搞不起来,像我们撤村建居的,周边也没有企业的。社会组织,公益型的都可以申报,前提是有人员、有项目或者创意,只是给了你起步(资金),后续怎么办?公益组织啊,完全依靠政府扶持,自己社区自己组织。比如我可以缝补、理发,场地我来弄,我可以组织人员,但是设备钱从哪里来?
>
> ——M 社区某工作人员 TX

可见,单纯依靠政府资助的社会组织在独立运作方面能力非常有限,但是基于我国的国情,并不是独立性越强越好。这类社会组织需要政府的大力支持,关键是对于社区养老服务属性的定位,即哪些服务是公益免费的，哪些服务是可以收费的。对此，可以丰富社会组织的资金来源，除了政府资助和项目申报，还可以通过市场化运作获得自创收入。即使社会组织定位于公益性，但是仍旧可以通过酌情减免或优惠的方式为老年人提供相关增值服务以增加自创收入。在项目制中社会组织可以通过积极实现服务内容的创新，以项目申请获得政府资助，同时也可以满足老年人的多元化需求，提升社会组织的活动空间。对于社会捐赠来说，目前的捐赠数量仍旧很少。大型社会组织，需要提升自身的公信力以激发企业和个人的捐赠热情。社区类社会组织，则需要与社区周边企业和社区居民互动以获得他们的赞助和支持。

3. 项目运作能力

考虑到社会组织的服务能力和发展空间以及实践中项目制的广泛推广，如何提高社会组织的项目运作能力至关重要，这是其自身能力建设的重要部分。社会组织一般可以通过公益项目投标和竞标、委托项目承包、参加公益创投和直接申请等方式参与到公共服务项目中。

从杭州市社区养老服务的实践看，社会组织已经普遍通过项目制参与进来，比如居家养老服务招投标，比如江干区引进 5 家服务机构，为辖区内的孤寡、失独等 12 类群体提供专业化的居家养老服务。同时在西湖区、江干区、上城区等广泛推行的公益创投项目，已经培养众多的社区类社会组织。就调研结果来说，这些项目的运作很多时候依靠社区从政策、人力和物力等多方面的支持。社会组织的项目开展与社区组织的运行效率密切相连，同时就项目本身来说，社会组织对组织效率的追求与其公益精神的价值目标往往存在内在的矛盾，其主要问题表现如下：

首先，社会资本的获取能力有限。尽管社会组织通过招标、委托或依申请获得政府购买的项目，但是项目的开展不仅需要街道和社区从行政资源到服务资源的支持，还需要社区居民的配合，而这与社会组织行动的合理性和合法性密切相关，当然也与老年人自身的特质密不可分。从实践看，社会组织的很多行动可获得的社会资本有限，缺少老年人及家庭的信任。例如上城区F社区针对失独老年人开展的公益创投项目（"麦田圈"项目）在初始开展时并不顺利，缺少服务对象的理解和支持。

> 我们社区现在是9户（失独），街道也有关怀的，但是没有社会组织做这个。我们启动了麦田圈项目，主要从服务和活动两个方面开展。通过上门和打电话方式对老人进行心理辅导，了解他们具体的生活状况和需求，通过社会项目的方式，为他们提供10小时免费的家政服务，同时还与提供服务的企业衔接。但是开始他们并不接纳我们，甚至有点抵触，他们也不愿意与别人接触，在这一点上社区做了很多工作，我们也调整活动的方式，到目前这个项目已经搞了好几次活动，效果还挺好的。
>
> ——甜梦家园长者服务中心某活动组织者ZX

其次，项目目标的冲突。对于社会组织来说，公益性的追求是根本的价值目标，但是由于项目制特有的为提高服务效率和质量的运作机制，往往使得项目在申请、招投标以及运作过程中产生了背反的现象。例如有些机构负责人在项目申请过程中基本不加挑拣，出现服务机构的"目标置换"：机构首先追求考核目标的完成，而服务目标可能会被置于次要地位。这种现象在杭州市的项目运作中也存在，影响了社会组织的服务质量和老人对这些组织的信任。

> （居家养老）合同是由镇街做的，我们也会作一定选择，一般来说规模大的（社会组织）肯定会选择老年人多的街道，规模小的肯定会选小的（街道）。除了居家养老，我们还可以申请

不同层面上的项目,这方面政府的支持力度很大,我们也基本上坚持能申请都申请的原则,毕竟现在我们也要吃饭,项目运作得多也能积累更多的经验不是……组织以服务获得生存,服务肯定是首先的,其实这个很难说先后,不是说为了考核而考核,而是组织要生存就必须达标,达标也是服务质量获得认可的体现嘛。

——在水一方某工作人员 Z

从以上访谈看,社会组织不仅存在社会资本获取问题,同时在项目运作中一定程度上还面临着项目目标的冲突。要提升社会组织的项目运作能力,就必须扎根于社区,依托社区基层组织面向社区居民的需求,做好项目需求的评估和前期调查,同时加强与社区居民的互动。考虑到很多老年人自身特质的差异,还必须考虑到项目开展的方式和手段,提升老年人对于社会组织的信任,在此基础上着力改善服务质量和水平,以良好的服务来扩展社会组织在社区开展活动的空间。

要促进社会组织的自我成长和发育,对它们在人力资源、筹资和项目运作能力方面存在的问题,必须从以下几个方面加以改善:

首先,要努力提升社会组织的人力资源管理能力。目前人力资源管理体系的缺失是目前我国社会组织人力资源开发和管理面临的最大问题,由此往往在人力资源配置上不具适应性和弹性而造成普遍的人力资源管理困境。[①] 在开展社区老年服务过程中,社会组织常常一人管理和参与多个项目,还出于节约支出的考虑,人员配置较少,很多时候需要借助一些志愿者来开展工作。而对于某些专业性

---

① 唐代盛、李敏、边慧敏:《中国社会组织人力资源管理的现实困境与制度策略》,载《中国行政管理》,2015 年第 1 期。

强的服务，社会组织只能以公益参与加以引导聘用兼职人员。比如在健康护理或心理咨询方面，大多依靠医院的兼职人员和持证的社会个体的免费或低偿参与。这种情况要求社会组织自身要努力提升人力资源的科学配置，还必须依靠政府倡导和鼓励更多的人参与志愿服务，尤其是年轻专业人士的加入，否则组织不仅难以有效运行，也会因为缺乏活力和创新意识而被社会淘汰。

其次，要积极推进社会组织向社会企业转型。社会组织在项目运作中多以民办非企的身份参与到社区老年服务中，然而由于其定位于公益性，多以免费或低偿方式提供相关服务，组织效率较低。同时，社会组织也能保持持续性壮大，这种现象反过来也对社会组织的人力资源管理、筹资能力以及项目运作能力产生了影响。

> 比如我们的老年食堂，是交给社会组织来做，他们注册都是民非（组织）。完全针对老年人，肯定是噱头。像金华，有几个人企业做得好，做公益的，米、油一次性批发，然后找几个会做饭的大妈做做饭，老板开点工资，这种通过自发力量反而好做。倒是我们公不是公，私不是私反而难做。
>
> ——B 社区某主任 SL

可见，这种公私不分的定位影响了项目的持续经营。考虑到这种情况，应该借鉴企业的治理模式向社会企业转型，以经营的理念提升社会组织在人力资源、资金筹集和项目运作等方面的能力。在此背景中，社会企业作为非营利组织与企业组织的创造性结合，它兼具社会性和商业性的运作模式，在实现自身持续发展的同时也支撑起社会目标的实现。① 因此，社会企业作为一种组织形态正成为社

---

① 苗莉：《社会企业：非营利组织发展的新模式》，载《光明日报》，2013 年 3 月 1 日。

会组织改善组织效率和提高组织竞争力的转型方向。当然这并不是排斥社会组织公益性的价值基础，而是以一种经营的理念来提升社会组织提供公共服务的能力。

再次，努力建立共同体信任机制。社会组织因为在社区为老年人提供服务，还需要面向社区，建立社区信任机制，这不仅需要努力增强社会组织的独立性，更直接的应该依托社区建立一种共同体之间的信任关系。从社会组织具体的项目运作来说，很多时候必须依靠社区基层组织的体系，通过搭建社会组织和正式组织之间的关系寻求行动的合法性和合理性，然后才能实现具体的服务开展。同时社会组织还必须通过具体的服务与老年服务对象实现互动，以良好的服务以及长期频繁的互动来获得信任，从而提升社会组织的社会资本，拓展其在社区行动的空间。

> 比如政府购买的居家养老服务人员从外面招聘的，老年人会有担心，生怕他们把家里东西打坏了，或者偷走了。如果是其他的服务，他们会问：政府给的吗？免费的吗？生怕你骗他，现在人与人之间不像以前那样。说到底要老年人信任你。
>
> ——E 社区所在街道工作人员 LA

另外，还必须强调社会组织公益性的彰显。虽然社会组织可以像社会企业那样以经营的理念来运作，但是社会组织生存的基本特质是公益性精神的宣扬和维系，这也是它区别于市场化组织的根本特性。故此，在社会组织在自我成长和发育过程中，对于大多数福利性项目应该努力彰显这种公益性，以提升社会组织的公信力，对于那些可以收费的项目坚持低偿优惠的原则，以更好满足不同老年人的需求，同时这种公益行为也可以树立社会组织的公益品牌，同时可以促使一种奉献社会的正能量的形成。

二、作为私人产品的投递主体能力

作为私人产品，养老服务的投递方主要是家庭和企业，但是家庭并不是社会化主体，而且家庭赡养方面的能力在不断下降，因而在这里将企业作为私人养老服务的主要生产者和投递者。企业以赢取利润为目标，为了实现这种目标企业必须为客户创造价值。由于老年服务的庞大市场，企业已经开始广泛涉入社区养老服务中，并以其专业性服务在市场中不断拓展活动空间。在杭州市实践中，这种企业以委托授权、合同承包、凭单制、联合经营等多种方式来实现老年服务的投递和供给，尽管企业以其面向市场化经营以及灵活性在满足老年人需求方面表现出特殊的优势，但这些从事社区养老服务的企业自身的能力也存在着严重的不足，难以有效地承接政府的公共服务，同时"市场失灵"的现象也使得服务本身容易出现"选择性"，即使纳入政府购买，也难以保证那些低收入老年群体能够公平地享受居家养老服务。这些要求我们在推进养老服务产业化的过程中，也要加强企业的能力建设，以更好地满足多元化多层次的老年人需求。

（一）企业的自身能力建设内容

企业必须依靠组织运作的高效率而获得市场竞争力。对于市场（企业）组织的能力建设在企业管理里有着诸多的研究，在这里我们只是针对那些在社区开展老年服务的企业。基于杭州市的实践，其在服务专业化能力以及服务内容方面都存在一定的不足，这种情况不仅与那些企业本身的能力有关，也与当前老年服务的市场竞争不足有关。对于企业本身来说，相对于社会组织，它既可以以政府购买的形式参与到服务投递中，也可以通过市场化的方式来满足中高收入老年人的需求。不过就当前这种需求满足来说，企业的这种能力有限，尤其在人力资源管理和服务生产的能力方面。

1. 人力资源管理能力

在社区开展养老服务的企业在人力资源方面的管理能力，不仅包括对市场化招聘的家政服务员以及其他专业化人员的管理，还包括组织人员的素质和管理能力。在这里主要针对的是前者，因为其与社区老年服务的对象直接接触；而后者是指公司内部组织行为，不同公司由于企业文化、管理理念会有着差异，并不在本研究讨论之列，本研究更加集中于与老年服务直接相关的前者。

与社会组织一样，企业为社区老年人提供居家服务的人员同样面临着人员结构和素质等方面的问题，虽然企业相对于社会组织可以在成本约束上要更灵活和宽松一点，但是由于目前的为老服务的定价比较低，影响到市场的人员供给。当然，企业在人员管理方面的能力更加专业化，能够极大地实现人员配置方面的效率，但是从杭州市的实践看，这些企业所能提供的服务受到人员素质的极大影响，也影响了其承接政府服务的能力。

> 这些（上门的家政）服务员工资不高，20元一个小时，公司还要扣一些，他们的服务态度可想而知。另外这个人员是从外面招过来的，老人的怨言很多，他们说我们有时候搞不拎清的，还不如发券。有时到了年关集中做的，这些服务员说你都给我签掉好了，签掉后服务却不做，他们去巾帼西丽把钱领了，所以有时几边很难核对。今年改了，改成一个季度结一次，预防留到年底，但是这样一个季度做不了过期作废。
>
> ——WD社区所在街道工作人员SL

另外一方面，企业还以市场化的方式为有经济能力的老年人提供更加优质的老年服务，但是由于老年市场的不成熟，企业所集中投入的主要在于老年产品的开发，在服务方面的投入和创新比较少。在杭州市我们可以看到企业已经广泛涉入老年手机、呼叫器、老年保健品以及机构照顾方面的内容，但在社区开展的服务创新不够，其人员供给也难以有效地满足老年人的需求。

> 比如给70岁老人发（老年）手机，本来是一件好事，但发放中出现N多问题，移动公司的人员不按照约定时间到场，还要我们社区控制局面，你知道老年人听说有这个（手机）发，很早就过来的，然后公司的人不来，或者很晚才来，（老人）会认为是我们社区没有做好工作。
>
> ——C社区某主任LX

从以上的谈话看，在为老服务项目中，企业如何对服务人员加强培训和管理，提高他们的顾客服务意识具有重要的意义。在很多购买项目中，服务人员觉得这是政府免费给老年人的，并不把服务对象的需求放在重要位置，甚至有很多企业人员出于盈利目的，向老年人推销一些额外的根本不需要的服务。可见，对于企业来说，无论是针对政府购买的基本养老服务，还是针对市场中高端需求的老年服务，都应该强化自身的人力资源管理能力，通过不断改善服务态度和服务质量求得在市场中的竞争优势，否则老年人宁愿排队，也会更多地选择政府和社会组织提供的相关服务。

2. 服务生产能力

以定位精准和需求导向而著称，相比社会组织具有更强的服务生产能力，但是在目前社区引入企业的实践中，这些服务项目往往主要集中于一些基本生活项目，比如家电维修等便民项目。不可否认的是这些便民服务满足了老年人一些基本生活需要，但是这种服务生产与老年人的一些需求仍旧存在不小的差距。

> 目前他们主要提供的还是家政服务，其他方面涉及家电和家具维修一些。你说的老年产品方面是有一些公司来社区联系

过,这个社区不好出面……还有我们在街道层面的这个居家养老照料中心,引进了中医馆,注册是民办非企。这还是挺受老年人欢迎的,其他就是这个便民服务室,有修鞋、修家电、量血压、缝纫等,有些是免费的,收(费)的话也会比外面便宜一些。

——A 社区所在街道工作人员 XD

可见,从目前来看,企业进入社区提供的服务种类是比较多,但是这些服务多是作为便民服务的一部分,并不是特别针对老年人。也有一些项目的实际利用率比较低,尤其是收费项目,同时在政府购买服务中企业的服务生产和投递的能力也受到怀疑。例如关于老年手机项目,是社区工作中被抱怨最多的一个老年项目。

(给老年人发手机)的出发点是好的,免费用两年,两年以后怎么操作?居民问我们,我们回答不出啊!近一点的问题,手机的质量比较差,有的居民投诉到企退办,总结了好多条问题,比如字数小,SOS 键有什么用,为什么要双卡双待,很多问题确实存在。作为老年人按照我们的理解,只要打电话发消息,它还有上网功能,很多老年人不用,这个卡可以插来插去,子女拿去用了,说欠费了,说实话我们在这方面的精力投入挺大的。

——C 社区某主任 LX

对此,不仅涉及服务生产的质量问题,还涉及渠道商和运营商之间的分工合作问题,实践中渠道商要依托社区来运作,但社区工作人员又没有那么精力来投入,从而影响了服务的生产和投递。

除此以外,企业还面临着如何扩大老年市场的问题,当前老年人的消费能力在不断提升,但是在服务的消费方面存在对政府的严重依赖,缺少付费的观念,这也很大程度上影响了企业的发展壮大。

从杭州市看，老年人对政府的免费项目有着过度依赖的现象，而对付费服务还存在抵制或处于消化阶段，这也使得企业在社区的老年服务开展主要还是在政府购买的框架中，当然随着老年人观念的转变，这种市场化服务会逐步得以展开。

3. 项目运作能力

企业运作需要收费，同时自身对项目追求利润的最大化，因此，企业的服务组织效率往往被认为要高于政府和社会组织。在实践中，企业的确表现出较强的运作能力。但是，运作社区养老服务项目的很多市场化组织都是从原有的国企改制或小型的社区组织成长起来的（当然也有一些建立品牌的大型企业），由于当前政府对于养老服务的福利性定位，在准入门槛方面仍旧有一些限制，从而使得企业的市场化行为并不充分，也影响了其项目运作能力，同时也因为企业的逐利性，在社区面临着较大的信任问题，可以说主要表现在两个方面：

项目的盈利有限。由于企业多以政府购买项目进入社区为老年人服务，有着既定的定价机制，也有一些企业可以提供一定附加服务，但这些服务的盈利仍旧比较有限，反过来这种现象也影响到了企业在人力和物力方面的配置能力，从而影响了项目的运作。

> 今年我们开始申报一些项目，街道给一点补贴，但是想赚钱仍旧很困难，这种养老项目的利润空间本来就有限。虽然我们可以多头申报项目，不仅是街道、区里的都可以的，但是这种项目制，想操作得好又想达到预期的盈利，很困难。
>
> ——"慈爱嘉"某工作人员 XC

社会资本的获取能力有限。由于我国居民对商业、企业信任度最低，相对于社会组织来说，企业在社区获取社会资本的能力更差。福山也认为在中国这一低信任度社会类型中，机构与政府联结强度越大，其信任度就越高。从此论断看，企业作为独立的市场化行为在社区行动较难具有信任的基础，这种情况很大程度上影响了其社区项目的运作能力。

> 老年人对于收费的总是很警惕，总是觉得在骗他们，这些公司进社区现在都是通过政府部门和社区来操作的，比如购买的家政服务，还有一些便民服务、老年旅游什么的。现在很多时候都淡化这种企业性质，比如以民办非企注册，强调公益性，不敢说是营利性的。就是营利的公司也是由政府买单，比如老年手机。
>
> ——D 社区某工作人员 NM

从以上的分析可以看到，企业在社区开展的老年服务目前涉及面较窄，而且在项目运作中存在盈利困难，难以获得社区和老年人的支持，这除了要求政策上的支持和老年人观念的改变之外，市场化组织也需要不断改进其自身的项目运作，比如品牌化经营和服务内容多元化，在社区实现服务的标准化和连锁化经营，以提升项目运作的效率和服务的质量，进而提升企业的盈利水平和社区居民的信任感。

企业在社区养老服务开展中面临着多种障碍，这种障碍除了制度化的环境和养老观念等原因之外，也与市场化组织自身的能力有关。基于杭州市的实践，企业要改善这种局面，就必须满足以下几个基本条件：

首先，要面向老年人及家庭的需求。企业具有其灵活性和适应性，根据市场需求调整产品和服务生产的内容、方向。从当前企业在社区老年服务的实践看，企业的这种以需求本位的优势并没有很好地发挥出来，在很多内容上与社会组织并没有太多的差异。对于当前老年人健康服务、护理服务、日间照料等服务，企业应该发挥更大的作用，不能仅将其重点放在机构照顾以及简单的家政服务生产方面，要在做好老年人需求评估的基础上以丰富的产品和服务来满足老年人多层次、多元化的需求。

其次，要突出自身的专业化能力，尤其是要强化个性化的服务方案设计能力。市场化组织以专业化服务在市场生存和竞争。就当前来说，企业在某种程度上已经具备专业性，但是在社区老年服务中这种专业性还没有真正展现出来，不仅是由于其缺少良好的服务载体，也因为缺少个性化的服务设计，从而面对老年人多元化需求时存在各种不足，不仅难以发挥专业化，同时也无法为组织的成长创造良好的环境和土壤。

> 现在我们能做的还是比较有限。至于说的护理、健康咨询等，现在还做不到，因为这些事还需要与医院对接，现在只是做一些前期的宣传教育。有时候我们的感觉就是，现在做的这些，老年人好像也没觉得多么重要。
>
> ——"慈爱嘉"某工作人员 TD

再次，要强化社会资本获取能力。在社区开展老年服务，就必须获得老年人及家属的信任，但由于当前企业在服务投递过程中存在不规范不专业的现象损害了其信任的基础。要搭建这种信任机制，就必须与对象频繁互动，并以良好的服务来获得信任，进而通过这种信任来获得组织自身在社区生存的空间。

> 当时入住的时候我们也很担心，因为很多居民反响很激烈，就是觉得社区不管了，把这个地盘卖给人家了，前期也是做了相当的工作，通过三四个月的时间，而且我们跟他们讲好了每个月都展开座谈会及时听取居民意见。半年后情况慢慢好转了，当然与企业付出也有很大关系，因为服务老年人就是一个感情投资，跟他混熟了这些也很关键。

——C 社区某主任 LX

从以上三个方面着手，企业可以不断提升自身的专业化能力，辅以政府在政策环境方面的支持和引导，有利于多元主体以一种互动合作的方式参与到社区养老服务中来。不仅仅在于家政服务、站点管理方面，还可以在健康服务和护理、日间照料以及一些上门服务方面起到政府、社会组织不能发挥的作用，真正以其专业性和灵活性满足老年人的多元化需求，并推动老年服务市场的形成。

第三节 政府主导下的多元养老服务生产和供给机制构建

以上对服务生产环节分别从支持方式和投递主体能力方面进行了阐述，在当前的研究中都强调了老年人需求的重要性，但是需求的界定以及多样化在很多时候难以操作。由于本研究立足点就是以服务递送过程为焦点，从服务供给者和生产者出发，主要看怎样的养老服务生产机制更能符合老年人的需要。从以上对服务生产者的讨论看，要实现养老服务在生产内容和主体生产能力的加强，离不开政府、社会组织、企业主体性的发挥。政府作为养老服务的主导者，在服务生产和内容供给中发挥着重要的作用，不仅是直接的生产者还是公共服务的购买者以及市场的规制者和监督者，但其行政体制改革目前的深度还很有限，政府的职能还有待进一步转变。市场和社会组织介入养老服务的程度仍旧十分有限，其中社会组织自我壮大和独立运作的能力还比较差，而企业的进入领域主要在于养老院的经营和运作，或者通过政府购买的形式进入社区养老服务，尚缺乏有效的形式真正地介入到社区养老服务递送进程中，尤其是对于具有医疗康复性质的护理院的介入十分有限。

可以说，当前社区养老服务中的社会组织仍旧比较弱小，企业则受制于准入机制以及产业定位等多方面的原因难以发挥应有的空间。因此，社会力量与政府之间形成了一种依赖关系，尤其是在针对独居、空巢、失能等低保老年人的基本养老服务供给中，政府通过购买服务与社会力量形成的"共销"模式更加依赖于政府的财力和行政资源的支持。但是我们也要看到，在一些针对中高层次的需求中社会组织以及市场化力量的独立运作（尤其在公益创投形式中），表现出社会化主体的独立成长意识。同时由于社区养老服务的对象以及老年服务的"准公共品"性质使得多元供给主体在不同服务中具有力量的不对等性，不同主体之间可以形成协同合作关系，在不同服务中扮演独特的"中心"角色。

从以上分析看，服务生产环节更多的应该关注政府与社会多元主体之间的关系，即多元主体构成了总体福利生产的提供方。对此伊瓦斯构建了福利三角理论来清晰地展示政府、（市场）经济和家庭三者的关系。他认为国家或政府对应的是公共组织，社会行动者谋求建立的是与政府的关系，而（市场）经济对应的是正式组织，社会行动者建立的是与（市场）经济的关系，家庭是非正式的和私人的组织，社会行动者建立的是与社会的关系。[①] 在养老服务领域，政府主导的多元供给框架中，社会行动者更多的应该处理与政府之间的关系。根据杭州市的实践，我们可以把这种多元主体与政府之间的关系分为依赖和合作两种：

（1）以基本养老服务的政策目标分类而形成的政府依赖式路径，主要表现于政府购买模式中政府与其他主体之间的关系；

（2）以老年人的多元需求为引导而形成的政府与社会力量分工合作路径，在这种异质化的老年人需求服务递送中，社会组织和企

[①] 彭华民：《福利三角：一个社会政策分析的范式》，载《社会学研究》，2006年第4期。

业等多元主体力量可以发挥主导作用。

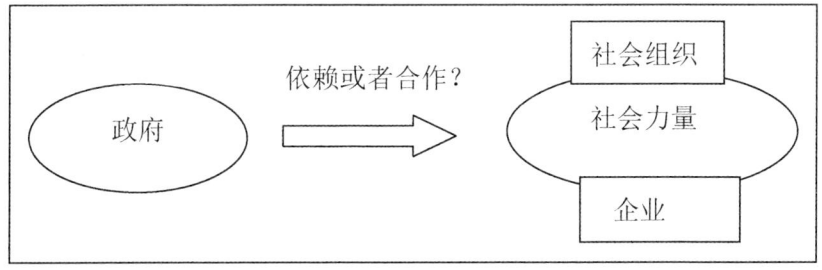

图 4-5　政府与多元主体之间的关系

注：该图由作者自制。

对于依赖模式来说，政府先天作为服务的供给方，同时通过购买、委托等多种形式引进社会组织和企业，为特殊老年人提供基本养老服务。尽管社会力量在服务递送中仍旧具有一定的灵活性和议价权，但是大多情况下社会力量仅作为参与方，缺少政策的参与协商和服务价格的议定权。例如在杭州，居家养老服务的政府购买小时价格长期在20元（最近正准备从20元调整到25元），这种价格极大地偏离家政或护理人员的市场价。故此，在这种递送机制中，虽然政府和社会组织及企业有一定的互动合作，双方形成养老服务的"共销"关系，但实践中这种模式更有点"左手"倒"右手"的性质。从政府直接供给转变成通过政府购买来进行，同时由于社会组织的独立运作能力较差以及企业的盈利属性很大程度上影响了服务的质量。因此，要理顺这种合作机制，就必须从如下几个方面进行转变：

首先，加大政府购买支持力度。目前我国已经开始强调将特殊老年人的居家养老服务纳入政府购买中，但社会组织或企业这些服务提供商往往需要从市场上购买服务，依照当前的购买价格难以确保项目的正常运作或较高的服务质量。在价格约束机制下的服务生产和投递必然是低效率的，这要求政府进一步加大政府购买的财政支持力度，以确保有足够的人力、财力和物力投入到社区养老服务中来，这也成为刺激多元主体共同参与的利益基础。

其次，强化社会多元主体在政策拟定、服务议价中的参与和协商。在社区养老服务中，政府购买的价格往往会考虑到自身的财力以及辖区内的老年人数等因素，由物价部门制定相应的购买价格。这一点从杭州市不同辖区的购买价格也有所差异进一步体现，但由于这种购买政策和价格制定缺少服务提供商的参与，缺少科学性，也使得政策落地中往往由于各种因素而出现偏差，许多政策执行的结果违背了最初的出发点。

再次，加大对社会组织的培育和扶持，提高社会组织的服务能力。加强社会组织的孵化和能力建设，推动其自我管理和自我独立运作。社会组织是养老服务供给的重要主体，鼓励和支持社会组织的成长和发展是社会管理创新的重要内容。当前社会组织在养老服务供给中不仅数量较少，其自身服务和持续发展的能力也有限，要提升其主体作用，就必须通过政府购买和补贴、项目委托、以奖代补等多种形式对其进行扶持，或者由专门的孵化平台通过社会创投的形式来实现对社会组织的培育。在此过程中政府可在前期孵化阶段为其提供从场地设备、法律服务、拓展培育等一系列服务，在后期则通过购买或补贴的形式提升其持续发展的能力，促发社会组织自我独立运作，在养老服务递送中能够真正发挥应有的主体作用。

对于合作模式来说，对应的是正式组织，体现的价值是选择和自主，社会成员作为行动者建立的是与（市场）经济的关系。由于老年群体异质性较强，其多元化的需求通过政府单一主体难以满足，基于老年人需求形成政府与多元主体之间的分工合作就成为其题中之义。在这种政府与社会关系模式中，更加强调社会组织和企业的主体作用，但在杭州市的实践中经常面临着老年事业和老年产业概念混淆的困扰，或者仅通过以政府委托或招标形式介入的几家社会组织提供养老服务，而且企业的介入局限于政府购买的居家养老服务，市场化组织多以一种零散的状态来提供社区养老服务。

为此，要推进政府与多元主体的协同合作路径，应该从以下几个方面进行改变：

一是要区分养老服务事业和产业概念，从观念上认识到社会组织和企业介入社区养老服务的重要性，尤其是民营机构养老服务组织进入社区提供专业化的意义。在我国福利社会化进程中，对于具有公益色彩的社会组织的培育和扶持已经达成共识，但是对于如何引导、规制具有盈利特性的企业以及发挥其在社区老年照护体系中的作用仍旧缺少一个有效的行动框架。同时也由于当前社区养老服务的专业化水平较低，企业的介入空间比较有限，要真正实现居家养老，就必须提升社区居家照料服务中心的专业化水平以及机构专业化服务上门投递机制的搭建，这些很大程度依靠政府、社区以及社会组织、企业的共同合作来实现，尤其是对以专业化水平著称的企业，更应该强化其在这些服务中的特殊作用。

二是降低准入门槛，提升社会力量介入社区养老服务的动机。要推动政府与多元主体的合作，就必须为其他主体的进入创造良好的环境和条件。当前社会力量的资源多投向养老机构，而对于社区养老服务仅以政府购买形式有限参与，而政府在社会力量准入门槛以及价格规制等方面的限制也影响了这些组织的进入动机。对此，政府应该进一步放开该领域，通过政策组合鼓励社会力量加入到社区养老服务的供给队伍中，并允许适当盈利，还可以就基础服务之外的超额服务实现真正的市场化定价。

三是基于老年人的人口学特征，建立不同主体主导的服务合作机制。由于老年人在不同的生命周期阶段具有不同的需求，同时也由于老年人在经济收入、慢性病情况、家庭结构特征等方面存在着差异，以政府为主导的社区养老服务可以在一定条件机制下让社会组织、企业扮演主导作用，政府只是发挥监督和规制的作用，这可以发挥不同组织的主体性作用，从而在减轻政府的负担的同时推动老年服务市场的发育和成长。

小　结

本章主要从服务内容和服务主体能力两个方面来提出服务生产环节的改进策略。从杭州市的实践看，尽管在社区养老服务已经实现了全覆盖，但是针对老年人自身的服务还存在着欠缺，难以满足老年人对于医疗服务和专业化服务等的需求，应该重点建立社区的医养结合服务模式，促进社区护理院、敬老院的发展，还应该推进机构资源进社区，并基于政策目标定位为老年人提供照顾管理服务，为社区照顾提供合理化的方案。考虑到当前站点服务的平台作用，还要实现居家养老服务照料中心的功能升级和优化。同时还应该在老年人非正式网络方面提供政策支持。杭州市目前已经出现了"助老员上门服务""喘息服务""家庭病床"以及"银龄互助"四种针对其非正式网络的支持服务，很大程度上满足了老年人及家庭的需求，但这种政策尝试还有待时间验证。

在主体生产能力方面，政府主体通过行政体制改革和社区管理体制改革，出台了对于社会化组织支持的政策，强化了政府、社会组织、企业等不同主体的服务生产能力。对于社会组织和企业来说，也需要不断强化自身的人力资源管理能力和专业化服务能力，推进社会组织向社会企业转型，并努力推进其获取社会资本的能力，在社区形成一种共同体信任机制，从而实现其自身服务能力和投递效率的提升。

基于此，在加强不同主体能力的基础上构建多元主体合作的养老服务生产机制，但也考虑到社会组织和企业与政府的强依赖关系，要求在不同服务中发挥不同主体的作用。在满足多元化需求的养老服务市场中，要强调主体合作的服务生产机制，然而在政府购买服务的基本养老服务领域，政府与社会化主体之间可以是依赖关系。尽管如此，要发挥多元主体的作用，提升其服务生产能力，就必须厘清政府与社会化主体的协同合作关系，以良好的互动来实现多元主体的作用发挥。据此，本章在养老服务内容和投递主体服务能力分析的基础上，强调了推进政府与多元主体的协同合作的重要性，并就改善性工作提出一定的建议。

第五章　服务定价策略：基于不同市场的社区养老服务定价机制构建

定价是社区养老服务投递流程中的重要环节，合理的定价机制将成为提升服务投递效率的重要途径和手段。由于定价机制的构建需要考虑到市场和人群的特征，同时为了有效提升服务提供者的成本效率和市场竞争性，需要对市场进行划分或细分，在此基础上制定相应的定价策略。本章节将对社区养老服务中的定价机制深入探讨。

第一节　养老服务市场划分

市场划分是鉴于企业在实现产品和服务投递中的有效性和自身资源的有限性，通过将市场分为若干子市场的方式和手段，以提升自身在市场中的竞争力。目前市场划分或细分研究一般有两种视角：消费者导向的细分和产品导向的市场细分，前者主要强调根据消费者的需求和行为特征进行分类，后者则强调市场营销策略进行分类。① 基于养老服务来说，由于其社会化主体进入其市场的方式和手段以及盈利的空间都受到一定的规制，因此在某种程度上只是"准市场"。同时也由于老年人消费能力的有限性和老年服务市场的供大于求的现状，使得以产品导向的市场细分比较少，而更多基于消费者导向的细分，即通过对老年人群体的细分来实现不同服务的供给，这种分类不仅在福利政策中经常采用，也经常出现在老年产业的分类中。

目前对于老年人的分类众多，有基于人口统计的划分、基于生活方式的划分、基于市场价值的划分，也有基于消费行为的划分，也有以健康状况划分（失能老年人、半失能老人、健康老年人），以经济状况划分（高、中、低三个收入级别）。而在老年市场的研究中对老年人的分类更为详细，比如 Bone 在对 33 种老年市场细分方法总结的基础上提出 5 个主要的老年市场细分变量：可自由支配的收入、健康、活动水平、可自由支配的时间、对他人的反应；② Moschis 则以老年消费者的身体健康状况和是否爱好户外活动及社交活动两个纬度为标准，将老年人为分四类：身体健康的享乐主义者、身体健康的遁世主义者、多病外出者、身体虚弱的幽居者。③

这些划分方法在政策实践中经常被综合采用，在养老服务领域经常要考虑到年龄、失能状况、居住状况、经济条件、消费习惯等不同类属因素，有的划分标准被用来作为政策目标定位的工具。比

---

① 罗纪宁：《市场细分研究综述：回顾与展望》，载《山东大学学报》（哲学社会科学版），2003 年第 6 期。

② Bone Paula Fitzgerald, "Identifying Mature Segments", *The Journal of Consumer Marketing*, No. fall 1991, pp.19-22.

③ George P. Moschis, "Life Stages of the Mature Market", *American Demographics*, No. Sep. 1996, pp.44-50.

如在杭州市将老年人分为生活不能自理或不能完全自理的"持证"困难老人、特殊类老人（指有特殊贡献、优抚对象、老居干老劳模等）、空巢、独居的低收入老人、空巢、独居高龄的一般社会老人几类，根据综合评估打分以确定政府购买的居家养老服务时间。而在江干区养老服务需求评估中还综合考虑到居住情况、经济条件、特殊贡献、年龄、特殊疾病等因素，以综合确定政策覆盖的对象。但是这种基于政策目标定位的分类仅涉及特殊老年人，还有大多数一般老年人并不在划分之列。从目前的政策实践看，这些身体自理程度较高和经济收入较高的老年人在获得社区提供的基本服务之外需要自行从市场中购买相关服务，从而具备了养老服务市场化供给的特征。另外政策目标定位由于受到地方财政的约束，尚难以为所有通过评估的老年人提供购买服务。例如在杭州，50%的失能和半失能老人尚没有纳入政府购买中，从而使得这些老年人必须依靠家庭成员或市场获得相关服务。基于此，从养老服务大的分类来说，那些纳入政府购买的特殊老年人和未纳入政府购买的老年人成为两个基本分类，对前者提供的是公共产品，主要依赖于政府构建的"内部市场"，而对后者提供的则是私人产品，依赖于私人市场，这对应于吉尔伯特和特雷尔所说的"社会市场"和"经济市场"（见表5-1）。

一、社会市场

福利领域的"社会市场"主要是指根据人类需求、依赖性、利他情结、社会义务、慈善动机和对公共保障的渴望来分配商品和服务。[①] 在

[①] "社会市场"和"经济市场"的区分源于福利多元主义的讨论中。吉尔伯特认为政府、志愿组织、非正式组织和商业组织作为社会福利的递送部门，嵌入福利国家市场的公共和私人领域中，但仍然与资本主义的经济市场相互重叠。基于此意义区分了经济市场和社会市场，其区分在于指导福利分配的原则和动机不同。

表 5-1　福利的社会市场和经济市场①

社会市场	经济市场			
公共领域	私人领域			
联邦、州及地方政府的直接转移支付	由家庭和朋友提供的非正式支持	由志愿性非营利组织提供的服务	盈利部门提供的服务	由盈利公司生产的产品和服务
税收开支的间接转移支付				
规则转移				

西方福利国家调整中公共部门的改革之初通过引入市场化的发展来提升服务递送的效率，强调将生产者和供给者的角色相分离，或促进不同部分之间的竞争达到提升服务质量的效果。这种"社会市场"体现在养老服务中就是要求政府转变职能，从直接提供服务转向培育和支持社会组织和企业来承接养老服务的供给，同时注重引入市场机制促发不同服务商之间形成竞争，以提升养老服务的供给质量和水平。尽管这种养老服务作为公共产品，其目标取向仍旧是公益性的，但是并不妨碍市场化的运作，政府可以通过转变职能将服务交给社会化主体，社会组织可以实现社会企业化运作，企业可以在政府价格规制下参与到弱势群体的服务提供中。当然，在这里"社会市场"所针对的对象仍旧是老年人中的弱势群体或政策目标对象，提供的服务内容仍旧为基本养老服务，但是提供的方式和手段是市场化的。

基于此，"社会市场"主要针对的是弱势老年人，在政策实践中为确保政策目标的瞄准性往往要对老年人进行分类管理。从杭州市的实践看，目前主要将老年人分为"三类"或"五类"，包括失能、

---

① 〔美〕吉尔伯特、特瑞：《社会福利政策导论》，黄晨熹等译，华东理工大学出版社 2003 年版，第 79 页。

独居、空巢、高龄、特殊贡献、老居干等，综合了年龄、自理程度、居住情况、收入情况、特殊贡献要素等类属特征。在社区养老服务的供给和投递过程中，政府作为主导者除了承担社区老年基本设施的建设费用之外，还依靠社会化组织为社区老年人提供服务，主要表现在上门家政服务和一些站点服务，自理程度较高的老年人都可以享受站点服务，只有那些失能和半失能的老人难以接入站点服务，而对上门家政服务则在需求评估的基础上根据评估结果确定享受与否、享受时间多少，因此，实际享受对象以及政策目标对象成为了老年群体细分的对象，以此确定社会市场细分的标准。

在这些综合评估要素中，并不是所有的指标都可以作为市场划分的标准。比如空巢和独居老人的需求并没有多少差异。在实践中，经济收入是一个通行标准，是基本划分的标尺，同时失能程度也是很重要的划分标准。在杭州市，政府通过补贴提升老年人从市场购买服务的能力，以经济收入作为硬性分类指标，将3000元以下的老年人纳入政府购买服务中，超过这个标准的老年人政策预设他们可以有能力从市场获取服务。同时将老年人自身的生活自理能力作为重要细分维度，因为失能状况不同其服务需求有着很大差异。还有精神慰藉方面，是独居、空巢、孤寡、失独还是与子女亲属一起居住，将在这方面存在较大差异，而在其他评估要素比如特殊贡献、高龄、低保等都基本可以纳入以上细分维度中。

基于这种细分，以政府主导的"社会市场"可以重点关注那些低收入的独居、空巢、孤寡、失独以及失能程度较高的老年人，并通过补贴形式提高他们从市场获得服务的能力。而对于中高收入的老年人以及与亲属居住的老年人来说，由于当前政策尚难以覆盖，必须从市场获得相关服务，但是市场化服务能否获得，服务的价格是否能接受，服务的质量能否得到保障，这些问题与"经济市场"或私人市场的发展密切相关。

二、经济市场

"经济市场"则以个人进取心、生产效率、消费者选择、支付能力和利润为基础来分配。① 在经济市场中完全遵循市场化的原则,市场化主体根据消费者需求和竞争环境决定服务的价格和水平,但是在养老服务领域,该市场的运作受到政府强有力的规制,使市场化主体进入的方式以及提供服务的方式和手段都受到一定的影响。在谈到经济市场时大多会运用到老年产业上,而对于社区养老服务来说,本身就存在"营利性"和"福利性"的争论,使市场进入的程度受到一定的限制。但是,正如目前政策覆盖的范围比较有限,大多数老年人需要依靠家庭和市场获取服务,这使得养老服务市场有着较强的发展空间。就杭州市的实践来说,企业以其灵活性和专业化水平在竞争中具有相当的优势,已经开始介入到站点管理、护理服务和上门家政服务等社区养老服务中,但是就市场化战略的运作并不是很成功,许多市场化组织在社区养老服务中尚处于培育市场阶段。

就市场细分的策略来说,一般有集中策略和差别策略、无差异化策略三种②,但前两者主要在专门市场中采用,无差异策略多在大规模营销中,在这里本研究主要是前两者。集中策略强调将资源集中于一个次级细分市场而差别策略则根据不同标准划分多个次级群体,根据这些群体特征展开营销活动。现在很多企业基本上都是同时参与机构养老和社区养老,换言之,集中策略并不是首选,在很多时候社区养老服务目前的盈利还比较有限,投入的资源也相对有

---

① 〔美〕吉尔伯特、特瑞:《社会福利政策导论》,黄晨熹等译,华东理工大学出版社 2003 年版,第 79 页。
② 〔美〕理查德·L.桑德霍森:《市场营销学》,陶婷芳译,上海人民出版社 2004 年版。

限。对于企业,如何培育那些有支付能力的老年人自愿买单,这才是其市场良性发展所在。因此,在很多时候企业会采取差别策略,按照政府定价对特殊老年人提供基本养老服务,对有购买能力的老年人提供个性化服务。在很大程度上来说,市场化组织需要从老年人的需求出发,这一点与"社会市场"的做法没有不同,然后基于不同年龄、经济收入、自理程度、居住情况等多因素进行市场细分,但并不是分得越细越好,细分应该是更加能够提升资源投放效率和竞争态势。考虑到当前居家的老年人对于市场化专业化服务的需求,其支付意愿主要集中于护理服务和机构服务,同时还有部分的基本生活照料服务,因此,市场化组织应该在基于老年人支付能力的基础上提升自身这方面的专业服务。

故此,基于老年人的个性化需求,"私人市场"服务可以粗略分为基本生活照料服务、护理服务、机构照顾服务。其中基本生活照料服务可以包括水电维修、配膳送餐、就餐、清洁、娱乐或日托等服务;护理服务可以包括康复治疗、健康护理等服务;机构照顾服务在社区主要集中于老年公寓、敬老院或老年护理院等。除此之外,还可以根据社区老年人的特点对服务内容做进一步细化。服务内容要超过政府购买的基本养老服务,同时其获取的方式主要依靠老年人付费的形式,这种基于买卖双方的市场契合化更加契合养老服务市场的发展。

由于养老服务仍旧具有"福利性"特征,而且政府在养老服务方面的投入不断加大,社会市场的规模呈现不断扩大的局面,与此同时"经济市场"也随着老年人的消费能力提升而快速发展。因此,关于"社会市场"和"经济市场"的划分并不是说两者是分割的,恰恰相反,在福利服务投递中要形成完整的养老服务市场,就必须构筑政府提供基本养老服务的"社会市场"和老年人自由选择的"经济市场"之间的衔接。因为无论对于纳入政府购买的传统民政对象还是未纳入购买的中高收入老年人，都面临着服务市场化供给的问题。对于"社会市场"，在强调政府供给的同时可通过政府购买和补贴形式鼓励社会其他主体的引入，允许适当盈利。如西湖区与三替集团等社会机构签订购买协议，为近3000名失能老年人提供基本养老服务，老年人可以通过补贴从社会实体购买服务；而对于"经济市场"，则政府主要定位于规范和引导，着力发展民营或非营利性日间照料中心、托老所、养老院等，鼓励社会力量主动进入，根据自身经营和市场竞争状况允许有较大盈利。同时政府应该对基本养老服务扩大补贴范围，将基本养老服务作为普惠型福利而非局限于低保家庭。随着服务对象范围的扩大和补贴程度的加大，其他社会主体力量可以在不同"市场"之间获得相应的利润，从而推动基于不同筹资方式的养老服务市场的形成。

第二节 养老服务市场的定价机制

就投递过程中的定价环节来说，在完全竞争市场中供给和需求状况决定价格，但是往往市场结构受到多种因素的影响，使其价格形成并不完全取决于供需情况。比如在不同市场结构中企业的产品和服务定价就不同，垄断市场中的价格明显会更高。同样，消费者的习惯、文化传统以及政府管制等因素也会使得价格或高或低。在完全竞争市场中，企业也会因为不同的导向而采取不同的定价策略以获得竞争中的相对优势，详见表5-2。成本导向定价策略是指生产商在对外提供产品和服务过程中的实际成本的基础上确定价格；需求导向定价等策略则强调消费者对产品和服务的认知、满意度和消费能力，基于这些因素综合确定产品和服务的价格；竞争导向定价策略则强调提升自身的市场竞争力，以竞争对象的价格为依据来确定自身产品和服务的价格。

表 5-2 定价策略分类表①

定价策略	详细分类
成本导向的定价策略	成本费用加成定价策略
	盈亏平衡点定价策略
	投资回收期定价策略
需求导向的定价策略	理解价值定价策略
	需求差异定价策略
竞争导向的定价策略	随行就市定价策略
	竞争价格定价策略
	市场比较定价策略

以上这些不同导向在养老服务领域，都有一定程度的体现，比如养老服务在供给过程中要面临成本的约束，同时还要考虑到老年人的消费能力、需求特征以及竞争对手的情况，然而当前养老服务市场并不完全按照市场运作方式来进行，而表现出其自身的特殊属性。由于政策目标定位的设定，政府定价的约束力度较强，使得养老服务一般要遵守政府定价的原则，在某些服务中可以采取市场定价或综合定价方式，这使得我们可以从其属性分类来分别讨论定价问题。

一、公共产品的养老服务定价

公共产品由政府提供，政府定价是一种当然策略，但是在公共产品供给和投递过程中也涉及社会化的主体，其通过政府购买的形

---

① 王涛：《南京社会办老年福利机构定价策略研究》，华中科技大学硕士论文，2012年。

式加入到公共产品的投递过程中来，要提升社会化主体的动力就必须允许这些组织能够获得一定的收益。也就是说尽管这种政府购买仍旧遵循政府定价的形式，但是也要回应到市场价格。

在杭州市，为了规范和推进政府向社会力量购买服务，2014年专门出台了《关于政府向社会力量购买服务的指导意见》和《政府向社会力量购买服务目录》，强调按照政府采购法的有关规定，采用公开招标、邀请招标、竞争性谈判、单一来源、询价等方式确定承接主体，既要考虑项目费用，更要注重服务能力和服务质量，以及政府引导调控作用的发挥。在养老服务购买中广泛存在非竞争、定向洽谈的方式，多数购买的服务由事业单位或政府自己组建的组织提供，项目直接委托下属的非营利组织，开放公开的竞争性购买较少。在具体操作中也会出现唯最低价中标的现象，该《意见》的出台有利于改变这种局面，强调政府购买养老服务不仅要考虑成本，还应该考虑到服务的水平高低，在价格制定中还需要适当地引入不同主体参与。对政府购买公共服务项目应尽量实行"以事定费"。对于那些谈判和定单类等非竞争类服务项目，要根据项目特点，运用由业务部门为主，财政部门、服务对象等参与的项目费用核算机制，把购买公共服务的结果评价同价格挂钩。[①]

就杭州市社区养老服务的购买来说，家政服务购买的价格明显偏低，20元钱的小时价远偏离市场价，不仅影响了人员供给，也影响了服务的质量，但是由于政府的财政约束和定价机制也使得购买价格难以有较大的提升。要改变这种局面服务定价就应该按照略低于家政服务市场平均价的标准，确定政府购买养老服务基准价，并同时建立养老服务定价与市场物价、最低工资标准、家政服务业平

[①] 汤华杰、谈俊：《杭州政府购买公共服务探索与对策》，http://www.hzsk.com/portal/n2953c91.shtml，2015年1月22日。

均价等要素间的联动机制。① 这种情况表明养老服务作为公共产品，在定价中也应该考虑到与市场化的联动，以增加社会主体为老年人提供服务的动力，这在很大程度上能够保证弱势的老年人可以公平获得基本的养老服务。

就社会组织而言，由于社会组织的宗旨是为了彰显慈善和公益精神，因而强调服务的无偿性和低偿性，这也成为公共产品定价的基础。但是从社会组织的发展看，这种对于其产品和服务价格的认识，在很大程度影响了社会组织自身的发展。

当前社会组织的运作方式一般有三种：按照政府定价纳入政府购买服务、按照社会企业形式实现市场化定价、按照志愿形式提供无偿服务。

就纳入政府购买服务的社会组织来说，遵循的是政府定价或者商议价格，这主要体现在民政对象的养老服务供给中，其定价机制在上文已经阐述。社会企业实现市场化定价，则需遵循市场化原则，要考虑社会组织自身的运营成本和持续运作的压力，通过引进企业经营方式和手段来追求社会组织自身的利益最大化。当然这种社会企业的运作有可能会受到目标对象的质疑，但是良好的运作的确可以为社会组织的持续发展提供有利条件，前提是社会组织的市场化运作盈利只能用于社会组织自身的发展，不能挪作他用。从目前来说，养老服务项目按照社会企业的方式来运作的较少，尚缺乏有效的实践经验，但是从社会组织的发展来说，要提升自身的主体作用就必须依靠社会组织的经营能力，而这离不开良好的服务定价机制。就按照志愿形式提供无偿服务来说，这种主要体现在志愿者服务中，服务的人员、资金以及活动的组织管理和运行成本大多来自于个体

---

① 邵胜、邵德兴、陈娜：《养老服务定价机制研究》，载《社会福利》（理论版），2012年第4期。

和组织的慈善奉献精神和社会捐赠，这种服务成本可以忽略不计，因而可以以无偿或低偿方式来实现供给。

从社会组织以上三种运作方式看，作为公共产品的定价相当程度上与社会组织的性质相关。目前社会组织一般分为社会团体、基金会和民办非企业单位三类。社会团体包括行业性社团、学术性社团、专业性社团和联合性社团，这些组织强调自愿参与和公益性，因而其服务提供基本是无偿的。基金会则包括公募基金会和非公募基金会，强调公益性的同时采取企业化运作；民办非企业单位则是由企业事业单位、社会团体和其他社会力量以及公民个人利用非国有资产举办的、从事社会服务活动的社会组织。[1] 这类组织大多纳入政府购买服务中，其服务定价依从于政府和组织主体合同约定价格。

在杭州市社区养老服务中，社会组织大多以民办非企的形式参与到服务递送中，这也使得社会组织提供的服务价格由政府确定，其与政府之间形成密切的合作依赖关系，影响了社会组织的独立运作的能力以及在弥补市场不足方面的积极性。当然以公益创投为形式的社会组织孵化和支持项目正推动了社会组织的快速发展，不过这种服务的价格多采用项目制，根据项目推行结果来实现结算和价格确定。除此之外，也有社会团体和基金会参与到社区养老服务项目中，比如江干区的"狮子会"，作为公益慈善组织，其服务基本是无偿的。这些服务保障了老年人中弱势群体的利益，但政府的价格约束和市场竞争的有限性，使得这种社会组织变得僵化和"行政化"，影响了其在养老服务递送中的主体地位。而社会企业化采用是市场化的方式来提升公共产品的递送效率开始被

---

[1] 民政部民间组织管理局：《社会组织的概念、特征及分类》，载《瞭望》，2010年第37期。

强调，也正以成本意识和管理效率被证明可以用来提升公共服务的质量和水平。

二、私人产品的养老服务定价

私人产品主要是家庭和企业提供的养老服务，但是基于当前家庭养老的弱化，私人产品主要表现为企业提供的社会化服务，其定价机制遵循市场化的原则，根据服务质量和水平的高低以及老年人自身的消费能力来确定价格和盈利空间。但是这种市场化定价受到多种因素的制约，从而在一定程度并不能真正反映产品和服务的价值。

当前企业在社区提供的养老服务产品包括基本生活照料服务，健康护理服务以及以老年公寓、敬老院或老年护理院等为内容的社区内机构照料服务。基本生活照料服务，主要针对那些中高收入的老年人，由于其专业化程度较低，很多内容与当前政府购买的老年服务没有什么不同，因此，其定价应该参考政府的购买价格，以相对低廉和优惠的价格为老年人服务。这种做法既可以与企业参与的政府购买服务进行并轨和衔接，优化人员组合，提升服务效率，还可以为其培育市场发挥作用。护理服务由于专业化程度较高，同时与一般的医疗服务存在差异性竞争的优势，而购买相关服务的老年人自身经济能力也比较强，从而使得企业可以根据政府定价规制以相对合理的价格为老年人提供不同水平的服务。社区内开展的日托、老年公寓等机构照顾，由于其服务全面而且专业化水平较高，购买这些服务的老年人可以基于不同服务支付费用。

当然，也要考虑到养老服务作为服务类产品，不仅受到政府价格的规制，同时企业进入社区提供服务的价格归入社区类服务产品，因此并不能完全遵循市场化的运作规则，使其价格在反映商品和服务价值的同时也要考虑到老年人自身的特殊性，即服务面临着福利性和盈利性的争论，而且老年人消费形态呈现多元化。从杭州市的调研看，有许多老年人有经济购买力，但是并不想从市场上购买家政服务以外的服务，这也使得企业在社区开展的服务局限于家政服务和一定量的护理服务，其市场化的策略在当前实践中并不能真正地体现。这种现象也使得我们要考虑养老服务作为私人产品属性，其市场定价策略在实施中的困境。要改变这种局面，就需要认识到养老服务"经济市场"和"社会市场"的衔接问题，即养老服务的复杂属性，要求养老服务的投递和组织递送过程完全以属性不同来定价会存在着不足，而基于政府购买的"社会市场"和基于私人购买的"经济市场"这种分类能够契合当前的需求，并且在不同的市场中都存在着政策目标定位和私人市场的混合，要求我们基于这种细分来实现社区养老服务的定价。

第三节 基于不同市场的社区养老服务定价机制的构建

基于以上的讨论，社区养老服务的定价机制的构建需要回应到"社会市场"和"经济市场"两类基本市场的事实，并在此基础上形成两个市场相互衔接的价格机制。也就是说这种定价作为一种混合形态，完全基于老年人的需求，其筹资渠道可以是政府补贴也可以是个人付费，在保障基本服务的基础上按照市场化运作，有利于避免"盈利性"和"福利性"的冲突，也有利于养老服务市场的培育，提升其服务供给的力度和效率。

在"社会市场"中有政府提供、政府购买或社会组织提供的主要是公共产品，要按照慈善和公益原则定价的基础上适度引入市场机制，但针对服务对象的收费基本是无偿和低偿的。在"经济市场"中主要是企业提供私人产品，这种私人产品遵循市场化定价原则，但由于政府对于养老服务的政策目标定位使得养老服务作为私人产品仍旧要兼顾"社会市场"的特性，从而形成价值目标的内在冲突。从养老服务的产品属性看，作为公共产品的养老服务在政府购买中仍旧要回应到市场的正常价格，否则难以形成社会化主体参与的动力从而影响公共产品的供给。作为民办非企注册的社会组织仍旧要采用企业化经营的方式来构建社会企业模式，以形成较高质量的服务输出。作为私人产品来说，直接与"经济市场"挂钩，以盈利为导向，按照市场原则进行定价。从这种基于不同属性的分析看，养老服务面临着"经济市场"和"社会市场"的衔接，要形成基于这种市场细分的定价机制，就必须对此问题进行回应，其运作方式（详见图5-1）。

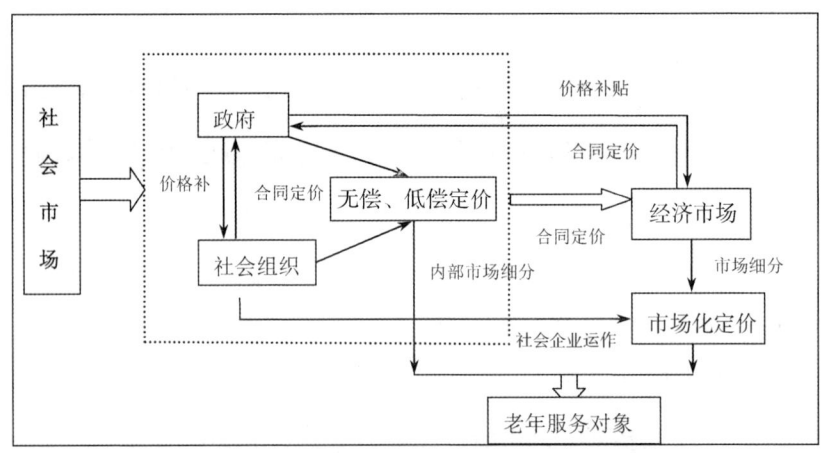

图 5-1　基于社会市场和经济市场衔接的养老服务定价机制

注：该图由作者自制。

从以上图示看，由政府和社会组织构成的"社会市场"同时采取无偿和低偿的方式为老年人提供服务，根据政策目标定位形成基于老年人需求分类的"内部市场细分"，但与"经济市场"之间保持着密切的联系。首先是政府通过价格补贴的形式直接从市场购买老年服务，而"经济市场"的主体市场化组织以合同约定的价格与政府形成交易双方。其次，政府和社会组织通常还在为老年人服务中以服务外包的形式来与"经济市场"衔接，尤其是社会组织，在很多专业化服务方面必须借助于市场力量，根据合同契约关系由市场化主体提供服务，同时社会组织按照社会企业运作，也通常采取市场化定价的方式为老年人提供服务。再次，"经济市场"主体企业根据市场细分为老年人提供不同价格和质量水平的服务，其价格完全采取市场化定价的方式，这样形成基于市场细分的社区养老服务定价机制。

在这里，结合杭州市江干区的实践对这种定价机制进行深入分析。杭州市江干区扩大养老服务的政府补贴，根据老年人的收入与杭州市平均退休收入的比例给予相应程度的补贴，其补贴标准如下：

表5-3　江干区基于收入标准的养老服务补贴①

收入标准	补贴标准
1倍以下或低收入家庭	享受全额补贴
1—1.5(不含)倍	享受70%的政府补贴，另30%服务费用由申请人自行承担
1.5—3(不含)倍	享受50%的政府补贴，另50%服务费用由申请人自行承担
3倍以上	享受30%的政府补贴，另70%服务费用由申请人自行承担

在江干区的实践中，可以看到其并非只是以收入为标准，而是在此标准基础上开始走向"适度普惠"，具体操作办法是根据杭州市补贴门槛3000元相应的比例给予补贴。比如对于那些收入在此标准3倍以上的老年人，在使用服务时仍旧提供30%的政府补贴，70%由

---

① 江干区民政局：《江干区养老服务需求评估办法》，2014年。

个人付费。这扩大了政府养老服务补贴的使用范围，同时该评估办法将本区的"五类"老年人纳入政府购买中，不仅覆盖了低保、低收入的老年人，也覆盖到年龄类别、生活自理能力类别以及特殊贡献类别，从而基于不同标准确立了养老服务政策的目标群体。根据这种目标定位我们可以对老年人进行需求界定和对象分类，从而确定目标定位政策中的"最需要的人"。① 这种方式也清楚地形成了政策目标对象与养老服务市场的对接，从而体现了养老服务多元主体参与的混合福利形态。

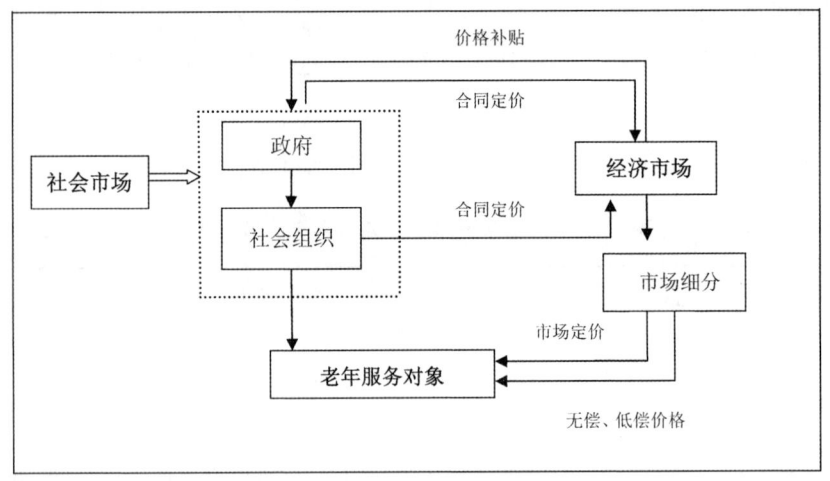

图 5-2　江干区社区养老服务定价机制

注：该图由作者自制。

从上图可见，江干区政府在社区养老服务中的职能进一步转变，更多的通过购买服务来实现针对不同老年人的供给。基于"普惠型"福利体系的构建，政府对养老服务补贴的范围和力度进一步扩大，既包括中低收入的老年人，也将那些高收入的老年人纳入政府补贴

---

① 郑秉文、孙婕：《社会保障制度改革的一个政策工具："目标定位"》，载《中央财经大学学报》，2004年第8期。

的服务中。这种做法固然与地方政府的财力分不开，但是也确实培育了养老服务市场。这里既强调了政府公共服务的职能，也强调了私人市场发展的必要，要求那些中高收入的老年人在享受补贴的同时支付一定比例的费用。这种对于老年人的补贴间接提升了老年人从市场中购买服务的能力和意愿，进一步推动了市场化主体参与的动力。当然就定价机制来说，这种服务主要按照招标价格受到政府的规制，但是对于那些社会化主体来说，在获得在社区为老年人服务的同时培育了市场，有利于后续服务的营销和推广。

小　结

本章节主要针对社区养老服务递送中的定价环节。根据养老服务市场划分和不同属性养老服务的定价机制分析，提出基于市场划分的社区养老服务定价机制设想。目前社区养老服务存在营利性和福利性的属性，政府和社会组织主体通常基于政府定价和无偿、低偿形式提供服务；而企业则基于市场原则制定价格。但是在实践中，前者也存在市场机制的运用，后者要兼顾到政府的政策目标设定，从而使社区养老服务的实践中经常面临着福利性和营利性的冲突。要解决这种局面，就必须基于市场划分，构建以"社会市场"和"经济市场"两个主要分类标准相互衔接的定价机制，即通过"社会市场"来培育和支持"经济市场"的发展，以"经济市场"满足"社会市场"难以满足的需求，只有这样才能形成一个针对不同群体和对象的相互衔接、成熟有效的养老服务市场。

第六章　服务渠道策略：基于信息网络技术的社区养老服务一体化平台构建

目前一般将产品和服务递送的渠道分为直接渠道和间接渠道。前者依托自有系统来实现，后者则借鉴中间商来进行。就养老服务而言，依靠政府自上而下的行政系统和站点设施来提供服务已经难以适应当前老年人个性化需求的发展趋势，需要新的渠道和平台为老年人提供更加有针对性的服务。基于当前"互联网+"信息技术的应用和推广，依靠现代信息网络技术构建的养老服务信息平台正成为重要的第三方，成为衔接服务商和老年人之间的重要载体。这种渠道的搭建为社区养老服务的社会化发展提供了良好的技术条件和投递机制。下面将结合杭州市的实践来对社区养老服务的渠道机制进行深入分析。

第一节　社区养老服务综合一体化渠道和平台建设

通过站点实体或上门方式来为老年人提供服务，是当前主要的渠道机制。但是当前的站点服务主要使用对象是有一定自理能力的老年人,而上门服务提供的主要是家政服务,这种渠道机制固然非常重要,但也有许多需要改善的地方,譬如不能满足老年人多元化的需要,也不能适应老年人不同生命周期阶段的自理能力变化。同时依靠这种渠道平台往往受制于政府行政系统和社区自身的管理能力,在投递中存在的部门分割和服务断裂问题,表现在组织机构彼此分立、养老服务和医疗卫生服务资源缺乏整合,民政和社保系统在资金和人员上的衔接不好等。要改变这种状况,就必须进行服务信息的整合,实现服务提供方与老年人有效需求之间的衔接,而这离不开"互联网+"技术工具的采用。目前政府大力投入的以数据整合为基础的综合一体化平台,正发挥重要的渠道平台和载体作用,这包括以政府为主体的政府信息化平台、社区养老服务一体化终端,还包括政府与其他社会主体之间形成的服务委托和购买平台,即公共服务交易信息化平台。

一、政务信息化服务平台建设

以政府为主体的政务信息化建设主要是为了应付信息化时代的到来,通过运用信息技术、通讯技术、网络技术以及办公自动化技术等现代信息手段,对传统的政府管理和公共服务进行改造,以提升政府管理的有效性,满足社会以及公众对政府公共管理和公共服务的需求。当前主要是指的"三网一库",即政府机关内部的办公业务网,国务院办公厅与各地区、各部门连接的办公业务资源网,以因特网为依托的政府公众信息网,政府系统共建共享的电子信息资源库。[1] 就政府信息化的具体内容来说,一般主要包括如下几个方面:第一是各类公共服务信息以及政务信息的发布、社会项目的申

---

[1] 国务院办公厅:《全国政府系统政务信息化建设 2001—2005 年规划纲要》,2001年。

报以及法律法规的相关咨询和下载。第二是政府之间的数据共享，例如部门之间的交互平台、数据交换平台等；第三是政府内部的应用平台，例如政府内部的 OA 系统、基于不同权限的业务管理系统；第四，政府内部的核心数据库，涉及不同级别的决策系统、数据分析系统以及公文流转系统；第五是政府的采购平台和公共资源交易系统。

政务信息化的过程也是对现有行政流程进行改造的过程，这要求通过信息化手段来实现人力、财力和服务资源等数据的充分交换和共享，以流程再造来实现服务效率的提升，以实现打造"服务型政府"的目标。就社区养老服务的组织递送体系而言，主要涉及政府公共服务的信息数据以及不同部门（尤其是民政局、卫计委、人保局、财政局）之间的数据交互和共享，同时还涉及政府的采购和公共服务交易的信息化平台建设。

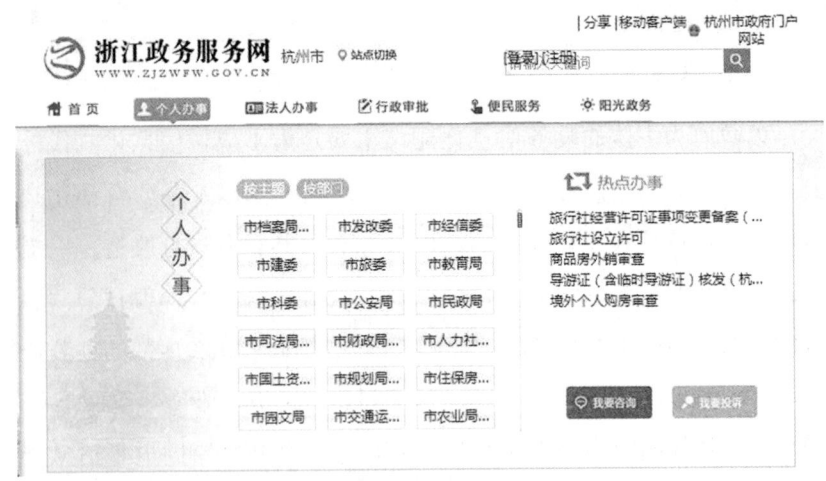

图 6-1　浙江省政务服务信息网办事平台

在杭州市，政府一方面积极打造政府信息化的门户网站，加强养老服务的信息平台建设，提高信息的及时性和项目审批的透明性。例如以浙江省政务服务网为基础的各地级市平台，实现个人、法人办事以及便民服务、行政审批以及阳光政务项目的集成，提升服务使用便捷性的同时也有利于提升行政效能。

与此同时，基于社会组织在公共服务中的特殊作用，杭州市还积极搭建社会组织信息网，加快社会服务项目从招标、申报、审批等流程的网络信息化建设。目前许多社会组织通过该信息化平台接入到社区养老服务中来，在杭州市发展得最好的是江干区和西湖区，前者更是建立了专门的社会组织网。

图 6-2　杭州市江干区社会组织网示意图

其次，杭州市还致力于通过政府信息化加快不同部门的资源共享和协同。作为全国第一个政务信息资源共享及业务协同试点城市，杭州市自 2007 年就开始认识到信息共享和协同的重要性，并把它作为解决"信息孤岛"和"电子"、"政务"两张皮等问题的重要手段。为此，杭州市 2009 年就完成了杭州市目录与交换体系各功能模块开发和框架搭建，并以四大基础数据库建设为切入点，构建杭州市政务信息资源目录，初步形成了基于四大基础数据库的以格式化数据为主的共享信息目录，同时开展了服务资源编目尝试，"多、快、好、省"地实施非格式化资源组织。① 通过该试点,杭州市已经基本实现从市民卡、企业基础信息到社会保险、流动人口、低保户的认定等诸多项目的协同应用,并形成了政务信息化的一些标准,良好地实现了政务信息在不同部门资源和业务的协同和合作。

在此基础上,杭州市自2013年开始推进"智慧杭州"政务云平台的建设,即以云计算技术为支撑,以云平台建设为主体的模式来打造"智慧杭州"。"政务云"平台通过统一集约云平台和接口系统,避免了重复建设,提高了基础设施利用率,从而极大地提高政府的运作效率。同时通过平台之间的互联互通,使得各政务系统之间充分地实现资源共享和业务协同,极大地提高了政府的工作效能。

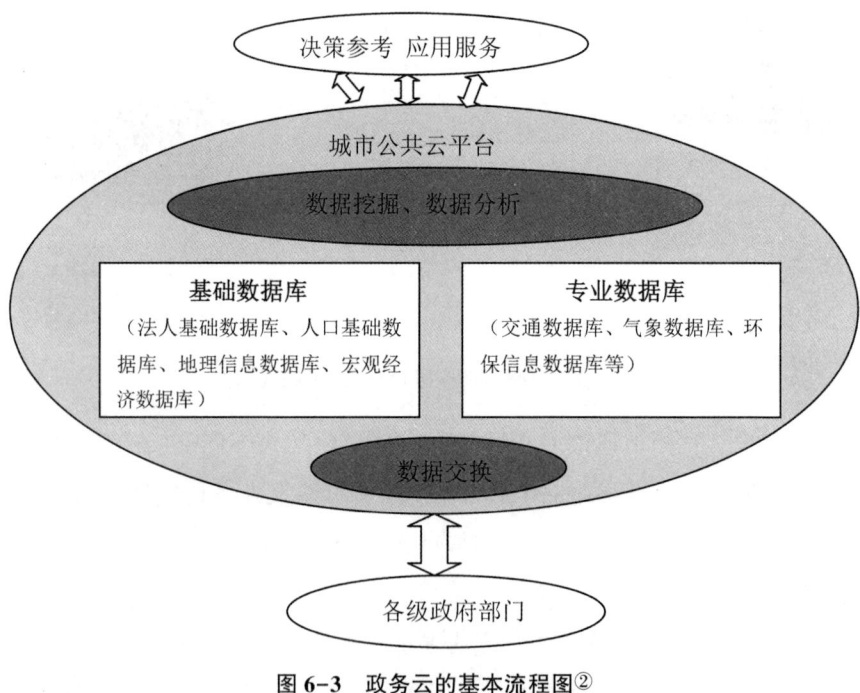

图 6-3 政务云的基本流程图②

---

① 杭州市信息办:《杭州市政务信息资源共享及业务协同试点》,2009年5月10日。
② 吴迎笑、温熙华:《智慧政务:基于云计算建设服务型政府的新理念》,载《信息化建设》,2013年第4期。

基于"政务云"的平台开发，杭州市各辖区相继根据自身的现实需要推出更多的应用，西湖区是其中的典型例证。西湖区自 2011 年以来先后搭建了养老服务信息管理系统、助老呼叫中心、智慧养老云三位一体的信息化养老服务平台，充分实现了养老服务资源的信息共享和部门合作，实现了对原有传统政务信息化流程的再造。

二、社区内网和信息交互平台建设

2011 年《民政事业发展第十二个五年规划》提出，要实施社区服务信息化建设工程，建立居民、家庭、社会组织、社区活动电子档案，实现社区服务队伍、服务组织、服务对象信息数字化，完善社区服务设施网络环境。基于社区信息化的重要性，相关的技术创新也已经被充分地采用到社区养老服务中。在许多地方实践中，社区养老服务中开始借助移动互联网、云技术和物联网技术，通过建立智能化呼叫救护服务，以及电子保姆系统、居家养老和家政服务系统、老人健康远程监控等系统，为老年人搭建起居家照护的信息化平台。

在杭州市，根据《杭州市社区信息化建设实施纲要》的标准和"以需促用，以用促建"的电子政务建设原则，自 2003 年以来围绕事务和服务两个环节不断加快社区信息化建设服务。杭州市通过 96345 便民服务中心打造社区频道，利用电视平台实现服务信息"点对点"的信息发送，定向对离退休老人、低保户等弱势群体发送补助和福利等信息。其中"生命旅程"栏目由于囊括了居民不同生命周期阶段的信息，老年人可以非常方便地查询自己的居家养老受理以及相关的企退信息。其中上城区更是充分利用现代科技手段，推出了"一册三网"、"为老服务联盟"、"时间银行"等服务载体，有效地实现了资源整合和共享，拓展了养老服务内涵，打造出"5A"式社区服务新模式。

"5A"式社区服务模式是指任何人（Anyone）在任何时候（Anytime）、任何地点（Anywhere）通过任何方式（Anyway）得到任何服务（Anyservice）。居民可以根据自身的实际情况，通过不同的方式，自由选择服务主体，获取满意的服务。这要求社区信息化平台能够整合政府、运营商、社区、商家等不同主体资源，形成与服务对象之间的信息沟通和需求反馈。① 为此，上城区依托"一册三网"即《上城区便民服务手册》和电脑服务网、电视服务网、电话服务网来实现社区内网和外网的数据共享以及内外网资源的融合，同时搭建起社区事务管理平台、居民互动平台、服务信息平台、志愿服务平台、医疗响应系统平台、"号码百事通"服务平台等，覆盖到社区居民的各个方面。对于社区养老服务来说，则通过现代技术搭建了智慧养老的模式，借助"居家养老服务平台"、"一键通呼叫器"和"热线电话88881949"三种方式，在建立信息化档案的基础上为老年人提供生活照料、医疗保健、家政服务、精神慰藉、法律维护、紧急救助6大类50余项服务。在其服务平台中整合了物联网、移动互联网、现代通讯网、智能呼叫、智能传感等多项科技手段，这些技术手段不仅提升政府公共服务的效率，而且简洁了服务的程序，同时搭建了老年人与社区内外部服务资源的交互对接，有利于满足老年人多元化多层次的需求。

随着"智慧城市"建设的兴起，"智慧社区"建设逐渐从口号变成现实。基于原有的信息化平台，进一步强调引进云计算、信息服务、物联网等新技术，促进公共服务的智慧化，并将民生建设与产业建设结合起来。在杭州市，上城区作为住建部首批"智慧城市"的试点城区，提出以民生优先、产城融合为原则，以智慧城市无线

---

① 章海良、严国庆：《上城首创5A社区服务新模式》，http://www.hangzhou.com.cn/20050801/ca859954.htm，2005年8月31日。

网络、云计算中心、城市公共管理平台为基础设施，分步实现环境宜居、安全防控、生活便捷、公共服务等多方面的智慧化。基于智慧社区的建设，社区综合信息化平台强调了社区综合信息化平台对内外部资源的整合，通过事务性内容的整合提升了行政效率，同时通过服务性内容的整合提升了服务供给的及时性和便捷性。社区养老服务作为当前社区民生事务的重要内容，极大地得益于社区信息化技术的采用。这种内网和交互网络技术的采用，不仅有利于政策目标覆盖对象瞄准机制的形成，保障独居、空巢、失能等低保老年人的基本服务供给，同时也通过充分的引入多元社会主体和相关服务，满足了老年人的多元化、多层次需求。

杭州市政府和社区不同层级的养老服务信息技术平台的建设，充分体现了现代信息网络技术的应用给养老服务带来的全方位变化，为养老服务的有效递送提供了良好的渠道机制。

第二节　养老服务信息技术平台的功能分析及当前不足

从杭州市的综合一体化平台实践来看，这种信息化平台的功能主要表现有两个：一是内容搭载，二是资源整合和转介。前者表现在养老服务信息的提供，不仅保证了供需双方的信息对等，也通过良好的信息技术方案的制定节省了人力、物力和财力；后者则表现在通过服务信息的整合来实现不同主体和服务内容的协同。信息化平台通过链接社区内外部不同服务资源，能够高效率地为老年人提供"响应式"服务，从总体上来看信息化技术平台的搭建和信息化技术系统方案的制定，为养老服务的有效递送提供了很好的渠道机制。当然，信息化平台还有第三个重要的功能——标准化评估功能，即通过老年人能力评估、服务质量监控管理等信息技术手段为老年人提供较高服务质量的个性化、定制化服务。从当前实践看，信息化平台在服务转介和标准化评估方面发挥的作用还没有体现出来。如下将结合杭州市的具体实践来对其进行展开说明。

一、养老服务信息技术平台功能分析——基于"健康到疾病的老龄化连续谱"

随着老龄化以及高龄化社会的到来，急切需要采用现代信息技术覆盖老年人的不同生命周期阶段，为他们提供技术平台支持，并基于现代信息技术在养老服务方面具有的功能，形成不同的技术解决方案。老年人随着年龄的增长自理能力将不断下降这是不可改变的事实，这也使得在高龄化阶段对照护的需求不断增加，又基于我国大多数老年人都倾向于居家养老，他们几乎整个生命周期都将在社区度过，因此如何借助信息网络技术来发展社区养老服务信息化平台将成为重要的内容。

从图6-4可以看到，不同年龄段的老年人具有不同的特点。健康老年人由于具有较强的自理能力，主要涉及现代信息技术应用的是社区基础设施的网络化、星光老年之家以及居家养老照料中心的老年教育、培训、娱乐等内容。随着老年人自理能力的下降，老年人将更多地与医院、家庭、敬老院和日托所以及临终关怀等场所联系在一起，现代技术的应用也将更多地与这些场所和机构联系在一起。可以说，现代信息网络技术将在老年人从健康到疾病转变的不断阶段具有不同的功能发挥。如下可以根据信息服务平台的功能来具体谈其在老年人生命周期中的应用。

1. 内容搭载。由于老年人的健康状况将在不同老龄化阶段发生变化，总体上随着年龄的增长照护服务的需求持续增加。在身体状况良好时老年人通常可以依靠社区自身的服务网络，如老年电大系统、

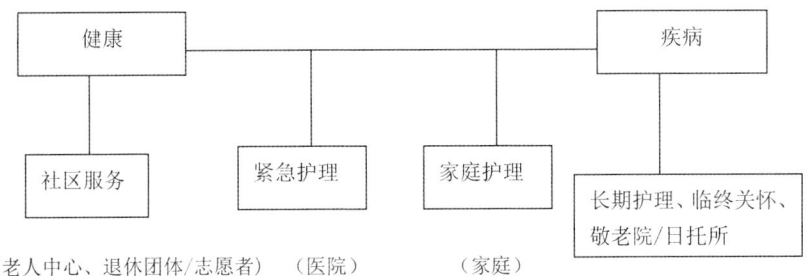

图 6-4 从健康到疾病的老龄化连续谱图①

居家养老站点服务等来实现养老,当然也可以通过信息网络技术的采用,如智能化的老年建筑设施、动态化的健康监测系统以及交互式电视服务网络等来提升老年人生活的便利、疾病的预防和监测等。在老年人健康状况变坏逐渐走向失能阶段,信息网络服务平台由于融合了老年人的信息管理系统(机构评估系统、服务质量监督系统、老年人能力评估系统等),基础数据库(包括护理机构、医院、社区服务的数据)以及基础支撑平台(包括身份管理系统、公共数据交换平台、统一分析和决策支持系统等),能够及时便捷地为老年人提供转介服务以及更进一步的专业护理服务、康复服务、临终关怀服务等。

2. 资源整合和转介。由于老年人个体的自理能力存有差异,同时在不同老化阶段具有不同的需求,在此照顾管理被认为是比较成熟的系统化技术解决办法,即通过评估个人的社区照顾需求,并通过与客户的沟通来设计社区养老服务包(community care package),将各种提供者——社会服务部门、卫生服务部门、志愿部门和商业机构整合在一起。② 这种由"包"到"点"的服务递送形式在我国

---

① 梅陈玉婵等:《老年学的理论与实践》,社会科学文献出版社 2004 年版。
② 田青:《老人社区照料服务——基于福利多元主义的比较研究》,华东师范大学博士论文,2010 年。

的社区养老服务体系中更多地依靠社区综合信息化平台来进行，这就要求技术平台不仅掌握需方的数据，还应该链接到提供商的外部平台，并对这种外部资源的引进和服务过程进行监督，从而实现照顾服务的前期和后期的评估以及中期的技术方案的介入。对于老年人来说，随着年龄的增长发病率将总体上升，因此从成本和效率的角度来说，提供预防性的社区健康服务以及治疗服务将能够极大地降低成本。同时，通过社会工作者与全科医生以及社区卫生站的合作，提供不同服务之间的转介将能够帮助不同服务系统之间的衔接，使老年人能够获得全面系统的社区健康服务。这种具体的技术解决方案也将依靠不同网络技术的使用，同时系统化的技术解决方案也构成技术创新的一部分。

3. 标准化评估。这里主要涉及老年人照护服务的需求评估，通常在实践中采用 ADL 评估，基于评估结果对老年人提供照护服务。这不仅意味着照护服务所具有的个性化和专业化特征，同时也意味着必须依靠现代网络信息技术来实现一体化服务的递送和投递，因为需求评估、照护计划制订、实施管理和评价、计划调整等背后都是数据。从下图可以看到，ADL 的损伤监测可以运用物联网、大数据和云计算技术，对老年人居家和活动区域形成一定程度的监测，可以及时地与老人子女和医护人员取得联系，还可以通过数据传输等技术实现在家护理和救治。对那些有照护要求的老年人进行需求评估，采用先进的体感技术，并通过照顾计划的制定和实施，来实现对老年人照顾服务的递送和供给，并对整个过程形成评估和监督。在这个流程中我们将看到大数据、云计算、RFID 技术等的采用，基于这些技术可以实现老人数据信息动态管理、智能感应传输、多终端服务响应、全自动预警、远程视频监控、动态电子地图标识、无线音画传输、多平台无缝接入、安全追踪定位、实时线路优化求助等，对老年人根据不同生命周期的照护需求形成一体化的照护服务系统，并形成社区养老服务系统化整合的具体技术方案。

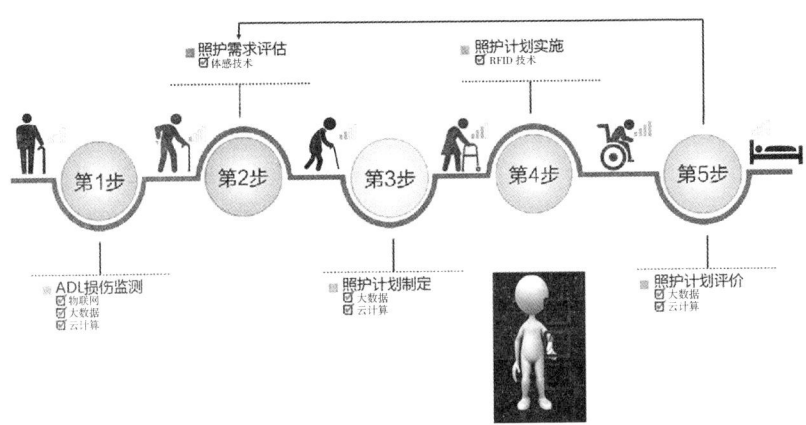

图 6-5　基于生命周期的技术服务渠道和系统①

二、当前养老服务信息化平台建设的不足

我们来看看杭州市当前的社区养老服务信息平台建设。由于西湖区的信息化实践具有较强的代表性，因此这里以其为例来展开说明。西湖区的社区养老服务信息化建设，主要体现在援通助老呼叫中心、养老服务信息管理系统、云服务养老网三块内容上，以此来实现对不同老年人的覆盖，基本实现了不同生命周期的老年人都能够获得其需要的服务。

援通助老呼叫中心是通过政府购买服务招标方式，由中标运营商为老年人派发呼叫器，构建社区服务网络，设置专门的服务坐席，通过呼叫后台及时反馈，高效地为老年人提供全方位、多层次、多元化的居家养老服务。西湖区的老人就可持市民卡开通"智慧医疗"

---

①　丁勇：《养老服务颠覆性创新机会》，上海养老产业峰会演讲稿，2013 年 8 月 22 日。

诊间结算功能，实现"一站式"服务。同时，西湖区还通过手机APP，率先开发了"社区健康通"新型移动医疗服务项目，为老年人提供了一个可随身携带的"社区医生"。该呼叫平台的利用效率高，2014年该市民呼叫平台使用多达2多万次。

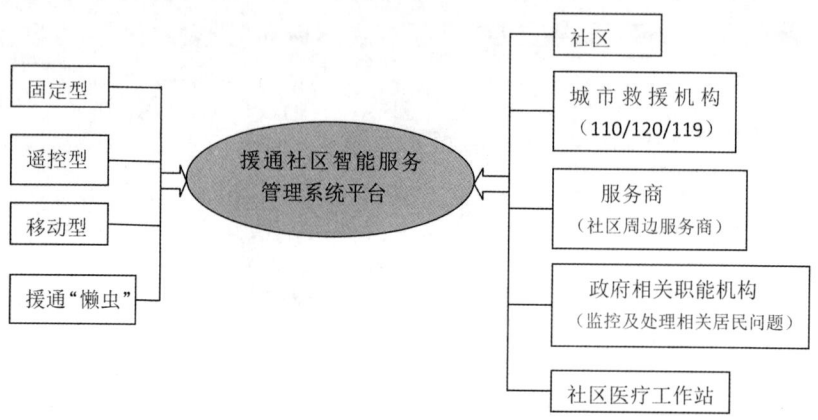

图 6-6　援通社区智能服务管理系统平台

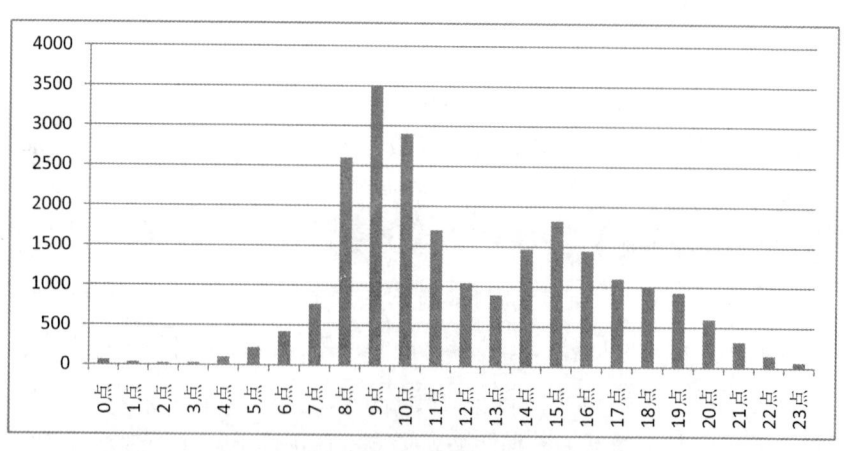

图 6-7　养老服务信息化平台呼叫趋势图

注：以上数据由西湖区民政局提供。

养老服务信息管理系统，则是全区统一的老年人基础信息数据库，记录管理着老年人、老年服务设施、老人评估补贴等。由社区为老年人做一个档案管理，2014年西湖区有104000人，由于信息滞后，平台里显示有90%的老人已经完成登记，里面有每个老年人的信息、紧急联系人。第二块是评估，社区向镇街提出老年人申请，然后有一个社会实体对接，由他们对老年人进行评估打分，综合生活自理能力、居住环境、经济状况三个标准，系统会自动算出服务时间，服务时间从什么时候开始，然后就可以进行补贴和券的发放工作。

核心的云服务养老网，其信息全部来自养老服务信息网，老年人在为老服务网点可以使用养老服务券。同时还推出了电子地图和购物功能，巾帼西丽公司还提供上门配送。在该养老网中集成了网络寿业，在老年人生日的时候发送祝福，对老年人提供关怀。电子地图涵盖老年食堂及所有养老服务中心等信息，让老年人便捷地找到这些服务设施。

图6-8　西湖区智慧养老云服务电子地图

从这三块内容的建设看，其信息化极大地提升了政策的瞄准性，实现了老年人需求与不同服务商之间的信息匹配和服务整合，不仅强调了特殊老年人的需要,也通过实现社会组织、企业等多元主体资源的引进,满足了健康老年人、高收入老年人的需求。尽管如此,这种信息化建设仍然是以老年人的日常照料为主,那些失能的老年人虽然被纳入政府购买,但购买的内容仍是以家政服务为主,集中于老年人的日常生活需要,尚不能实现真正的照护,这种信息化建设尚没有建立与医疗照护机构的衔接。

为了回应这种需求,西湖区推出了"社区健康通"APP项目,希望通过此项目引导医疗服务下沉到社区,尝试通过信息技术手段整合不同级别的医疗机构和社区卫生服务中心,推进分级诊疗和双向转诊机制的建立,并试图建立医养护一体化的医疗服务。① 不仅可以为老年人提供基本医疗服务,还是可以提供健康管理、私人医生、预约转诊等多项服务。这项技术的推进有利于打破当前不同层级医疗资源的分割,满足当前老年人急需的医疗和护理服务。

可以看到,通过新型的网络信息技术来提升社区养老服务的系统整合不仅在理念上达成了共识,而且在地方实践中已经被广泛地运用。可以说在战略意义上信息网络技术在养老服务领域已经在快速地推进,西湖区的实践就是最好的证明。但是基于"健康到疾病的老龄化连续谱"来说,针对老年人不同生命周期的战术性技术应用以及系统化的技术解决方案并没有良好地执行,即缺乏有效的资源整合和转介,也缺乏基于老年个体生理特点的个人化和定制化服务,这就要求社区养老服务在广泛采用信息网络技术的同时搭建系统化的照护方案。信息网络技术平台要进一步发挥内容搭载、资源整合和转介以及标准化评估的功能,需要链接到具体的服务站点和服务人员,即线上和线下服务要以一种系统化的方式来实现。这不仅需要社

---

① 高静玮、李海莉:《杭州西湖区推出"社区健康通"APP全科医生在线提供服务》,http://hangzhou.zjol.com.cn/system/2014/07/21/020152664.shtml,2014年7月21日。

区信息化平台的系统化建设，还需要社工广泛地介入到服务递送的整个过程。一般认为系统化解决方案应该包括如下几个方面：

政府、社区信息化基础平台建设。政府和社区信息化平台建设不仅有效整合服务资源，同时也可以对整个社区养老服务流程进行监督和评估。当然这需要信息系统终端加强信息的审查，以保证信息的真实性。可以说，信息化平台和相关技术的采用为养老服务的管理和有效递送提供了重要的基础性支持。在杭州市，政府和社区信息化基础平台建设方面目前已经初具规模，这为养老服务资源整合和信息整合打下了坚实的基础。

社工介入和老年人需求评估。要对老年人不同生命周期阶段的需求和个体存在的差异性进行评估。可以由老年人提出申请，然后社工介入，与社区和专业的医护人员根据 ADL 量表对其进行评估，并根据评估对其进行分类，是纳入政府的基本养老服务范围内还是范围之外，提供支持和补贴的力度如何，提供服务数量的多少等等，都由评估标准来确定，这些信息都纳入统一的养老服务信息系统中。

在杭州市，社区工作者或社工主要依据《养老服务需求评估办法》来对老年人进行评估，其评估内容一般包括老人的生活自理能力、经济条件、居住情况三大主要参数，以年龄和特殊贡献老人或特殊对象（市级以上劳模、重点优抚对象、归侨、纯居干、失独老人）两项附加参数以及背景参数（残障情况、重大疾病、住房情况）等。由于当前纳入评估的老年人人数尚十分有限，同时还受到基层政府财力的约束，因此社工在很多时候也只是根据标准操作，将符合条件的老年人上报到街道，然后由专门人员上传到养老服务信息网，这种评估并没有发挥社工的作用。

系统化的技术解决方案制定。按照西方照顾管理的理念，社工将根据需求评估，与社区医生和专业护理人员以及家庭成员协商并考虑老年人自身意愿，为其照护服务制订相应的技术解决方案。例如居家还是选择机构照顾，日间照料中心还是护理院？对那些选择居家服务的老年人，在自理能力不断下降的情况下如何实现社工、医护人员和护理员的良好合作和服务提供；对于选择日间照料中心的老年人，如何确定在家庭和照料中心的时间分配以及家庭成员、社工和医护人员之间的服务协同；对于选择机构照顾的老年人则需要确定在什么样的情况下实现居家到机构的服务转介。在此基础上社工将通过信息网络平台来链接服务资源，并基于此为老年人提供有效的技术解决方案。

在杭州市，网格化社区管理已经成为社区管理的重要内容，借助信息技术实现了地理区位系统的分片，为每个片区配备专门的社工和助老员。但是，他们关注对象主要是那些被纳入政府购买服务的特殊老年人。而一名社工所服务的人群经常为 300 户家庭，其获取资源的能力以及服务的精力都十分有限，为老年人仅能提供政策计划内的一些基础服务，同时由于自身的专业水平有限，难以为其照顾提供系统化的技术解决方案。

照护计划的安排和执行。根据技术解决方案，社工或社区基层组织安排医护人员上门服务，或联系社区照料中心和养老机构以备老年人在适当时机入住，这种照护计划的具体安排和执行意味着老年人与服务提供商之间形成了对接。服务提供商可以是社区外部专业的机构和组织，也可以是社区本身，由他们根据老年人的电子档案，在评估的基础上制订出符合客户需求的照护计划，并根据系统记录的照护员特点情况，找到与客户需求吻合的照护员。照护员再根据系统中的排班，上门为老人提供服务。每次服务完成后，照护员及时在系统中填写照护日志，负责人会审核日志。[①] 这种通过网络

[①] 王薇、陈剑：《养老服务进入移动互联网络时代》，http://news.xinhuanet.com/politics/2013-10/26/c_117884099.htm，2013 年 10 月 26 日。

信息化技术的管理保证了照护老人的连续性，覆盖到老年人从健康到疾病的整个生命过程。

在杭州市，由于当前的照护服务主要覆盖到独居、空巢、失能的低保对象，财政对这种居家养老或机构照顾提供补贴，老年人可以自由选择居家或机构照顾。当然大多数人会倾向前者，因此在居家养老服务体系中经常由政府购买的护理人员为老年人提供上门服务，但是这种技术解决方案的覆盖面和内容十分有限，更多局限于特殊老年人的基本生活照料，因此照护计划的安排和执行多依靠民政部门进行，缺少与不同部门服务之间的整合和系统化提供。那些未能纳入政府购买的老年人，则需要自身从市场上购买相关服务，对此，由于医护一体化的服务非常缺乏（当然这将随着杭州医养护一体化智慧医疗平台的建设而有所改善），这些老年人也经常面临着零碎分散的护理和医疗服务，缺少专业性、整体性的照护技术解决方案。当然这也与外部资源的稀缺性有关，尤其是医疗资源的稀缺性，社区在与外部资源实现衔接的时候，并不能系统化地为老年人提供医疗健康服务。例如在西湖区灵隐街道，虽然也与附近的公立医院形成合作，由他们的医生每周为社区老年人提供量血压等基本身体检查项目，但是由于医疗资源的紧缺性，这种服务呈现零碎化的趋势并且不能持续，由开始的一星期一次改为一个月一次，提供的服务次数不断减少，更不要说社工和社区医生通过信息化平台为老年人的居家照护提供系统化的技术解决方案。

可以说，尽管在杭州市信息网络技术被广泛运用到社区养老服务中，为老年人提供了获取服务的新渠道，也切实提升了递送的效率。但是从信息技术平台的功能分析看，尚没有适应老龄化连续谱系的变化，其在内容搭载、资源整合和转介以及标准化评估方面的功能并没有得到有效的发挥。杭州市养老服务信息化平台往往强调服务内容清单的添加，而缺乏对其实效性的考察。强调信息网络基础设施的投入，而缺乏居家、社区、机构不同养老方式双向的转介服务平台的搭建，尤其是难以实现养老服务与医疗服务资源的链接。老年护理服务中往往有医疗诊治、康复疗养和居家照顾不同级别的医疗干预，但是由于缺少清晰的转介预案而搁浅，难以根据老年人生命周期建立起从健康老年人的居家、普通护理和康复到专业化机构照护的一种清晰转诊机制。这种状况进而限制了社工专业性的发挥和信息网络技术在社区养老服务中的应用，也使得老年人获得基于不同生命周期照护服务的系统性和连续性受到限制。

综上分析，可以看到社区养老服务不仅仅需要信息网络技术来实现不同部门服务和信息的整合和协作，也需要在老年人需求评估基础上通过链接线上线下资源来为老年人提供系统化的服务递送计划。信息整合是基础，服务是关键。要发挥信息网络技术在社区养老服务方面的作用，就必须将其重点放在服务方面，以清晰的系统化技术解决方案来实现网络信息技术在不同生命周期的应用，从而实现不同服务提供商与服务对象之间的链接；也通过发挥社工专业水平来提升信息化平台在标准化评估方面的作用，保证政策的目标瞄准性的同时提升服务递送的质量和效率。

第三节 基于信息网络技术的社区养老服务一体化平台构建

信息化技术应用以及相应平台的建设为养老服务的递送构建了高效的渠道机制，与站点服务和上门服务等传统递送渠道一起为老年人个性化需求的满足提供了良好的解决方式。当然也要看到这些信息化网络技术平台的功能发挥仍旧需要通过链接实体服务站点和人员来进行。因此，要实现养老服务的良好递送，必须构建线上线下一体化的社区养老服务递送渠道。线上服务渠道由政务信息平台、基层政府政务平台、社区服务信息一体化平台等组成，而线下系统则由区县政府、街道民政系统和社区管理服务中心搭建的实体服务网络构成。

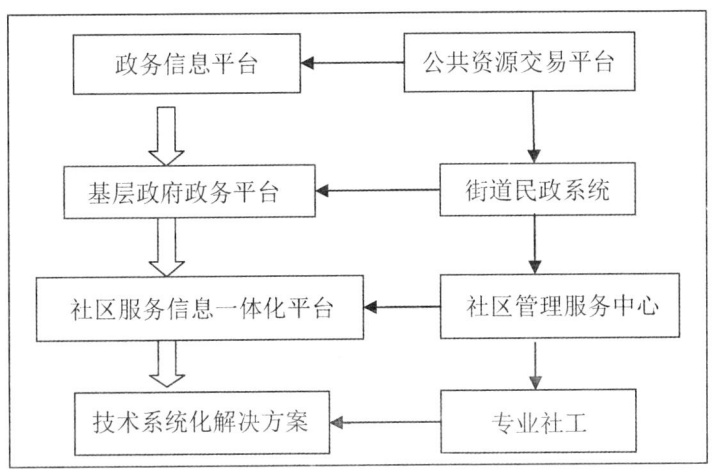

图 6-9 社区养老服务投递渠道和递送系统

注：该图由作者自制。

从该图示可以看到，构建线上线下一体化的社区养老服务递送渠道，尤其是通过政务信息化和现代信息网络技术的运用，可以改进政府不同部门和不同服务之间的断裂和分割，提升老年服务投递的行政效率。当然这需要对政府信息资源进行整合，即要求各管理主体充分地实现信息交换和共享，通过相关数据库和信息平台的搭建实现专业信息资源的分工合作。在很多地方政府实践中，则需要通过政务平台、综合业务管理平台、综合基础资源库、一体化联动工作平台等实现信息资源共享和政务协同。在社区养老服务中，由于涉及不同部门和不同服务，同时也由于老年群体的异质性以及政策目标的针对性，养老服务的组织递送并不简单体现在"供给—需求"的点对点式服务，实际上点对点式服务仅存在于家庭的代际养老服务，而在政府及多元主体的供给中更多的是"包对点"的方式，即社会化养老服务应该是政府围绕居家养老的对象所设计的"服务包",① 因而需要搭建居家养老服务网络,以综合的服务包形式来对不同的服务"点"提高照料服务。这要求在服务网络背后不仅具有服务资源的信息库,还需要有服务对象的信息库;尤其是前者,涉及不同部门更为复杂;后者生命周期内的健康状况是在不断变化的。因此,对其建立动态的监控信息库也是非常有必要的。故此,需要不同政府部门之间的信息充分共享,也需要服务双方的信息资源库的建设。

其次,这种线上线下的一体化服务网络可以整合正式照顾系统的内外部资源,及时回应目标对象的需求的同时提升政策目标的针对性。由于社区养老服务涉及不同的主体,要求这些主体之间的服务能够互为补充而不出现重叠或浪费,就必须实现不同主体之间的信息共享和合作。

为此,许多社区开始通过政务微博、智慧社区等物理平台建设,积极利用现代技术为老年人创造友好环境,最大程度实现老年资源的信息共享。② 杭州市还通过网格化管理,对社区进行分片,由社会工作者对于孤寡、独居以及残疾等老年人定期上门慰问和提供相关服务支持,通过定期的信息采集对原有数据库进行更新,以及时地满足老年人的需求和保证政策目标的瞄准性。同时,致力于搭建社区交互网络平台建设,例如智慧医疗平台、智慧小区以及居家养老呼叫平台建设,还通过民间组织的社区论坛和聊天平台,引进社会多元主体力量,以信息网络平台为基础,以老年人自主选择为内核,搭建服务提供者与老年人个体服务的有效对接机制,通过充分的信

---

① 席恒、任行、翟绍果:《智慧养老:以信息化技术创新养老服务》,载《老龄科学研究》,2014年第7期。
② 王世娇:《数字技术推动社区文化服务创新》,载《中国文化报》,2014年7月31日,第7版。

息透明化和消费者的自主权来实现养老服务的递送。这些线上线下的一体化服务有力地提升了养老服务的可获得性、便捷性，也在很大程度上提升了老年人的生活满意度。

小　结

本章主要从信息网络技术的应用角度来谈社区养老服务投递递送中的一体化的渠道建设。首先就杭州市实践，对信息网络技术在政府、社区以及交互平台方面的应用进行了介绍，其次基于"健康到疾病老龄化连续谱"来阐述信息网络技术在老年人不同生命周期阶段的应用，突出了其在内容搭载、资源整合和转介、标准化评估等功能性的重要价值。并基于此，结合杭州市的实践谈论了当前养老服务信息化平台建设中的不足，即强调内容清单的添加和信息化技术设施的投入，但是缺乏有效的资源整合、转介以及系统化的技术解决方案，难以满足老年人不同生命周期阶段对于系统性和连续性服务的需要，强调了信息网络技术平台要发挥其功能需要通过链接线下服务站点和服务人员来实现。最后就社区养老服务如何借助信息网络技术，构建线上线下一体化的服务平台进行了阐述，强调了要真正发挥信息网络技术在社区养老服务中的作用，必须以信息网络化平台建设作为基础，提高社工的专业化服务能力，以清晰的系统化技术方案来应对不同老年人的照护需求，从而与行政递送系统、社区站点服务一起形成良好质量和效率的社区养老服务递送渠道机制。

第七章 总结和讨论

一、社区养老服务投递的基本经验

纵观我国社区养老服务的发展，无论政府投入还是社会主体的参与以及老年人自身的需求，都有着翻天覆地的变化。随着老龄化和高龄化社会的到来，在很多发达城市人口老龄化的比例已经超过20%，高龄化又带来老人生活自理能力的下降，这就要求以政府主导的养老服务体系能够适应老年人生理和心理的变化。但是，机构照顾发展的不足以及居家养老服务在覆盖面和提供服务内容方面的局限性，尚不能为老年人提供良好的照顾条件，社会化养老服务体系的发展长期处于低水平的局面，这进一步使得老年人更加依赖家庭养老，而家庭功能的弱化以及代际赡养能力的下降并不能承受这种情况。

针对这种局面，中央政府出台了多项政策和行政法规鼓励和支持社会多元主体参与到以社区为依托的居家养老服务中，而地方政府在政策创新方面积累了许多丰富的经验，积极倡导"服务型政府"理念的同时不仅加大财政支持力度，还积极推进社会管理体制的创新，鼓励和支持社会力量参与到养老服务中，寻求政府和社会良好的合作。这种多元化主体共同参与的服务组织化过程中，不仅强调政府、社会组织、企业等主体的供给和生产能力，也要求他们彼此互动合作，在服务内容和机制上互相衔接，以保证不同特质的老年人可以从多元渠道获得便捷性的服务，而从投递者来说，能够以较高的效率来实现服务递送的目标。本研究从社区养老服务投递的流程出发，结合杭州市的实践对其服务生产、定价、渠道以及接受者四个环节进行分解，并基于6个流程要素和3个主要评估指标、8个子指标对其不同的递送流程进行了评估，总结出社区养老服务递送的一些基本问题和经验，具体表现如下：

1. 社区养老服务的投递效率与政府财政投入大小程度密切相关

从杭州市的实践看，政府财政投入不仅意味着服务供给的大小，也意味着社会组织及营利性组织得到支持的力度如何，但是这种投入并不直接与投递效率挂钩，只是充分条件而不是必要条件。从案例A和案例C中看到，两者政府投入都比较大，但是由于缺少其他多元主体的合作，这种投递的效率完全依靠政府的行政系统，受到当前部门和资源分割的严重影响。案例B中由于政府积极转变职能，推进社区管理体制改革，社会组织和营利性组织介入到养老服务的投递过程中，与之相配套的是强大的财政支持，在补供方的同时补需方，在增强老年人购买力的同时也培养了养老服务的市场。案例C中由于财政力度支持较小，仅限于上级政府的政策执行，尽管也积极引进社会组织，但是由于购买力度较小难以对其活动形成有效支持，也影响了社会化主体的积极性，从而在影响供给的同时严重限制了其递送效率的提升。

2. 社区养老服务投递主体的供给和生产能力严重不足，需要在提升政府主体公共服务能力的同时加强社会化主体的自身能力建设

以政府为主的基本公共服务体系中，主要解决的是特殊老年人

的基本生活照顾问题，尚不能满足一般老年人的多元化多层次需要，政府所提供的服务还局限于"基本"，比如失能老人的护理服务。虽然许多地方（如杭州市）从财政上保障了这些老年人享受服务的权利，但实际上这种政府购买的上门服务主要还是家政服务，专业化的护理服务还难以提供。另一方面是老年人个体异质性较强，随着经济社会生活水平的提升，老年人的需求在不断地增长，呈现多元化的特征，要求推进养老服务市场的发展，但主体的服务能力有限以及老年人自身的消费特征影响了其市场的扩大。

从杭州市的实践看，政府的行政管理体制改革在进一步深化，不仅建立了公共服务分工体制，实现简政放权，还不断扩大购买服务和深化非基本公共服务市场化改革，其政府职能在不断转变，行政管理能力也得到提升。与此同时，社区管理体制也处于持续的改革之中，建立了"三位一体"的复合模式，同时对社区事务进行分类管理，提升了社区的公共服务能力。在养老服务领域，政府在提升自身公共服务供给能力的同时为社会组织和营利性组织的发育和成长搭建了许多平台，提升了养老服务多元化主体的能力。尽管如此，由于社会组织和营利性组织在人力、财力方面存在不足，组织运作的能力有限，在很多时候并不能承接政府委托和购买的养老服务。比如：人员构成仍旧是4050人员和市场上招募的外来人员，其专业化能力有限，而在专业化内容的服务生产方面也有限；比如"慈爱嘉"以及"夕阳红"等专业化组织主要进行的是站点的管理、老年人的能力评估以及家政服务的供给，在医疗护理服务、康复治疗、服务转介等方面尚没有发挥真正的作用。要提升递送的效率，推进政府转变职能的同时要寻找改进社会组织和营利性组织自身能力的方法，否则只能是"左手倒右手"，难以满足老年人的需求，也无法实现政府在公共服务方面的政策目标。

3. 养老服务线上和线下递送渠道和平台尚缺乏系统化，需要基于老年人的生命周期特点，搭建综合一体化平台以保证服务的系统性和连续性

依靠政府自上而下的行政系统来实现服务投递的渠道已经难以满足个性化的老年人需求，要求社区养老服务的渠道具有丰富多元性，既可以通过社区、机构以及市场获得相关服务，也可以通过现代信息技术网络平台的应用，为老年人提供一种自动响应机制的渠道，以实现服务的个性化和定制化设置。从杭州市不同层级的政务信息化服务平台到社区内网和信息交互平台，都可以看到信息化网络的广泛应用，而诸如西湖区的援通助老呼叫中心、养老服务信息管理系统、云服务养老网三位一体平台更使得我们感受到信息化平台的优势，它在内容搭载、资源整合和转介、标准化评估方面的功能发挥正使养老服务的递送变得更加丰富、多元和具有灵活性，已经切实改变了养老服务递送的整个生态。可以说，这种信息网络技术平台正推动服务提供商与老年人之间双向选择机制以及与之相关的养老服务市场的形成。

尽管如此，也要肯定站点服务和上门服务等实体服务的重要性，而且线上服务也需要依托线下服务来具体实施。信息化网络技术平台作为一种渠道最终要实现线下服务输出，这要求其需要链接到具体的服务站点和服务人员，即线上和线下服务要以一种系统化的方式来实现，这不仅需要社区信息化平台的系统化建设，还需要社工广泛的介入到服务递送的整个过程。因此，这种渠道和平台机制不仅意味一种获取服务的方式和手段，也需要以清晰的系统化技术解决方案来实现网络信息技术在老人不同生命周期的应用，从而真正发挥其自身的功能，实现不同服务提供商与服务对象之间的链接。

4. 社会化主体在养老服务的投递中扮演着重要的角色，但总体来说其介入养老服务的程度以及方式都很有限，需要政府加大支持和开放力度

由于当前我国人口老龄化的事实，依靠政府单独来实现服务的供给已经不可能，即使在对于特殊老年人的政府供给过程中，也开始采取政府购买的形式引入社会组织、企业等多元主体共同参与，从而形成投递主体多元化的局面。在杭州市，社会力量已经广泛参与到养老服务的递送中，在江干区社会组织等更是扮演着举足轻重的角色，其生产内容不仅包括基本生活照料，还包括专业化照顾服务以及慈善互助公益性服务。但是从总体上说，大多数社会化主体的介入方式和程度都十分有限，不仅由于政府在社会组织的准入机制中还设有种种障碍，也由于养老服务的属性定位十分模糊，福利性和营利性之间的争议仍旧存在，较小的利润空间影响了社会化主体的动力，另外对于社会化主体自身在人力、物力以及社会资本获取能力等方面的不足，也影响了其在社区的生存能力。

目前社会化主体可以通过竞争性购买、委托购买等政府购买形式参与到养老服务的投递中。在杭州市更是依托"社会复合主体"的建设打造一种新型政府与社会合作，不断强化社会组织培育工具的使用，同时也赋予市场在基本养老服务中的地位，支持营利性组织参与到社区养老服务中，这些措施推进了多元主体的互动合作。但是当前很多社会化主体缺少独立性，与政府主要是一种依赖关系，这限制了其在公共决策中的作用，同样也影响了其服务递送的积极性和主动性。可以说，真正的合作需要社会组织、营利性组织自身主体性的发挥，这要求政府需要进一步实现职能转变，在降低准入门槛的同时加强监督和管理，鼓励和支持不同主体发挥自身的特性，刺激他们以更加灵活的方式来参与到社区养老服务中来。

5. 积极发展养老服务市场，需要建立清晰合理的定价机制

由于当前我国老年人的消费能力尚比较差，而且政府主导的公共养老服务体系主要针对独居、空巢、失能的低收入老年人，尽管也开始注意到养老服务的多元属性以及中高收入老年人的需要，目前却无力基于老年人需要来构建整个社区居家养老服务体系，但随着整体经济水平的提升和"适度普惠型"社会福利体系的构建，发展养老服务市场，通过丰富和多元化服务的生产和提供来满足不同层次老年人的需要成为了一种必然选择。在养老服务市场中，产品需要清晰合理的定价，这需要不同的主体协商和共同参与。在当前由于对于养老服务的产业化和市场化方向不明朗，同时长期强调其"福利性"的特性使其定价长期受制于政府定价，这充分表现在政府购买服务中。比如杭州市的家政服务购买价格长期处于低价区间，难以反映市场价格，影响了人员供给和多元主体参与的动力，而那些付费的养老服务产品，经常被定位于中高端消费，被排除在政策目标之外，与此同时老年人享受政府免费服务的习惯性思维也限制了养老服务付费项目的运行。尽管如此，老年人的消费能力在不断提升，通过合理的定价机制以及消费习惯的形成，养老服务市场将会呈现出巨大的发展态势，进而提升老年人的生活质量。

基于杭州市江干区的实践，定价机制不一定需要根据老年人群体特征来进行分割，即针对特殊老年人和一般老年人的需要可以采取正常的市场定价方式（可以适度优惠）来进行，只是其筹资渠道不同，即前者纳入政府购买的由政府全额或部分买单，后者则需要支付一定比例的费用。在政府购买服务中，可以确定政府购买养老服务基准价，并同时建立养老服务定价与市场物价、最低工资标准、家政服务业平均价等要素间的联动机制，在一定程度上反映市场价格，当然这种价格高低在于政府的财政收入强弱。对于那些没有纳

入政府购买服务的老年人,也可以通过政府补贴的形式提升他们从市场购买服务的能力,以培育和支持养老服务市场的发展。可以说只有合理定价机制的建立,才能够确立政府补贴机制的连续性以及养老服务其他主体参与的积极性和主动性,长期将其定位于福利服务并不利于养老服务市场的长期发展。

6. 社区养老服务的有效投递要求进一步深化社会管理体制改革,改进政府与社会的关系

当前社区养老服务的有效投递不仅仅需要强调"输入"和"输出",而更应该关注"关系"和"活动",只有通过厘清不同主体、不同服务、不同部门之间的关系,才能真正为老年人提供有"价值"的服务。在地方实践中,这种以政府和社会关系重塑为核心的社会管理创新正如火如荼。社会管理创新不仅仅是为了创新而创新,而应该有具体的内容。就社区养老服务来说,社会管理创新必须通过政府行政体制的改革以及现代信息网络技术的引进,解决部门分割和资源整合问题,与此同时需要建立不同主体之间的平等协商机制,强调社会化主体在体系中所扮演的建构性作用。这不仅需要政府通过价格机制、降低注册门槛、信息化技术平台等为他们介入到社区养老服务提出基础性条件,还需要社会化主体自身不断通过互动合作拓展成长的空间以提升自身在公共服务决策中的发言权。这将有利于形成政社合作的新局面,也将通过增进社会活力来激发社会化主体参与的动力,进而提升养老服务递送的整体效率。

在这过程中要特别突出社区的作用,社区管理体制改革也是政府和社会关系重塑的重要内容。在当前社区很多时候变成了行政权力的末端,扮演着基层准政府的作用,并不能就社区共同体的自我服务做出规划。随着社区管理体制改革的推进,社区将真正成为居民自治单位,而公共服务也将成为其最主要的职能。就养老服务的递送而言,这种社区功能的重新定位不仅意味着其在养

老服务准入、监督以及管理方面扮演重要的角色，社区也将作为一种"共同体"发挥其在生产者和提供者方面的功能，从而推动"社区照顾"的实践。

二、基于流程分析的社区养老服务递送策略

对于当前社区养老服务投递中存在的问题，本研究从流程管理的视角来对社区养老服务的流程环节进行分解，将其分为服务生产、服务定价、渠道构建以及服务接收四个环节，并结合杭州市的案例比较分析对其流程中的要素组合进行阐述，在讨论其经验和不足的基础上，重新从服务生产、服务定价以及渠道三个重要流程环节来提出改进策略。

1. 服务生产环节

尽管社会化主体已经广泛参与到社区养老服务的生产中来，但是仍旧存在生产能力严重不足的现象，难以满足老年人多元化的需求，尤其在医疗护理方面的服务比较缺乏，难以适应高龄化社会伴随着的慢性病多发事实。对此，杭州市不断加大政府投入，同时积极推进地方政策的创新，推进医疗和养老服务结合的同时还积极引导机构向社区开展延伸服务，也积极强化社区自身的公共服务功能，依托居家养老服务照料中心的平台载体，为老年人提供更加丰富的养老服务产品，还在一定程度上引进专业社工为特殊老年人提供照顾管理服务。这些政府主导的正式照顾服务探索对于当前养老服务的数量和质量不足问题进行了有益的尝试。当然，由于养老服务涉及多个部门，同时由于医护资源的缺乏使得政策实践局限于一定的范围，但是这些政策尝试可以作为社区养老服务未来发展的依据。同时还基于当前老年人大多数依靠家庭照顾的事实，杭州市积极强化家庭在福利提供中的作用，支持老年人非正式网络功能的发挥，形成了"社区助老员服务"、"喘息服务"、"家庭病床服务"以及

"银龄互助"服务等创新做法,这些创新回应了社区养老服务中正式照顾和非正式照顾之间的关系,强化了家庭的主体作用。

同时,如何发挥社会组织和营利性组织的积极性和主动性,也是增加养老服务供给和生产的重要内容。在杭州市,政府不断实现自身角色转变,在实现自身行政体制改革的同时加快社会组织的培育和支持,并推进与营利性组织的合作来实现服务的生产和供给。但是实践中发现不仅存在社会化主体动力不足的现象,也存在自身能力(譬如人力资源管理能力、筹资能力、项目运作能力)不足的现象。这需要政府对社会组织和企业等社会化服务主体进一步培育和支持,同时也要求社会化主体努力提升自身的服务供给能力。社会组织则应着力提升自身的人力资源管理能力,积极推进社会组织向社会企业转型,努力在社区建立共同体信任机制以增进组织信任;营利性组织则需要突出自身的专业化能力,尤其是要强化个性化的服务方案设计能力,同时也要加强自身在社区的社会资本获取能力,只有这样才能形成多元主体共同合作的社区养老服务生产机制。

基于杭州市的实践分析,要改善服务生产的供给,在加大政府财政投入、积极鼓励和支持社会化主体参与的同时,还必须在如下几个方面进行改善:

首先,在社区养老服务的内容生产中要实现正式照顾与非正式照顾的衔接,强化正式系统对老年人非正式网络的有效支持。尽管由于家庭功能的弱化而通过社会化的方式来实现养老已经成为一种共识,但是不能否认家庭及老年人非正式网络的作用。尤其老年人对于熟人网络更加依赖,其生活质量在很大程度上取决于代际关系的质量。在杭州市养老服务递送的过程中,也发现这种对于传统关系的依赖性。老年人更加倾向于在家庭内部实现照顾,社会化的养老服务能够上门或递送到社区是最佳的方式,也就是说希望一种非正式照顾和正式照顾结合的方式来保障较好的生活质量。在杭州市尽管也出台了一些非正式网络支持的政策，譬如"家庭病床"等，但是总体上来说除了一定的上门家政服务和部门针对独居空巢老年人的情感慰藉服务，尚缺乏更多的支持政策，从而使得这种居家养老更多的时候变成一种社区养老，即资源大多在社区（对老年人自理能力有一定要求），缺少对于居家的失能和半失能老年人照顾的服务内容。

其次，**在依托社区的居家养老体系中，社区仅是一种服务管理的平台，缺少作为一种"共同体"在养老服务供给中的作用发挥，应该强化社区在服务生产和转介中的功能作用**。在我国的居家养老服务体系中，社区仅仅作为依托平台，并不是服务的生产和供给方，这样使得社区更多的变成政府服务的执行者，并不能主动参与到服务生产中，仅限于提供一定的志愿服务，尚不能发挥其作为"共同体"的作用，也就是说仅有"由社区照顾"而缺乏"在社区照顾"的内容。尽管有居家养老照料服务中心等小型化站点服务，但这与"在社区照顾"的那种主要为老年人提供康复治疗的社区小型化机构和场所还是有很大的区别。同时社区还不能成为一种"自治体"，其服务的内容、方式以及平台建设受到上级政府行政权力的直接影响，社区并没有作为真正的主体参与到养老服务的生产和供给中来，因而也无法真正发挥其在资源整合、转介甚至服务生产中的作用（目前杭州市这些大多由街道政府来操作）。

再次，**随着老龄化和高龄化越发严重，医疗护理服务成为老年人最为需要的服务，在倡导"医养结合"的同时要加快社区护理院、家庭护理机构和平台的建设，同时应该引进多元化主体实现专业化医疗服务的生产和供给**。在当前医养结合的实践中，社区护理院、家庭护理平台以及社区卫生服务中心在其中发挥着重要的作用。像在杭州市推行的"医养护一体化"计划进一步加快了这种社区医疗服务的发展，但是这只是在很大程度提升了老年人看病的便捷性，尚不能保证服务的质量。应该努力提升养老服务照料中心以及社区卫生服务中心的功能，引进专业化服务组织，开展诸如"家庭病床"式的上门医疗护理服务。尽管我们也看到有慈爱嘉这样的专业护理组织，但是到目前为止它仅是提供站点管理或老年评估等内容，专业化的照护服务还没有开展，应该尽快为这种专业化机构进社区提供通道以及相应的政策机制。

最后，着力加强社会化主体的能力建设。在很长的时间里我们仅关注到政府要转变职能，从"划桨者"变成"掌舵者"，通过政府购买等多种方式引进社会组织和营利性组织等多元主体，但是由于社会化主体的能力较弱，并不承接政府转交的公共服务职能，有可能因为自身的能力反而会降低服务递送的质量和效率。在杭州市我们看到这种社会化组织，尽管也需要有相应的准入标准和一定的考核评估，但社会化组织的能力不高也的确是一个硬伤，在很多时候并没有达到政府转变职能的初衷。因此，要真正推进政府职能转变，增进养老服务的递送效率，还必须着力培养社会化主体的能力，这除了要求政府搭建孵化平台并给予政策配套支持，还要求社会化主体本身在人力资源能力、资金筹集能力、项目运作能力方面加强，同时还应该增强社会组织的独立运作能力，积极向社会企业转型。对于营利性组织则应该着力强调专业化和市场竞争力的提升。

2. 服务定价环节

尽管对服务对象有基于不同标准的分类，但是从政策实践看，纳入政府购买的目标群体和未纳入的群体构成两个基本区分。前者可以享受政府无偿和低偿的服务，这些服务老年人基本不用付费，后者则必须依靠家庭或从市场上购买服务。由于家庭内部成员之间的服务不存在定价，故此在这里家庭服务不在讨论之列。而市场上的养老服务产品是需要进行合理定价的，否则市场难以形成，也就难以实现有效生产和递送。但是这种区分并不是那么泾渭分明，两者的区分只是筹资方式不同，与定价本身并无关系，然后实践中由于政府的财政能力限制和对于养老服务的"福利性"定位，其价格并不能反映市场的供求规律，这也使得以政府购买方式为主以特殊老年人为对象的"社会市场"和以市场购买方式为主以普通老年人为对象的"经济市场"都存在价格扭曲现象。前者刺激老年人过多使用，后者则较少被老年人采用以致长期发展不起来。

实际上这种定价方式与养老服务的"福利性"和"营利性"的属性争论并无关系，尽管政府以较低的价格从社会组织和企业手中购买服务，但这些参与政府购买的社会化主体往往要考虑到服务递送的效率和自身组织的利益，通常采用市场化经营的手段来实现项目的运作。譬如以更低的价格从市场上招募家政人员，这种不能反映市场的价格规制反而无法保证人员质量进而影响了服务投递本身。那些采取市场定价的营利性组织在价格制定方面往往受到政策环境的影响，也有可能以优惠的价格为老年人提供服务，市场定价并不代表价格偏高，价格更多的与服务质量挂钩。因此价格机制本身不应该受到筹资方式不同而扭曲，而且这两个市场不存在严格的区隔，恰恰相反要构建良好的价格机制，发展养老服务市场就必须着力解决两个市场的衔接问题。

从杭州市的实践分析看，这种清晰合理定价机制的构建需要从如下几个方面进行：

首先，要加大政府财政支出对于"需方"的补贴，提高不同老年人的市场购买能力。从杭州市江干区的实践看，政府通过为不同的服务对象（包括收入高于保障标准的老年人）提供补贴，提高他们从市场购买服务的意愿和能力，既覆盖了那些不付费的弱势老年人的基本需求，还满足了那些需要支付一定比例费用的中高收入老年人的需求。当然目前这种服务补贴主要在家政服务方面，但这种基于通过补需方的做法，使得老年人可以通过相同的价格机制获取服务，这不仅一定程度上鼓励社会化主体参与的动力，也推动着整个养老服务市场的成长和壮大。

其次，要加大政府财政支出对于"供方"的补贴，使社会化主体愿意以较低的价格为老年人提供服务。在杭州市的实践中，政府还通过加大对于社会化主体的购买力度，并不断提高购买价格（譬如家政服务从每小时价格20元到25元），与此同时还通过"以奖代补"等多种方式加大补贴力度，使得服务提供方能够保有一定收益，持续以免费或低价的形式为老年人提供服务。补贴之后的价格能够基本接近市场价格，这也将激励社会化主体提升自身的市场竞争力而采取差异化的定价策略。

再次，政府购买的价格要与市场物价、最低工资标准等要素保持联动，以在一定程度上反映市场真实价格。在当前由于社会化主体的发育和成长的空间还比较小，绝大多数还依赖政府通过购买来进行扶持，但基于财政约束政府购买价格一直偏低，难以反映真实的市场价格，尤其是随着经济水平的不断提升，服务的成本也在增加，原有的价格已经难以保障合理的服务输出。要改变这种状况，就必须实现其与市场物价和最低工资等要素的联动，以弹性化的价格机制来为社会化主体的服务生产提供动力，这也是保障老年人获得良好服务的内在要求。

最后，要通过合理的价格机制来实现"社会市场"和"经济市场"的衔接，鼓励老年人从市场购买服务的意愿。对于特殊老年人和普通老年人尽管筹资方式不同，但是对于服务的需要基本类似。前者应该强调通过政府的价格补贴来提升老年人的购买能力，后者则应鼓励老年人自费以正常的市场价格自行购买（当然在当下可以提供一定补贴来培育市场）。但是价格本身应该是反映服务的市场价值的，不能前者因为是针对弱势老年人就强调免费和无偿，也不能因为后者收入高就强调高价，形成两个市场的严格区分。这只会使得前者局限于政府购买或指定的服务商,后者则倾向于从家庭内部获取服务或从市场获取有限的家政服务,从而难以实现养老服务市场的发展,也在很大程度上降低老年人的生活质量。

3. 渠道构建环节

在当前社区养老服务的递送过程中,站点服务发挥着重要的作用,另外还有一定量的上门服务,但是这种依托自上而下的行政系统和站点递送经常存在部门分割和服务断裂,人员、服务缺乏整合。在此情况下,依托信息网络平台为老年人提供响应性服务已经成为一种新的渠道机制。在杭州市的实践中,以政府为主的养老服务资源投入多集中于一体化的居家养老服务照料中心和依托星光老年之家的服务站等社区基础服务设施。这些设施覆盖了老年食堂、医疗、文体娱乐等多种服务,提升了老年人服务的便捷性,但是其经常面临着利用率不高的情况。尽管杭州市通过引入专业化组织开展活动一定程度上改变了这种局面,但是难以覆盖那些居家的失能、失智老年人的需要。如何进一步将社会化资源从社区接入家门,为不同特质的老年人提供个性化和定制服务,而信息化网络平台可以满足这种需求。故此,杭州市不断加大政府政务信息化服务以及社区内网和交互平台建设,构建了比较成熟的养老服务信息化网络,但是这也存在诸多不足,譬如没有考虑老年人不同生命周期阶段的需要,缺少与站点和上门服务等线下方式的整合等。基于这些方面的实践,要求我们根据老龄化的连续谱,对信息网络渠道的功能进行检视以改善这种渠道机制,以一种"线上线下一体化"的方式来实现养老服务的有效递送。

基于以上分析,在渠道构建环节中,应该重点从如下两个方面加强改善:

考虑到老年人的不同生命周期阶段的需要,重点发挥渠道平台在服务转介、标准化评估方面的功能。随着老龄化和高龄化程度日趋严重，慢性病多发使得老年人对于医疗服务的需要不断增加。这是一个渐变的过程，因此信息化网络平台要适应这种从健康到疾病转变的阶段，不能仅限于服务内容的增加，而应该依靠服务数据的整合，发挥社工的积极作用，基于不同特质老年人的需要实现不同部门和资源之间的链接，根据评估结果来为老年人提供不同照料方式之间的转介，同时还应该发挥其在服务标准化方面的作用，以良好的技术解决方案来保证老年人在获取服务上的便捷性和可获得性以及较高的服务质量。

要实现线上服务与线下资源的链接，以系统化的方式为老年人提供多元化的养老服务。在实践中信息网络技术平台与线下站点服务、上门服务缺乏统一性，或者信息网络系统仅作为一种基础数据平台。譬如杭州市援通呼叫平台链接社会化服务的"绿键"使用率很低，而养老服务信息网主要作为一种数据的向上集中，作为老人评估的依据，并不发挥内容搭载的作用；在社区信息系统中还经常呈现出"线下服务"通过社区，而线上服务并不通过社区接入的现象，实际上这些"线上服务"仍旧需要链接到具体的服务设施或服务人员，有很多是可以与线下系统合并在一起的，譬如家政服务，仍旧与线下资源的数量和质量密切相关。信息化网络平台只是基础，而背后的服务才是关键，因此，要积极发挥信息化技术的作用，通过信息网络平台和站点服务平台的联动，以一种系统化的方式为老年人提供服务。这其中就必须发挥社工的作用，通过他们来进行评估和照护方案的制订和实施，再依托现代信息网络平台和站点平台链接不同资源，实现服务供给与需求之间的匹配，从而保证政策目标的瞄准性和服务递送的效率。

4. 服务接收环节

该环节主要与老年人对养老服务的满意度有关，在本研究中采取服务可获得性、便捷性以及服务质量评价三个指标来进行测量。

尽管从服务投递流程来说，服务接收只是一种结果，良好的流程自然会导致较好的结果，因此在后续基于流程环节提出的策略中并没有将其作为重点，但不代表其不重要，其实老年人的满意度是流程管理的最终目标。

在杭州市的实践中，老年人对于养老服务的满意度比较高，但因为公共服务的覆盖范围、政府的财政投入以及社会化主体的介入程度等因素的影响而仍旧有不满意的地方。另外老年人对于代际关系的依赖以及对于政府的过度依赖，影响了其自身获取服务的数量和质量，还没有形成从市场购买的消费观。这些需要积极发展养老服务的市场，对老人进行积极的引导，从而提高老年人对于养老服务的整体评价。

综上所述，本研究从社区养老服务递送的四个流程环节着手，结合杭州市的案例分析和具体的访谈，就流程中的不足进行了分析，并分别强调了服务内容和服务质量、不同服务市场的定价策略以及信息化网络技术平台在渠道搭建中的作用，一定程度上回答了当前社区养老服务投递过程中的效率不高问题。这些基于环节讨论形成的机制能够极大地提升服务的效率和质量水平，相对于以往只强调供给的结构和投入大小以及需求的评估等，这种思路可以从一种新的角度来回应社区养老服务发展的问题。

三、社区养老服务的未来发展趋势

党的十八大指出，加强社会建设，必须以保障和改善民生为重点，同时必须加快推进社会体制改革。其中，在社会体制改革中突出强调了社会管理体制和现代社会组织体制的作用。党的十八届三中全会进一步强调了加快推进社会体制改革的重要性，突出改进社会治理方式和激发社会组织活力的重要意义。在此背景下，中央政府加快了以养老服务为主的民生工程的建设，不仅确立了养老服务发展的整体规划，出台了社会养老服务体系建设规划（2011—2015年），加快以居家养老为基础、社区服务为依托、机构养老为支撑的养老服务体系建设，还密集推出了关于养老服务的多项政策法规，比如《关于加快发展养老服务业的若干意见》、《养老机构设立许可办法》等，对社会组织、养老服务市场和产业加大支持力度，通过打破原有政策机制上的障碍，为社会化力量的介入打下基础。在内容上重点发展居家养老，支持提供助餐、助浴、助洁、助急、助医等上门服务，同时强调医养结合的养老服务体系的发展。各地也将养老服务作为民生工作中的重要任务，加大财力投入，同时开始政策机制上的有益尝试，强调养老服务模式的创新，为老年人打造基于需求本位的养老服务体系。

社区养老服务包括的内容十分广泛，不仅存在多个主体和多元化的服务内容，还涉及不同的部门、资金来源和服务对象，这使其过程的管理变得十分复杂。而且在当前我国养老服务的整体资源有限的情况下，搭建适合我国老年人需要的照护体系并不能一蹴而成，但是基于当前社区养老服务的政策语境和地方实践的发展来看，其未来发展的趋势仍旧会集中于本研究所谈论的如何实现社区养老服务的有效递送机制的形成。具体来说，这些趋势可以表现在如下几个方面：

首先，从供给主体来说，社会组织将发挥越来越大的作用，而企业的加入将进一步推动养老服务市场的发展。当前对于社区养老服务中多元主体的参与已经形成共识，期待社会组织能够在承接政府职能方面发挥更大的作用。随着社会组织的发育和成长，其为老年人提供服务的能力和水平都将不断提升，同时作为公民社会发展的载体，社会组织也在引导不同主体参与和老年人赋权方面起到重要的平台作用。正因如此，社会组织将成为社区养老服务的重要供给主体，同时也将是社区治理中的建构性力量。目前对于企业介入到社区服务中的具体方式和介入程度仍旧存在疑问,很多时候仍旧觉得社区服务是微利和福利性事业,但是老年人的异质性和中高层次的需求的广泛存在正使其以消费者的形态出现在市场中,并且迫切期待市场提供基于居家的服务。随着老年人观念的转变和消费水平的提升以及企业服务能力的提升,企业在社区养老服务中具有广阔的空间,并将成为老年产业和养老服务市场发展最主要的推动力。

其次,从专业化机构建设来看,老年护理院、社区老年护理院将得到快速的发展,而与此同时居家养老服务照料中心的功能也面临着升级和功能再造。在目前来说社区的老年照顾功能还比较弱,居家养老服务照料中心和社区卫生服务中心的作用尚局限于老年人一些最基本需求的满足,其使用者也主要是自立程度较高的老年人。随着高龄化和慢性病的多发,居家的老年人更加期待社区在专业护理服务和医疗健康服务方面提供更好的条件,同时随着三级转诊制度的建立,医疗资源将向社区下沉,使得未来社区的医疗机构有着更好的发展条件,这些将为老年人在家庭、社区和机构之间的转介服务提供基础。基于机构资源的不足和老年人的心理倾向,大多数人老年人居家养老的倾向不会有太大的变化,从而使得社区必须要发展专业化的、小型化的护理机构以适应老年人的需要,从而推动社区老年护理院、日间照料中心的发展,与此同时居家养老服务照料中心必须要进行升级改造,以为不同自理程度的老年人提供全天候的服务。

第三,从政策实践来说,基于中国传统孝道文化为底蕴的家庭政策将形成和不断完善。当前我国的家庭政策仍旧缺乏,这与我国当前家庭核心化、小型化的结构特征非常不匹配,尤其随着代际养老变得困难,没有纳入政府购买系统的老年人更加需要子女、亲属等的照顾,但是劳动力市场的竞争激烈使得这些照护者经常处于社会的边缘,进一步加剧家庭的风险,影响照顾的质量。基于这种状况，必须形成对于老年人家庭照顾者支持以及相应的财政津贴、劳动力市场政策以及相应的技术信息平台和辅导计划一揽子的家庭支持方案。当然在我国仍旧会认为养老是家庭的私事，而且传统的孝道文化也使得家庭仍旧是第一照顾者，因此，家庭政策也应该回应这种传统孝道，鼓励和支持家庭成员之间的互助，以良好的代际赡养关系的形成来提升老年人的生活质量。

第四，从技术条件和人员配置来说，技术创新将在社区养老服务中呈现更大范围内的采用，并表现出对传统护理人员的替代作用。当前技术生产和应用十分的广泛，许多护理技术和仪器正被采用到社区养老服务中来，即使面临着道德风险，这些技术应用仍旧改变了原有的照顾方式，其正以独特的方式影响着人们的生活世界，提升了老年人对自我生活的掌控能力，在一定程度上降低老年依赖的状况，这也降低了老年护理人员的需求。但是这也对人员素质有了更多的要求，当前从市场招募的家政服务人员将远不能达到这种标准，必须以专业化的高校和培训机构来实现人员的供给。

第五，从社区建设来说，社区功能将进一步呈现从"管理"到"服务"的转变，在养老服务中发挥重要的组织者和监督者作用，在这其中专业社工将扮演着重要的角色。当前社区管理的功能比较多，社区作为政府的行政末端在很大程度上作为政策的执行者，难以在具体的服务中扮演组织者和监督者的作用，但是随着社区治理理念的深化，社区的自治能力将进一步体现，从而使得社区能够成为真正的共同体，在提供居民服务过程中能够发挥自我管理、自我组织的功能。对于社区养老服务来说，社区提供服务的能力将依靠社会化主体的专业能力，而对于老年人的需求评估、照护服务方案和计划的设计以及流程管理和监督等，社工作为专业人员可以发挥重要作用，为老年人提供系统化的一揽子照顾方案，并为其在不同主体的资源和服务之间提供转介和咨询服务，而这也将成为社工及社工组织未来发展的重要活动空间,从而推动其自身的发展。

综上所述,社区养老服务是一项有复杂内容、多元主体、多重关系的系统工程,要求我们不仅关注供给和需求,还必须关注其递送的过程。从其未来发展趋势看,社区养老服务表现出主体的多元化、机构专业化、政策的综合化、技术的新型化和信息系统化以及服务的社区化,强调了政府行政体制改革以及政府与社会组织、企业等主体互动合作的重要性。地方实践中的尝试性做法进一步证明了这些做法符合老年人的实际需求,从而形成了关于其未来趋势的判断,并将随着老龄化和高龄化不可逆转的趋势,推动着社区养老服务的持续发展。

四、相关讨论和不足

回顾前述章节的分析,笔者基于当前重视供需两端而忽视服务递送过程的现实,结合杭州市的实践经验,对于社区养老服务的递送过程进行了分环节的剖析,通过服务生产、定价和渠道构建三个分环节的优化来就其服务递送的效率提出了改进意见,在某种程度上达到了原有研究设计的目标。但是也由于众多原因,研究本身还存在一些不足,具体表现如下:

首先是递送过程的本身要不要谈论生产和供给。本研究的重点是关注服务递送的两端,即中间这个组织递送的过程。本研究用了较大的篇幅谈论服务生产的机制,在一定程度上涉及了服务的供给(由于养老服务的很大部分是生产和供给同时进行的),这样也必然涉及服务递送的两端而显得焦点不够集中。但是从整个组织化过程来说,将服务生产主体的投递方式、策略以及主体之间的关系纳入讨论之列是必然的,因此又必须对其进行阐述,但是其服务生产的内容本身要不要放在其中值得商榷。

其次是关于递送效率的指标测度问题。本研究关注递送的效率问题，也结合了杭州的实践案例并对其进行了比较，指标设计表现出一种量化的倾向，但是指标选取仍旧比较粗糙，而且多以访谈资料作为佐证，这不仅由于组织的过程量化的指标以及量化的数据都难以获得，也由于经费限制难以通过问卷法等对其进行定量化分析。

再次是研究方法的问题。本研究主要采取定性访谈资料和部分统计调查资料对社区养老服务的递送过程进行分析，在案例比较和后面环节的评估过程中，这种定性方法能否解决研究设计中的问题还值得商榷。一般来说探索效率的问题应该采用经济学的方法比较好，但由于笔者的社会学学科背景在方法运用中有一定限制和不足。

最后是关于递送机制的构建问题。本研究是就递送过程中存在的问题提出了优化，这基于一个前提是该机制已经存在，研究本身不是要设计出一个新的递送机制，而是在现有机制上做出改进。同时对递送环节划分讨论的方式，依据案例比较得出的结论并没有就递送机制构建本身进行阐述，而是对其递送效率的影响因素等进行了讨论，并没有清晰描绘出一个可以在实践中操作性较强的递送机制。以上这些不足还希望在以后的深入研究中能够有所改进。

参考文献

一、中文部分

1. 陈雪萍：《以社区为基础的老年人长期照护体系构建——基于杭州市的实证分析》，浙江大学出版社2011年版。

2. 董红亚：《中国社会养老服务体系建设研究》，中国社会科学出版社2011年版。

3. 丁元竹：《社区的基本理论与方法》，北京师范大学出版社2009年版。

4. 〔美〕戴维·奥斯本、特德·盖布勒：《改革政府》，周敦仁等译，上海译文出版社1996年版。

5. 费孝通：《乡土中国》，生活·读书·新知三联书店1985年版。

6. 〔美〕吉尔伯特、特瑞：《社会福利政策导论》，黄晨熹等译，华东理工大学出版社2003年版。

7. 〔英〕肯·布莱克默：《社会政策导论》，王宏亮等译，中国人民大学出版社2009年版。

8. 李晟伟：《中国城市老人社区照顾综合服务模式的探索》，社会科学文献出版社2011年版。

9. 黎熙元、何肇发：《现代社区概论》，中山大学出版社 1998 年版。

10. 〔美〕理查德·L.桑德霍森：《市场营销学》，陶婷芳译，上海人民出版社 2004 年版。

11. 马庆钰：《社会组织能力建设》，中国社会出版社 2011 年版。

12. 民政部基层政权和社区建设司：《中国社区建设年鉴》，中国社会出版社 2004 年版。

13. 〔美〕迈克尔·哈默：《企业再造：企业革命的宣言书》，王珊珊等译，上海译文出版社 2007 年版。

14. 梅陈玉婵等：《老年学的理论与实践》，社会科学文献出版社 2004 年版。

15. 潘小娟：《中国基层社会重构——社区治理研究》，中国法制出版社 2004 年版。

16. 〔美〕萨瓦斯：《民营化与公私部门的伙伴关系》，中国人民大学出版社 2002 年版。

17. 田凯：《非协调约束与组织运作——中国慈善组织与政府关系的个案研究》，商务印书馆 2004 年版。

18. 〔美〕约翰·威尔逊：《新公共服务管理》，见约翰·威尔逊主编：《公共服务财政管理》，高鹏怀、孙健译，清华大学出版社 2008 年版。

19. 王名、何建宁：《中国社团改革——从政府选择到社会选择》，社会科学文献出版社 2001 年版。

20. 〔美〕威廉·N.邓恩：《公共政策分析导论》，谢明、杜子芳译，中国人民大学出版社 2010 年版。

21. 徐永祥：《社区发展论》，华东理工大学出版社 2001 年版。

22. 熊跃根：《需要、互惠和责任分担——中国城市老人照顾的政策与实践》，格致出版社 2008 年版。

23. 易松国：《社会福利社会化的理论与实践》，中国社会科学出版社 2006 年版。

24. 杨团：《社会福利社会化：上海与香港社会福利体系比较》，华夏出版社 2001 年版。

25. 郑功成：《社会保障概论》，中国劳动社会保障出版社 2005 年版。

26. 张晖：《居家养老服务输送机制研究——基于杭州的经验》，浙江大学出版社 2014 年版。

27. 陈伟东、李雪萍：《社区行政化：不经济的社会重组机制》，载《中州学刊》，2005 年第 2 期。

28. 陈雪萍等：《杭州市老年人生存现状与社区服务需求调查》，载《中华健康管理学杂志》，2009 年第 2 期。

29. 陈恒钧、黄婉玲：《台湾半导体产业政策之研究：政策工具研究途径》，载《中国行政》，2004 年第 75 期。

30. 常敏、朱明芬：《政府购买公共服务的机制比较及其优化研究——以长三角城市居家养老服务为例》，载《上海行政学院学报》，2013 年第 6 期。

31. 曹永森：《中国福利社区化：背景、进程与改进措施》，载《晋阳学刊》，2004 年第 5 期。

32. 丁美方：《社区照顾——城市老年人的赡养方式新选择》，载《安徽农业大学学报》（社会科学版），2003 年第 6 期。

33. 丁超：《全能主义架构中的城市社区与单位》，载《中国方域——行政区划与地名》，2001 年第 4 期。

34. 郭斌：《公共服务评估指标体系研究：历史回顾与现实反思》，载《西北大学学报》（哲学社会科学版），2009 年第 3 期。

35. 郭凤英：《社区居家养老服务供给机制研究——以宁波市江东区社区服务为例》，载《新疆社科论坛》，2011 年第 1 期。

36. 郭东、李惠优、李绪贤等：《医养结合服务老年人的可行性探讨》，载《国际医药卫生导报》，2006年第21期。

37. 郭巍青、江绍文：《混合福利视角下的住房政策分析》，载《吉林大学社会科学学报》，2010年第2期。

38. 顾东辉：《社会工作实务中的需求评估》，载《中国社会导刊》，2008年第33期。

39. 顾昕、王旭、严洁：《公民社会与国家的协同发展——民间组织的自主性、民主性和代表性对其公共服务效能的影响》，载《开放时代》，2006年第5期。

40. 仝利民：《社区照顾：西方国家老年福利服务的选择》，载《华东理工大学学报》（社会科学版），2004年第4期。

41. 桂世勋：《构建广义的老年人照料体系——以上海为例》，载《人口与发展》，2008年第3期。

42. 高鉴国：《社区公共服务的性质与供给——兼以JN市的社区服务中心为例》，载《东南学术》，2006年第6期。

43. 韩超：《我国城市社区功能研究》，载《法制与社会》，2013年第2期。

44. 何磊：《市场营销理论的发展演变》，载《中国物流与采购》，2002年第15期。

45. 华伟：《单位制向社区制的回归——中国城市基层体制50年变迁》，载《战略与管理》，2000年第1期。

46. 姜振华：《城市老年人社区参与的现状及原因探析》，载《人口学刊》，2009年第5期。

47. 敬乂嘉、陈若静：《从协作角度看我国居家养老服务体系的发展与管理创新》，载《复旦学报》（社会科学版），2009年第5期。

48. 吕新萍：《院舍照顾还是社区照顾：中国养老模式的可能取向探讨》，载《人口与经济》，2005年第3期。

49. 雷雯：《社区照顾框架下的老年人服务——从制度分析层面看社区照顾及其制度构建》，载《经济与社会发展》，2006 年第 9 期。

50. 李学斌：《我国社区养老服务研究综述》，载《宁夏社会科学》，2008 年第 1 期。

51. 李玉玲：《社区居家养老：文献综述》，载《江海纵横》，2008 年第 1 期。

52. 李慧凤：《社区治理与社会管理体制创新——基于宁波市社区案例研究》，载《公共管理学报》，2010 年第 1 期。

53. 罗元文：《社区服务与养老保障体系》，载《市场与人口分析》，2003 年第 2 期。

54. 罗纪宁：《市场细分研究综述：回顾与展望》，载《山东大学学报》（哲学社会科学版），2003 年第 6 期。

55. 林娜：《社区化居家养老论略》，载《中共福建省委党校学报》，2004 年第 12 期。

56. 刘超：《老年消费市场细分方法与模型》，载《消费经济》，2005 年第 5 期。

57. 刘继同：《人类需要理论与社会福利制度运行机制研究》，载《中共福建省委党校学报》，2004 年第 8 期。

58. 郎晓波：《政府行政管理与城市社区自治良性互动的路径研究——基于杭州城市基层社会管理体制的改革与创新》，载《杭州市委党校学报》，2013 年第 5 期。

59. 郎晓波：《城市社区公共事务分类治理模式的实践与创新——以杭州为例》，载《甘肃行政学院学报》，2010 年第 6 期。

60. 穆光宗：《中国传统养老方式的变革和展望》，载《中国人民大学学报》，2000 年第 5 期。

61. 穆光宗：《家庭养老面临的挑战及社会对策问题》，载《中州学刊》，1999 年第 1 期。

62. 民政部民间组织管理局：《社会组织的概念、特征及分类》，载《瞭望》，2010 年第 37 期。

63. 彭穗宁：《发展社区服务：城市社区建设的特殊路径》，载《西华大学学报》（哲学社会科学版），2004 年第 4 期。

64. 彭华民：《福利三角：一个社会政策分析的范式》，载《社会学研究》，2006 年第 4 期。

65. 钱宁：《"社区照顾"的社会福利政策导向及其"以人为本"的价值取向》，载《思想战线》，2004 年第 6 期。

66. 钱宁：《社区照顾与中国社会福利制度的改革》，载《中国青年政治学院学报》，2002 年第 4 期。

67. 钱锡红、申曙光：《非正式制度安排的老年人养老保障：解析社会网络》，载《改革》，2011 年第 9 期。

68. 齐海丽：《中国城市养老保障新模式——社区养老》，载《社会保障研究》，2009 年第 4 期。

69. 史柏年：《老人社区照顾的发展与策略》，载《中国青年政治学院学报》，1997 年第 1 期。

70. 单大圣：《中国养老服务管理体制的改革与发展》，载《经济论坛》，2011 年第 9 期。

71. 邵胜、邵德兴、陈娜：《养老服务定价机制研究》，载《社会福利》（理论版），2012 年第 4 期。

72. 石人炳：《我国农村老年照料问题及对策建议——兼论老年照料的基本类型》，载《人口学刊》，2012 年第 1 期。

73. 孙凌寒：《居家养老与社区照顾研究述评》，载《浙江树人大学学报》，2010 年第 3 期。

74. 田华、陈静波：《论社区公共服务供给中的多元化主体》，载《云南行政学院学报》，2007 年第 6 期。

75. 唐祥来：《公共产品供给模式之比较》，载《山东经济》，2009年第1期。

76. 唐代盛、李敏、边慧敏：《中国社会组织人力资源管理的现实困境与制度策略》，载《中国行政管理》，2015年第1期。

77. 王思斌：《社区照顾对中国的借鉴意义》，载《社会工作研究》，1994年第3期。

78. 吴玉霞：《政府购买居家养老服务的政策研究——以宁波市海曙区为例》，载《中共浙江省委党校学报》，2007年第2期。

79. 吴帆：《第二次人口转变背景下的中国家庭变迁及政策思考》，载《广东社会科学》，2012年第2期。

80. 吴婵君：《老龄服务产业筹资机制的创新研究：杭州实证》，载《浙江树人大学学报》，2012年第2期。

81. 吴玉韶：《居家养老服务亟需破解四个难题》，载《社会福利》，2009年第1期。

82. 王树新、亓昕：《社区养老是辅助家庭养老的最佳载体》，载《南方人口》，1999年第2期。

83. 王萍、倪娜：《政府主导下的社区居家养老服务运行困境——基于杭州市四个社区的实证分析》，载《浙江学刊》，2011年第6期。

84. 王莉莉：《基于"服务链"理论的居家养老服务需求、供给与利用研究》，载《人口学刊》，2013年第2期。

85. 王素英、张作森、孙文灿：《医养结合的模式与路径——关于推进医疗卫生与养老服务相结合的调研报告》，载《社会福利》，2013年第12期。

86. 王世强：《政府培育社会组织政策工具的分类与选择》，载《学习与实践》，2012年第12期。

87. 韦克难：《论我国社区照顾养老的必然性及其中国化》，载

《天府新论》，2007年第1期。

88. 卫小将：《社区照顾：中国养老模式的新选择》，载《太原科技大学学报》，2007年第2期。

89. 许爱花：《中国城市社区老年人养老模式之反思》，载《宁夏大学学报》（人文社会科学版），2005年第3期。

90. 许旻蜜：《居家养老服务市场化研究》，华中科技大学硕士论文，2013年。

91. 徐聪：《社区养老：城市养老模式的新选择》，载《长白学刊》，2011年第6期。

92. 徐祖荣：《人口老龄化与城市社区照顾模式探析》，载《长江论坛》，2007年第4期。

93. 徐祖荣：《社会组织与公共服务主体多元化——基于浙江的研究》，载《理论与改革》，2009年第1期。

94. 徐中振、徐珂：《走向社区治理》，载《上海行政学院学报》，2004年第1期。

95. 向永泉：《试论居家养老服务的供给主体与供给机制创新——以厦门市为例》，载《厦门特区党校学报》，2014年第1期。

96. 薛育余：《行政化与去行政化：我国社区管理主体的变迁》，载《中国社会科学报》，2010年第140期。

97. 席恒、任行、翟绍果：《智慧养老：以信息化技术创新养老服务》，载《老龄科学研究》，2014年第7期。

98. 姚远：《重视非正式支持，提高老年人生活质量》，载《人口与经济》，2002年第5期。

99. 伊密：《社区——接过家庭照顾功能的第一棒》，载《人口与经济》，2000年第3期。

100. 叶笑云、许义平：《基层社会治理变革中的社会管理创新——以宁波市为研究对象》，载《中共浙江省委党校学报》，2012

年第 5 期。

101. 杨敏、杨玉宏：《"服务—治理—管理"新型关系与社区治理新探索》，载《思想战线》，2013 年第 3 期。

102. 郁建兴：《中国的公共服务体系：发展历程、社会政策与体制机制》，载《学术月刊》，2011 年第 3 期。

103. 于燕燕：《社区公共服务模式的思考——百步亭社区公共服务的启示》，载《学习与实践》，2007 年第 7 期。

104. 周沛：《社区照顾：社会转型过程中不可忽视的社区工作模式》，载《南京大学学报》（哲学·人文科学·社会科学版），2002 年第 5 期。

105. 赵立新：《论社区建设与居家式社区养老》，载《人口学刊》，2004 年第 3 期。

106. 曾昱：《社区养老服务——中国城市养老服务保障的新选择》，载《天府新论》，2006 年第 4 期。

107. 曾友燕等：《国内外家庭护理需求评估工具的研究现状与启示》，载《护理管理杂志》，2006 年第 5 期。

108. 章晓懿、梅强：《社区居家养老服务绩效评估指标体系研究》，载《统计与决策》，2012 年第 24 期。

109. 章晓懿：《政府购买养老服务模式研究：基于与民间组织合作的视角》，载《中国行政管理》，2012 年第 12 期。

110. 郑秉文、孙婕：《社会保障制度改革的一个政策工具："目标定位"》，载《中央财经大学学报》，2004 年第 8 期。

111. 郅玉玲：《"居家养老"的浙江实践》，载《中共浙江省委党校学报》，2010 年第 2 期。

112. 朱浩：《社会化养老服务体系中的政府角色定位——以杭州市为例》，载《中共宁波市委党校学报》，2015 年第 2 期。

113. 朱浩：《中国老年照顾服务政策：政策评估和展望——基于

"生活质量—社会质量"理论分析框架》,载《社会工作》,2014年第6期。

114. 朱浩:《西方发达国家老年人家庭照顾者政策支持的经验及对中国的启示》,载《社会保障研究》,2014年第4期。

115. 张甜甜、王增武:《我国大陆地区社区照顾研究综述》,载《四川理工学院学报》(社会科学版),2011年第3期。

116. 张国平:《居家养老社会化服务的新模式——以苏州沧浪区"虚拟养老院"为例》,载《宁夏社会科学》,2011年第3期。

117. 董红亚:《市场化配置养老服务资源》,载《浙江日报》,2014年9月26日。

118. 戴睿云等:《杭州试水"喘息服务"减轻家庭内部负担》,载《浙江日报》,2011年8月6日。

119. 金心异:《社区要不要"去行政化"?》,载《21世纪经济报道》,2014年2月13日。

120. 李颖:《"特许经营"能为医疗健康服务带来什么?》,载《科技日报》,2014年10月23日。

121. 林闽钢:《城乡养老服务体系发展的难点及建议》,载《中国劳动保障报》,2012年10月23日。

122. 苗莉:《社会企业:非营利组织发展的新模式》,载《光明日报》,2013年3月1日。

123. 王骏勇等:《虚拟养老院:居家养老"破题之举"》,载《经济参考报》,2011年7月29日。

124. 王世娇:《数字技术推动社区文化服务创新》,载《中国文化报》,2014年7月31日。

125. 余敏:《推进老龄事业全面发展 努力实现"幸福养老"目标》,载《杭州日报》,2013年10月31日。

126. 左玮娜:《借力"市场之手"分层定位养老服务》,载《中国社会报》，2014 年 3 月 10 日。

127. 陈为雷：《社会服务项目制的建构及效应分析》，南开大学博士论文，2013 年。

128. 瞿志远：《公共服务供给中的主体间关系——基于中国的多案例研究与比较》，浙江大学博士论文，2012 年。

129. 田青：《老人社区照料服务——基于福利多元主义的比较研究》，华东师范大学博士论文，2010 年。

130. 童晓莉：《福利类社会组织资源筹集问题研究》，南京师范大学硕士论文，2014 年。

131. 张旭升：《政府购买居家养老服务参与主体的行动逻辑研究——以 M 市 Y 区为例》，南京大学博士论文，2011 年。

二、英文部分

1. Abrams, P., "Community Care: Some Research Problems and Priorities", *Policy and Politics*, No.6, 1977, pp.125-151.

2. Bayley, M., *Mental Handicap and Community Care: A Study of Mentally Handicapped People in Sheffield*, Routledge & KeganPaul, 1973, pp.26-27.

3. Baker, R.L., *The Social Work Dictionary*, Washington D.C.: NASW Press, 1999, p.32.

4. Bettina Meinow, et al., "According to Need? Predicting the Amount of Municipal Home Help Allocated to Elderly Recipients in an Urban Area of Sweden", *Health and Social Care in the Community*, Vol. 13, No.4, 2005, pp.366-377.

5. Bone Paula Fitzgerald, "Identifying Mature Segments", *The Journal of Consumer Marketing*, No. fall 1991, pp.19-22.

6. Boling, P.A., "The Value of Targeted Case Management during

Transitional Care", *Jama-Journal of the American Medical Association*, Vol.281, No.7, 1999, pp.656-657.

7. Bradshaw, J., *The Taxonomy of Social Need*, New Society, 1972, p.496.

8. Brodsky, J., Habib, J., Mirzahi, I., *Long-Term Care Laws in Five Developed Countries—A Review*, Geneva: WHO, 2000.

9. Brodsky, J., Resnizky, S., Citron, D., *Issues in Family Care of the Elderly: Characteristics of Care, Burden on Family Members, and Support Programs*, Myers-JDC-Brookdale Institute, 2011: http://www.bjpa.org/Publications/details.cfm? PublicationID=13507.

10. Browne, G., Roberts, J., Gafui, A., "Economic Evaluations of Community-based Care: Lessons from Twelve Studies in Ontario", *Journal of Evaluation in Clinical Practice*, Vol. 5, No. 4, 2001, pp.367-385.

11. Challis, D., Davies, S.B., "A New Approach to Community Care for the Elderly", *British Journal of Social Work*, Vol.10, No.1, 1980, pp.1-18.

12. Chappell, N.L., "Social Support and the Receipt of Home Care Services", *The Gerontologist*, No.25, 1985, pp.47-54.

13. Cantor, M.H., "Strain Among Caregivers: A Study of Experience in the U.S.", *The Gerontologist*, No.23, 1983, pp.597-624.

14. Capitman J.A., Haskins, B., Bernstein, J., "Case Management Approaches in Coordinated Community-Oriented Long-term Care Demonstrations", *The Geroniologist*, Vol.26, No.4, 1986, pp.398-404.

15. Cott, C.A., Falter, L.B., Gignac, M., et al., "Helping Networks in Community Homecare for the Elderly: Types of Team", *The Canadian Journal of Nursing*, Research, Vol. 40, No. 1, 2008,

pp.19-37.

16. Culpitt, I., *Welfare and Citizenship: Beyond the Crisis of the Welfare State?* London: Sage Publications, 1992, pp.161-177.

17. Davey, B., Levin, E., et al., "Integrating Health and Social Care: Implications for Joint Working and Community Care Outcomes for Older People", *Journal of Interprofessional Care*, No. 1, 2005, pp.22-34.

18. Doyal, L., Gough, I., *A Theory of Human Need*, Basingstoke: Macmillan, 1991, p.170.

19. Forder, A., *Concept in Social Administration: A Framework for Analysis*, London: Macmillan, 1974, p.39.

20. George P. Moschis, "Life Stages of the Mature Market", *American Demographics*, No.Sep, 1996, pp.44-50.

21. Gordon, M., "Community Care for the Elderly: Is it Really Better?" *Canadian Medical Association Journal*, Vol.148, No.3, 1993: 393-396.

22. Goldin, Kenneth D., "Equal Access VS Selective Access: A Critique of Public Goods Theory", *Public Choice*, Vol. 29, spring, 1979, pp.53-71.

23. The Griffiths Report, *Community Care: Agenda for Action*. London: Department of Health and Social Security, 1988.

24. H. Herrman and C. Harvey, "Community Care for People with Psychosis: Outcomes and Needs for Care", *International Review of Psychiatry*, Vol.17, No.2, 2005, pp.89-95.

25. Henry B. Hansmann, "The Role of Nonprofit Enterprise", *The Yale Law Journal*, Vol.89, No.5, 1980, pp.839-901.

26. Hollander, M.J., Chappell, N.L., "A Comparative Analysis of Costs to Government for Home Care and Long-term Residential Care Services, Standardized for Client Care Needs", *Canadian Journal on Aging-Revue Canadienne Du Vieillissement*, 2007, 26: 149-161.

27. Ife, J., "The Determination of Social Need: A Model of Need Statements in Social Administration", *Australian Journal of Social Issues*, Vol. 15, No. 2, May 1980, pp.92-107.

28. Johnson, C. L., Catalano, D. J., "A Longitudinal Study of Family Supports to Impaired Elderly", *The Gerontologist*, Vol.23, No. 6, 1983, pp.612-618.

29. Johnson, P., Wistow, G., Schulz, R., Hardy, B., "Interagency and Interprofessional Collaboration in Community Care: the Interdependence of Structures and Values", *Journal of Interprofessional Care*, Vol.17, No.1, 2003, pp.69-83.

30. Kemper, P., Applebaum, R., Harrigan, M., "Community Care Demonstrations: What Have We Learned?" *Health Care Financ Rev*, Vol.8, No.4, 1987, pp.87-100.

31. Kramer, R.M., "Voluntary Agencies and the Personal Social Services", in Walter W. Powell(ed.), *The Nonprofit Sector, A Research Handbook*, New Haven, Conn: Yale University Press, 1987, pp.45-69.

32. Lewis, Glennerster, *Implementing the New Community Care*, Open University Press, 1996, p.77.

33. Lindeman, Melissa A. and Pedler, Robyn P., "Assessment of Indigenous Older Peoples' Needs for Home and Community Care in Remote Central Australia", *Journal of Cross-Cultural Gerontology*, Vol. 23, No.1, 2008, pp.85-95.

34. Leicester & Pollock, "Community Care in South Thames (West) Region: Is Needs Assessment Working", *Public Health*, Vol.110, No.2, 1996, pp.109-113.

35. Litwak & Meyer, "A Balance Theory of Coordination between Bureaucratic Organizations and Community Primary Groups", *Administrative Science Quarterly*, Vol.11, No.1, 1966, pp.31-58.

36. Masolow, A.H., *Motivation and Personality*, NewYork: Harper & Row, Publisher, Inc., 1970, p.46.

37. Martha Meyer, "Supporting Family Carers of Older People in Europe-The National Background Report for Germany", http://www.carersnet.org/docs/research/EUROFAMCARE.pdf. 2007.

38. Nielsen et al., "Older Persons After Hospitalization: A Controlled Study of Home Aide Service", *American Journal of Public Health*, Vol.62, No.8, 1972.

39. Pilgrim, D., Rogers, A., *A Sociology of Mental Health and Illness*, Maidenhead: Open University Press, 2005, p.171.

40. Taylor-Gooby, P., Dale, J., *Social Theory and Social Welfare*, London: Edward Arnold, 1981, p.4.

41. Slater, Paul F. and Mc Cormack, Brendan, "Determining Older People's Needs for Care by Registered Nurses: The Nursing Needs Assessment Tool", *Journal of Advanced Nursing*, Vol.52, No.6, 2005, pp.601-608.

42. Sono, T., Oshima, I., Ito, J., "Family Needs and Related Factors in Caring for a Family Member with Mental Illness: Adopting Assertive Community Treatment in Japan Where Family Caregivers Play a Large Role in Community Care", *Psychiatry and Clinical Neuroscienc-*

es, Vol.62, No.5, 2008, pp.584-590.

43. Shannon, G.R., Wilber, K.H., Allen, D., "Reductions in Costly Health Care Service Utilization: Findings from the Care Advocate Program", *Journal of the American Geriatrics Society*, Vol.54, No.7, 2006, pp.1102-1107.

44. Sullivan, M.P., "Social Workers in Community Care Practice: Ideologies and Interactions with Older People", *British Journal of Social Work*, Vol.39, No.7, 2009, pp.1306-1325.

45. Sharfstein, S.S., Nafziger, J.C., "Community Care: Costs and Benefits for a Chronic Patient", *Psychiatric Services*, Vol. 27, No.3, 1976, pp.170-173.

46. Skellie, F.A., Mobley, G.M. and Coan, R.E., "Cost-effectiveness of Community-based Long-term Care: Current Findings of Georgia's Alternative Health Services Project", *American Journal of Public Health*, Vol.72, No.4, 1982, pp.353-358.

47. Salamom, L.M., "Rethinking Public Management: Third-Party Government and the Changing Forms of Government Action", *Public Policy*, Vol.29, No.3, 1981, pp.255-275.

48. Titmuss, M.R., *Social Policy: An Introduction*, George Allen & Uniwin(Publishers)Ltd,1974, pp.16.

49. UNDP, *Human Development Report* 2000, Oxford University Press,2000, p.17.

50. Van Exel, et al., "Respite Care-an Explorative Study of Demand Caregivers", *Health Policy*, Vol.78, No. (2-3), 2006, pp.194-208.

51. World Bank, *Handbook on Poverty and Inequality*, Washington D.C., 2009, pp.67-80.

52. Weissert, W.G., "Seven Reasons Why It is so Difficult to Make Community-based Long-term Care Cost-effective", *Health Services Research*, Vol.20, No.4, 1985, pp.423-433.

53. Whitehead, M., "'In the Shadow of Hierarchy': Meta-governance, Policy Reform and Urban Regeneration in the West Midlands", *Area*, Vol.24, No.3, 2003, pp.6-14.

54. Walker, A., "Community Care and the Elderly in Britain: Theory and Practice", *International Journal of Health Services*, Vol.11, No.4, 1981, pp.541-557.

附录一　访谈提纲

- **针对街道和社区工作人员**

一、社区基本资料

1. 目前社区有多少老年人？其中失能、独居、空巢等特殊老年人的比例占多少？享受政府购买服务的有多少？
2. 政府购买的社区养老服务有哪些？其中上门服务有哪些？
3. 对半失能和失能老人有哪些照料措施？
4. 是否有居家养老服务中心或服务站，运行情况如何？
5. 是否有社区卫生服务中心或服务站，对老年人一般提供哪些支持？

二、社区养老服务的组织递送和投递

1. 社区在居家养老方面的工作如何运作？其中社会组织和市场化组织如何参与到社区老年服务中？
2. 政府和社区在社会组织培育和支持方面做了哪些工作？社会组织的作用如何？
3. 有企业在本社区开展老年服务吗？具体运作情况如何？
4. 就社区来说，政府在社区老年服务方面进行了哪些行政体制方面的改革，作用如何？

5. 当前在社区有哪些信息技术被采用到养老服务中？能介绍下信息技术平台的运作吗？

6. 本社区提供上门服务的人员构成怎样？其中 4050 人员的公益性岗位以及家政服务员的工作内容有哪些？老年人的反映如何？

7. 目前开展社区老年服务的财政经费来源如何？

8. 目前社区老年服务方面有哪些创新性政策？

- **针对社会组织/企业**

1. 该组织的基本情况介绍。

2. 在社区主要开展哪些服务？介入的方式是什么？服务人员构成如何？

3. 如何进行具体项目的运作？收支情况如何？

4. 在运作中面临着哪些主要问题？

5. 政府当前提供哪些补贴和支持性政策？

- **针对老年人**

一、基本人口学特征

1. 请问您的年龄、婚姻状况。

2. 您有几个子女？与你同住吗？

3. 您的收入状况如何？主要经济来源是什么？

4. 请问您是否有慢性疾病？

5. 日常起居生活主要由谁来照顾？

二、服务使用情况

1. 有无使用过以下社区老年服务（可多选）？

服务项目	有无使用（请在"有"选项打"√"）	
	有	没有
生活照料服务（上门送餐、起居、助浴、卫生清理、代办缴费）		
医疗保健服务（疾病和保健咨询、医疗协助、老年人健康档案建档）		
紧急救助服务（求助门铃、呼叫器、紧急呼救等）		
家政维修服务（清洗、打扫、疏通管道等）		
精神慰藉服务（陪同聊天交流、心理疏导、心理咨询等）		
康复健身服务（提供康复健身配套设施、组织健身项目培训等）		
机构转介服务		
居家护理转介服务		
日托服务		
居家养老服务券		

2. 您对当前所在社区为老年人提供的养老服务项目感觉是否满意？

3. 您享受过政府购买服务吗？您觉得是否满意？

4. 您认为社区在哪些服务方面还需要加强？

5. 您听说过银龄互助、喘息服务、家庭病床服务吗？

6. 你觉得政府重点应该关注老年人的哪些需要？

附录二 访谈对象

拱墅区	民政局工作人员 ST
	D 社区主任 NM
	"慈爱嘉"公司(企业)工作人员 XC
	和睦医院(企业)工作人员 YM
	C 社区主任 LX
	C 社区老年访谈对象 CP
江干区	B 社区在所街道工作人员 MT
	B 社区主任 SL
	B 社区老年访谈对象 YT
	M 社区工作人员 TX
	"夕阳红"社会组织工作人员 MC
	"慈爱嘉"公司(企业)工作人员 TD
西湖区	区民政局工作人员 CN
	WD 社区所在街道工作人员 SL
	A 社区所在街道工作人员 XD
	A 社区主任 LM
	A 社区老年访谈对象 CX
	WD 社区社工 HS
	QS 社区社工 CZ
	"大爱人家"社会组织工作人员 L

（续表）

上城区	E社区所在街道工作人员LA
	F社区所在街道工作人员TB
	E社区工作人员CS
	F社区工作人员NT
	"在水一方"社会组织工作人员Z
	甜梦家园长者服务中心（社会组织）活动组织者ZX

后　记

本书是在本人博士论文的基础上修改而成，在即将付梓之际内心非常忐忑，这不仅由于学术功底尚浅，也由于当前养老服务的研究汗牛充栋，在理论和政策方面能够有所创新比较困难。笔者就选题曾经几经周折，在前期参加了机构养老、社区居家养老的多个调研项目，发现在杭州、上海等发达城市，政府在养老服务方面投入很多，但是在体系建构和政策着力点方面存在偏误，供给和需求之间还存在着较严重的不匹配，服务之间的衔接和转介还存在重重障碍，同时以居家养老为主的养老形态极大地受制于家庭、邻里等非正式照顾系统作用的发挥，这些问题极大地影响了政策预期目标的实现。这也使得我跳脱出供给和需求的既有思路，将重点关注到养老服务递送过程的效率机制。

"效率是最大的公平。"尽管在公共管理学科中公共服务的绩效和效率机制一直是热门话题，但是由于养老服务的福利性定位避免谈及效率，虽然在20世纪90年代一度的"市场化"热潮推进了福利社会化，但也由于未曾对老年人进行精准分类而将部分弱势老年充分暴露于竞争性的市场之中。事实上老年群体具有异质性，市场不等于效率。要提升养老服务的供给效率，不只是谈市场化，而必须对整个服务供给和递送机制进行探索，以实现政策瞄准和服务利用效率的最大化。

尽管如此，本研究在形成问题的聚焦方面仍旧遭遇了不少困难，比如什么是服务递送？养老服务中的供给和递送是两个不同环节吗？管理学中的市场营销理论能够作为养老服务的理论依据吗？本研究最终是构建一个新的递送框架吗？对于这些问题的回答将很大程度决定研究的基本思路。笔者也曾试图从经济学角度对供给效率进行量化分析，但终发现力有不逮，难以突破，这也是研究论证的遗憾之处。即使如此，本研究通过翔实的定性资料和案例比较等方法，仍旧清楚地阐述了养老服务递送中的关键问题，为供给和递送效率的改进以及供给和需求匹配度的提升提供了良好的尝试。

在这里，最要感谢的是我的导师林卡教授。记得第一次见到林老师是在2009年的济南社会政策会议上，我有幸聆听到林老师精彩的主题发言，为其对于学术前沿问题的精辟剖析和娴熟的外语能力所折服。后有幸进入"卡门"跟随林老师攻读博士学位，记得第一次见面，林老师就要求我务必全身心投入学习和研究，不能三心二意。此后的几年，林老师以他严谨的治学风格、平易近人的感染力，深深的影响了我。即使每天休息的时间已经很少，他也不惜抽出时间为学生一遍又一遍的修改论文。在生活中，林老师对学生更是关怀备至，尤其在我每每因家庭无法全身心投入研究之时而给予的诸多宽容，我一直心存感激。

感谢在学习和研究中给予指导的何文炯教授，他多次就研究的逻辑框架以及核心内容提出问题，让我直面回答这些问题进而明晰自己的研究思路，本研究的核心问题得以明确，离不开他的指点和帮助，而此后他还抽出时间对该研究提出了宝贵的修订意见。这里特别感谢的是刘晓婷副教授,她不仅给予我多次参与课题调研的机会,使我能够有机会接触到杭州从事养老服务的实务人士,为后续的调研提供了便利,她还不惜时间对研究初稿进行了详细的评阅并提出了修改意见,受研究水平所限,此后的修订没有达到预期,辜负了刘老师的一番心血。

感谢在浙大学习和研究中给予我指导和帮助的米红教授、郭继强教授、张跃华副教授,专业课程中的理论和方法训练使我受益匪浅。还要感谢在答辩中给予指导的唐钧研究员、王婴教授,他们就养老服务管理提出的诸多问题在今天仍旧是我关注的重要议题。

感谢"卡门"一起学习和成长的同学们,包括盛露妮、吴昊、申秋、易龙飞、白莉、安超颖、吕浩然、侯百谦、李骅、张育琴、付志宇、黄蕾等,非常享受在一起讨论、爬山和打球的短暂时光,你们给予我研究中的启发和生活中的帮助,将和同窗之谊,朋友之情一起牢记于心。

感谢在调研中给予帮助的浙江省民政厅黄元龙处长,杭州市民政局的杨立江巡视员、拱墅区民政局的汤忠良科长、西湖区民政局的张坚科长,感谢上城区湖滨街道和清波街道以及江干区民政局的相关领导对论文资料收集的帮助和支持。

感谢华东政法大学公管学院的领导和同事们给我以鼓励和支持,没有他们的肯定、激励,书稿不会这么快得以出版。他们在我的职业生涯新起点中,给予关心、帮助和启发,我会永怀感激。

感谢家人一直以来对我学业和事业的鼓励和支持。年龄渐长,对家庭却未有"寸土之功",上不足赡养父母,下不足抚育子女,让他们背负了太大的压力。我能不用纠缠生活琐事,不用为柴米油盐烦恼,安心投身学习和研究,离不开他们的支持和付出。

最后希望我的研究不因才疏学浅而辜负大家的支持和帮助，也希望拙作的出版能够得到专家和读者的批评指正，以激励我进一步提升和完善自己的研究。

朱　浩

2017 年 7 月于上海

图书在版编目(CIP)数据

城市社区养老服务递送机制研究：以杭州市为例／朱浩著．—北京：中央编译出版社，2017.11

ISBN 978-7-5117-3421-1

Ⅰ.①城… Ⅱ.①朱… Ⅲ.①养老-社区服务-研究-杭州 Ⅳ.①D669.6

中国版本图书馆 CIP 数据核字(2017)第 252959 号

城市社区养老服务递送机制研究：以杭州市为例

出 版 人：	葛海彦
出版统筹：	贾宇琰
责任编辑：	盛菊艳
责任印制：	刘 慧
出版发行：	中央编译出版社
地　　址：	北京西城区车公庄大街乙 5 号鸿儒大厦 B 座(100044)
电　　话：	(010)52612345(总编室)　(010)52612335(编辑室)
	(010)52612316(发行部)　(010)52612346(馆配部)
传　　真：	(010)66515838
经　　销：	全国新华书店
印　　刷：	北京时捷印刷有限公司
开　　本：	787 毫米×1092 毫米　1/16
字　　数：	238 千字
印　　张：	19
版　　次：	2017 年 11 月第 1 版
印　　次：	2017 年 11 月第 1 次印刷
定　　价：	69.00 元

网　　址：	www.cctphome.com　　邮　箱：cctp@cctphome.com
新浪微博：	@中央编译出版社　　微　信：中央编译出版社(ID：cctphome)
淘宝店铺：	中央编译出版社直销店(http://shop108367160.taobao.com)　(010)55626985

本社常年法律顾问：北京市吴栾赵阎律师事务所律师　闫军　梁勤
凡有印装质量问题，本社负责调换。电话：(010)55626985